# 文法変化と言語理論

# 文法変化と言語理論

田中智之　中川直志
久米祐介　山村崇斗
［編］

開拓社

　　　　　　は　し　が　き

　名古屋大学大学院文学研究科英語学研究室は，英語の共時的研究と通時的研究の理論面と実証面における有機的融合を教育研究方針としており，これまで多くの研究者を輩出してきた．このような方針を掲げている研究室は日本国内だけでなく世界的に見ても珍しく，言語理論に基づく英語史研究の拠点として広く認知されている．

　本書は英語学研究室の教員や修了生を構成員として含む，名古屋大学英文学会におけるシンポジウムを契機として出版されたものである．2015 年 4 月に行われたそのシンポジウムは『統語構造の可変性——通時的視点から』と題され，統語構造は通時的に変異しうるか，変異しうるならばある一定の方向性が見られるかなどをテーマとし，3 名の講師が研究成果を発表した．本書の企画にあたっては，その成果を踏まえてテーマを広げ，統語・意味・形態など文法の諸領域に見られる史的変化を単に記述するだけでなく，生成文法を中心とする言語理論に基づき説明しようとする，さらにそれを通じて言語理論の発展に貢献しようとする論文 23 編が収録されている．多くの論文は生成文法理論に依拠して英語の統語変化を扱ったものであるが，意味変化や機能変化を扱った論文も含まれる．本書は上述の教育研究方針に基づく英語学研究室の真髄を示すものであり，気鋭の研究者による最新の研究成果である．

　このように，本書は理論的英語史研究の専門書として編集されたものであるが，英語学研究室の二人の先生の慶事と重なるため，名前を冠してはないが記念論集の意味合いも持つ．一人目は名古屋大学名誉教授の中野弘三先生である．中野先生は昭和 57 年 10 月から平成 12 年 3 月まで英語学研究室において教育研究に従事され，今年 10 月に傘寿を迎えられるが，今年度の春の叙勲において瑞宝中綬章を受章された．英語法助動詞の意味論研究における顕著な功績に加え，幾つかの学会において会長を務められるなど，日本の英語学界の発展に多大な貢献をされた．二人目は名古屋大学教授の大室剛志先生である．大室先生は平成 21 年 10 月から現在に至るまで英語学研究室

で教鞭を取られており，今年7月に還暦を迎えられた．現在は日本英語学会理事その他の役職を務められ，日本の英語学界において中核的な役割を果たされている．また，英語学研究室赴任後に先生の薫陶を受けた10名以上の研究者が日本全国の大学で活躍している．中野先生と大室先生のさらなるご活躍を念じつつ，感謝の気持ちを込めて本書を二人の先生に捧げたい．

　最後に，本書の出版を快く引き受けていただいた開拓社，特に企画段階から出版に至るまで長期間お世話になった編集部の川田賢氏に感謝の意を表したい．

平成28年7月

編　者

# 目　次

はしがき

自他交替動詞 climb の通時的発達
　……………………………………………………石崎　保明　　1

文法化のメカニズムについて
　　——D 要素の発達の観点から——
　……………………………………………………茨木　正志郎　16

判断を表す TO 節に関する一考察
　……………………………………………………大村　光弘　30

古英語における遊離数量詞の統語的分析
　……………………………………………………夏　　思洋　45

構文化における文法化の位置づけ
　　——同族目的語構文と軽動詞構文を中心に——
　……………………………………………………久米　祐介　57

否定辞 ne で始まる倒置文の史的変化について
　……………………………………………………小池　晃次　72

That 痕跡効果の通時的変化について
　……………………………………………………近藤　亮一　84

古英語から中英語における現在分詞による名詞前位修飾構造の史的発達について
　　…………………………………………………………杉浦　克哉　97

come/go doing に関する通時的考察
　　………………………………………………………………宋　　蔚　108

英語史における OV 語順の消失
　　──不定詞節を中心に──
　　…………………………………………………………田中　智之　119

分裂文における焦点要素の歴史的発達
　　…………………………………………………………田中　祐太　134

英語史における現在分詞と動名詞の相互作用について
　　…………………………………………………………中川　　聡　147

tough 構文における受動不定詞の出現と消失について
　　…………………………………………………………中川　直志　161

近・現代英語における焦点化副詞の用法の変遷
　　──just を中心に──
　　…………………………………………………………中野　弘三　175

I know not why
　　──後期近代英語における残留動詞移動──
　　…………………………………………………………縄田　裕幸　192

英語史における名詞修飾の分離過去分詞句について
　　……………………………………………………バイ　チゴチ　207

他動詞虚辞構文の発達に関する統語的アプローチ
　…………………………………………………………………本多　尚子　221

不定詞疑問節の統語構造の歴史的変化に対する一考察
　…………………………………………………………………松元　洋介　236

名詞句内における and を伴う形容詞の分布
　──共時的・通時的考察──
　…………………………………………………………………柳　　朋宏　247

疑似空所化からみる英語法助動詞の史的発達
　…………………………………………………………………山村　崇斗　262

英語の史的発達にみる小節構造の変化について
　…………………………………………………………………横越　　梓　278

言語変化における主要部媒介変数の働き
　…………………………………………………………………若山　真幸　294


執筆者一覧………………………………………………………………………　309

# 自他交替動詞 climb の通時的発達*

## 石崎　保明

## 1. はじめに

　認知言語学や構文文法理論は，認知科学諸分野の研究成果を柔軟に取り込みながら，発展を続けている．最近では，それまで手薄であった構文の通時的発達に関する研究が，その裾野を広げている (e.g. Barðdal et al. (2015))．本稿では，上述の研究動向を踏まえ，現代英語の構文現象として扱われるものの通時的変化の事例として議論されることの少なかった自他交替（intransitive-transitive alternation），その中でもとりわけ動詞 climb の自他交替，に焦点を当て，その通時的な使用の実態を調査し，認知言語学および構文文法の観点から考察する．具体的には，Langacker によるセッティング（setting），場所（location），参与者（participant）に基づく事態認知の観察を援用し，climb の他動詞用法は，手足を使っての移動が行われる（セッティングの一部としての）場所が参与者として概念化された結果として生じたものであると主張する．このような場所と参与者の反転は，認知主体（conceptualizer）の主観的な判断によってなされるものである．実際 climb においては，15 世紀頃までには自動詞構文と他動詞構文の両方が観察されるものの，歴史を通じて前者が多く，後者においては，mountain や hill, tree などのような，認知主体が場面を概念化する際に不可欠となる特定の事物に限られる傾向がある．これは，climb のプロトタイプ的意味である「手足を使っての移動」の意味が根強く保持（retention）していることによると主張する．

　本稿の構成は以下のとおりである．2 節では，climb の意味的特徴を整理し，3 節では，本稿で扱われる理論的枠組みを概観する．4 節では，Oxford

---

　* 本研究は，JSPS 科研費 15K02624 の助成を受けたものである．

English Dictionary Online（以下 OED），Early English Books Online（以下 EEBO），および A Representative Corpus of Historical English Resisters 3.2.（以下 ARCEHR）を用いた調査に基づき，それらの分布を通時的構文文法の視点から議論する．5節は結論である．

## 2. 現代英語における climb の意味的特徴

よく知られるように，動詞 climb は日本語の「上る・登る」と必ずしも対応しておらず，「上方向への移動」だけではなく，「下方向への移動」も表すことができる（(1) は British National Corpus（以下 BNC）より）．

(1) a. On another day we **climbed up** the hill behind the cottage, a craggy natural fortress where Iron Age remains of habitation can still be seen, to look back from two hundred feet up.
 (1994, *The birdwatcher's handbook: a guide to the natural history of the birds of Britain and Europe*/BNC)
 b. Now he felt more cheerful, and decided to swim. So he **climbed down** the cliffs, undressed on the beach and jumped into the sea.
 (1992, *Far from the madding crowd* (Oxford Bookworms edition)/BNC))

Jackendoff (1985) によれば，現代英語の climb は，移動の「方向」の意味をもちつつも「手足を使っての移動（clambering）」という移動の「様態」に焦点が置かれる動詞である．ただし，climb は必ずしも手足（limb）を有する物体のみが主語になるというわけではなく，(2) のように，列車が主語として用いられることがある．その場合，(2a) では「上方向」の意味が喚起され，down と共起する (2b) は不自然な文になる．

(2) a. The train climbed.
 b.??The train climbed down the mountain.

(Jackendoff (1985: 278))

Jackendoff によるこの観察は，climb の描写する移動の様態が（上）方向

の概念とも密接に結びついていることを示唆している．climb の意味に対する認知言語学的な特徴づけとして，宮畑 (1992) は，(3) に示されるように，肢の無いカタツムリやヘビが climb の動作主として妥当に選択される事実を踏まえ，対象物に付着し (touching the object)，重力に逆らって (against gravity) 移動することが動詞 climb のプロトタイプ的意味であると述べている．[1]

(3) The snail/snake climbed up/down the tree.　　　(宮畑 (1992: 75))

認知言語学とは異なる枠組みではあるが，同様の観察は Levin and Rappaport (2011) にもみられる．Levin and Rappaport は climb がもつ「様態」の意味を，clamber ではなく「重力に逆らっての力の行使」(movement via force excretion in order to resist the pull of gravity) であると主張している．

動詞 climb を統語的に見た場合，自動詞用法と他動詞用法があることもまた，広く知られた事実である．

(4) a. They climbed up the mountain.
　　b. They climbed the mountain.　　　　　　　(Dixon (1991: 281))

Dixon (1991) が述べるように，(4a) では主語の指示対象である they が登頂したかどうかは不明であるが，(4b) では they が登頂したことを意味する．Dixon (1991) は，また，(5a) の Everest のように登ることが困難な山には一般に up が用いられず，(5b) のように，登ることにさほど困難を覚えないような小さな丘には up が用いられるという事実を指摘している．

(5) a. They climbed Everest.
　　b. We climbed up the little hill in the south-east corner of Re-

---

[1] 宮畑 (1992) のこの意味的特徴づけは現代英語に基づくものであり，4 節でみるように，通時的にはプロトタイプ的意味ではなく，スキーマ的意味とよぶべきものであると思われる．なお，宮畑が挙げる「対象物に付着する」という様態の意味は，プロトタイプ的意味には含まれうるが，そこから拡張した現代英語のスキーマ的意味には含まれないかもしれない．例えば，Levin and Rappaport (2011: 12ft.) には，After the space walk, the astronaut climbed back into the space capsule. という例文があり，このような用例では，もはや付着すべき対象物が存在しない．

gent's Park. (Dixon (1991: 281))

実際，BNC を用いて Everest と climb との共起関係を調べてみると，[climb Everest] の用例が 29 例検出されるものの，[climb up Everest] の用例はなく，この事実は Dixon の観察と合致する．したがって，climb における自動詞と他動詞の選択には，「登ることが困難かどうか」といった（語用論的な）意味が重要な役割を果たしている．

　以上の観察を踏まえると，現代英語の climb には「重力への抵抗」という移動の様態がスキーマ的な意味を担っており，さらに climb の自他交替においては，(「手足を使っての全身移動」や「重力への抵抗」などに由来する)「移動の困難さ」の度合いが重要な尺度となっている．

## 3. 理論的想定
### 3.1. 事態認知とセッティング／場所／参与者
　一般に認知言語学や構文文法理論は，ことばが実際の発話の場との関連で使用および変化するという用法基盤モデル（usage-based model）とよばれる言語観に依拠している．発話の場においては，話し手や聞き手の認知能力が深く関与しており，そのような認知能力が言語能力に影響を与えるものと想定されている．ここでいう認知能力には，言語現象と関わるだけでもさまざまなものが含まれるが，本稿との関連で特に重要な認知能力は，事態把握におけるセッティングと参与者の区別である．Langacker が推し進める認知文法において，セッティングとは，ある事態が起こる空間的・時間的領域であり，いわば場面設定の役割を担う．それに対して，参与者はセッティングの中で描かれる出来事や行為に直接的に関与している実体である．セッティングの中で特に参与者が位置する領域は場所（location）とよばれ，セッティングとは区別されることがある．セッティング，場所，参与者の分布を (9) を例に考えてみよう．

(9) In the kitchen, Seymour sliced a salami on the counter with a knife. (Langacker (1987: 384))

(9) において，in the kitchen がセッティングであり，on the corner は，構

造的には in the kitchen と同じ前置詞句ではあるが，salami を切るという行為が行われる場所を表している．認知文法で広く採用されているビリヤードモデル（billiard Model）にしたがうと，(9) では，動作主である最初の参与者（Seymour）から発せられたエネルギーが第 2 番目の参与者（knife）にいったん伝わり，そのナイフを経由して第 3 番目の参与者となる被動者（patient）である salami に伝達されることになる．

Langacker の一連の研究では，(典型的) 他動詞文（図 1）は参与者間のエネルギー伝達を含むものと規定され，[2] プロファイルされる参与者が 1 つである (典型的) 自動詞文（図 2）とは区別される（図 1, 2 の Part は参与者を表す）．

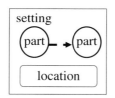 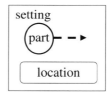

図 1：（典型的）他動詞構文　　図 2：（典型的）自動詞構文

他動詞構文と自動詞構文における対象の概念化の違いについて，(10a, b) を例に考えてみよう．

(10) a.　Everything is peaceful in *the countryside*.
　　 b.　The napalm bombs scored *the countryside*.

(Langacker (1987: 386))

(10a, b) にはともに the countryside が用いられているが，(10a) ではそれがセッティングとして機能し，(10b) では参与者として機能している．一般に人間に代表される物体は，描かれる状況の参与者として解釈される傾向があるものの，常にそうであるわけではない．(11a, b) の対比を考えてみよう．

---

[2] エネルギー伝達を受けた対象物は状態変化を被るものも多いが，例えば知覚動詞構文における知覚対象物のように，エネルギーの伝達を受けたものがすべて状態変化を伴うわけではない．

(11)　a.　I pulled the knob towards me.　　　　　（池上（1998: 873））
　　　　b.　He shot a revolver at himself.　　　　　（池上（1998: 874））

　池上（1998）によれば，(11a) では me はトコロ（ここでいう場所）として機能しているのに対して，(11b) の himself はモノ（ここでいう参与者）として機能している．このように，ある要素がセッティングであるか参与者であるかを判別する客観的な基準はなく，認知主体が対象をどのように概念化するかに応じて容易に反転しうるものである．

　セッティング・場所・参与者の区別が認知主体によって主観的に判断されるという主張は，認知言語学では自然な想定である．しかしながら，もしもこれらを区別する客観的な基準が存在しないならば，特に歴史的言語資料からこれらの区分を理解することは困難であるといえるかもしれない．確かに容易なことではないが，それを知る一つの手がかりとなる事例として，英語史における受動構文の発達を挙げることができる．英語史における，特に認知言語学の考え方を踏まえた受動構文の発達については寺澤（2002）や米倉（2013）が詳しいが，両者はともに，(i) 初期の英語では受動態が行為の完了ないしは結果状態を表す形容詞構文であったこと，(ii) 意味的にそれと対応する他動詞構文が必ずしも存在していたわけではないこと，の 2 点を指摘している．さらに，両研究では，時代とともに受動態としての構文機能が拡張していき，現代英語ではエネルギー伝達の非対称性が明確ないわゆる動的受動（dynamic passive）が優勢になった，という指摘がなされている．

　すでに述べたように，(典型的) 他動詞構文は参与者間のエネルギー伝達を含むものであることから，英語史における受動構文は，元来は自動詞構文であり，その後参与者間のエネルギー伝達との関連で描写される傾向を強めていく発達を遂げていると考えることができる．Denison (1993: Ch. 7) によれば，(12) のようないわゆる前置詞的受動態（prepositional passive）は，12 世紀ころから散発的に現れ始め 14 世紀頃以降になって発達するが，この発達もまた，この頃に格による区別が消失したこととも相まって，受動態として描かれる事態認知において，以前は参与者とみなされていなかった要素が参与者として徐々に概念化されていく過程を示す一例であるといえる．

(12)　　Bot　nu　　þan　　　am　i　after　send
　　　　But　now　when[?]　am　I　after　sent

'But now when I am sent for'

(a1400 *Cursor Mundi* 14216/Denison (1993: 126))

### 3.2. 動詞 climb の事態認知

　動詞 climb は，(1) のような自動詞構文として用いられるのが一般的であり，その事態認知は，概略，図3のようになる（Gは重力を表す）．図3は1つの参与者がある場所での移動を行っているという意味では，図2の（典型的）自動詞構文と同じである．他方，他動詞構文として用いられるclimb の事態認知は，概略，図4のように表すことができる．他動詞構文としての climb は，もともと場所であった要素がランドマークとしてプロファイルされている．つまり，climb が行われている領域が単なる場所ではなく，移動主体が重力に抗う対象（antagonist）という意味で，描かれる状況に重要な役割を果たす参与者として概念化されている．前述の(4b)を例にとると，主語の指示対象（they）にとって，mountain は移動を行う単なる場所ではなく，描かれる登山行為の場面において不可欠な参与者として位置づけられている．

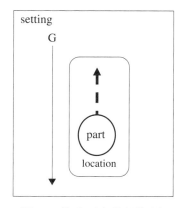
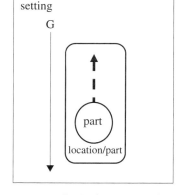

図3：climb（自動詞構文）　　図4：climb（他動詞構文）

　このような climb における自他交替にかかわる事態認知は，(13) の対比をうまく捉えることができる．

(13) a. She swam across the English Channel.

b. She swam the English Channel.

(13a, b) はともに英仏海峡 (the English Channel) の横断を含意しうるが，他動詞構文の (13b) では，英仏海峡が参与者として概念化されている．池上 (1998) は，(13b) には横断に加えて巡回検分といった解釈があると述べており，そのような解釈が得られるのも，英仏海峡が事態把握にとって不可欠な参与者として概念化されていることに由来する．

ところで，すでに述べたように，他動詞構文の (4b) は登頂を含意する．他動詞構文において，描写される活動が動詞の目的語指示対象全体に及ぶと解釈されることは，climb と同じ上述の自他交替動詞 swim, さらには (14) のような，所格交替 (locative alternation) 動詞にもみられる現象である．

(14) a. He sprayed paint onto the wall.
b. He sprayed the wall with paint.

このような解釈は一般に「全体性の解釈」(holistic interpretations) とよばれ，他動性ないしは受影性 (affectedness) との関連で議論されることが多い．しかしながら，全体性の解釈は他動詞構文に固有の現象ではない点には注意が必要である．(15) を見てみよう．

(15) a. The garden is swarming with bees.
b. My cat is crawling with fleas.　　　(Langacker (2002: 231))

(15a) は「蜂が庭全体に広がっている」という解釈となり，(15b) では「蚤が猫全体にあふれかえっている」という解釈になる．このような例においては，いわゆる（全体的に）影響を受けるとされる実体 (the garden) が動詞の目的語位置ではなく主語位置に生じていることから，「全体性の解釈」は，他動詞の目的語という構造的要因によってもたらされるのではなく，話者が与えられた状況をどのように捉えるのかという認知的要因がより深く関わっている．[3] 動詞 climb において観察される全体性の効果は，移動行為が行われる領域が，単なる場所ではなく，抗うべき参与者として概念化されている

---

[3] (15) に例示されるセッティング主語構文の認知的動機づけについては，深田 (2009) を参照．

ことに由来しているものと考えられる.

これまで,climb においては,移動が行われる領域を認知文法における場所として概念化されるか参与者として概念化されるかに応じて自他交替が行われることをみてきた.この場所と参与者の区別は認知主体による主観的な判断に基づくものであるが,古英語やドイツ語などの豊かな格標識を有する言語では,その主観的な判断が形式的に明示されていた (cf. Smith (1993)).中英語期以降,格標識が水平化し,名詞句の形態的な違いによって概念化の違いを知ることが難しくなった一方で,英語史における受動態の発達などから,中英語期以降は統語構造によって場所と参与者の反転が認められるようになっている.このような歴史的背景も念頭に,次節では climb の歴史発達を見ていくことする.

## 4. 歴史的発達

### 4.1. 中英語期まで

OED によれば,climb の初出例は (16) に示される 12 世紀初めの事例であり,up と共起した自動詞用法であった.

(16) Clumben    upp to þe stepel
     climb-PAST up  to the steeple
     '(The outlaws) climbed up to the steeple'
                      (a1123 *Anglo-Saxon Chron.* (Laud) anno 1070/OED)

climb が down と共起する OED の初出例は 15 世紀の (17) であるが,この事例は,down 単独ではなく,up and down の形で用いられている.

(17) We... Freli,  may climb vo  and dun.
     we...  freely, may climb up  and down
     'We ...freely may climb up and down.'
                      (a1400(a1325) *Cursor Mundi* (Vesp.) 2238/OED)

他動詞用法としての climb の初出例は (18) であり,OED によれば,"To ascend (anything steep) by hands and feet, creep up; to get to the top or summit of; to mount, scale" を意味していた.

(18) [the fox] wild-scipe climbið
　　　　　　　 wildness　　climb
　　　'(the fox) climbed wildness''
　　　　　　　　(a1275(?1200) Laʒamon *Brut*. (Calig.) (1978) l. 10401)

初期の climb の使用において,「手足を使うこと (clambering)」が重要な意義素であったことは, OED における (19) の記述にあるように, 16-17 世紀頃, clamber が climb から派生した事実からも見て取れる.

(19) "This ( = *clamber*) appears to be a derivative of *climb* v (erb). (past tense, Middle English *clamb*, *clam*); an equivalent *climber* v (erb). was in use in 16-17th cent."　　　　(OED, s.v. *clamber*,)

　このように, climb のプロトタイプ的意味は,「手足を使っての全身移動」を表す自動使構文であったと推察される. その際, 日常の場で手足を使って全身移動をするのは, 垂直方向への移動である場合が多い. また, 階段や丘などの移動においては, 下方移動をするその前に上方移動を行っている可能性が高いことから, 手足を使っての移動は, メトニミとして上方概念と結びつきやすい. さらに, 上方にせよ下方にせよ, 手足を使って移動する場合には, そのような移動を強いられる何らかの不自由な環境の存在が容易に想起される. よって,「手足を使っての移動」においては, 何らかの「困難さ」の存在もメトニミとして含まれうる. この困難さが具現化するのは climb が行われる場所であり, それが参与者として概念化されることは極めて自然な認知プロセスである.

### 4.2. 初期近代英語期

　上述のように, climb において, その自動詞構文としての初出から比較的早い時期に他動詞用法を獲得する事実は, 認知主体による場所・参与者反転の自然な帰結といえる. しかしながら, 実際に用例を採取してみると, 自動詞用法に対して他動詞用法の頻度は低く, EEBO による調査によれば, 1473 年から 1550 年まで, climb の他動詞用法は検出されない. 1550 年頃以降から他動詞用法が見られるようになるが, 自動詞用法と比べるとごくわずかであり, climb の直接目的語の多くが (20), (21) に例示される tree や

hill などである．この時期は mountain と共起する例として (22) があるものの，当時はまれである．

(20) The other, the Ilophagi, siekynge to the plaines with their wiues and their children, **climbe trees**, and gather, eate, and cary home: the tendre croppes and buddes of the boughes.
(1555, Jannes/EEBO)

(21) The horsmen also that made resistaunce, they pulled from their horses, and began to **climbe the hill** vpon the Britains.
(1577, Holinshed, Raphael/EEBO)

(22) The Bringing vp of children (& specially manye) to a pore mnan, semeth to surpasse all sorowes, for as a few children are great delightes so many to a pore man is cause of the greatest care that can happen. What marchinge in the sommers sonne, and warding, day and night, **clyming the mountains and sayling the seas:** sometymes afflicted with hunger, sometymes with thyst: yea and in the end… (1573, Cardanus, Gifolamo/EEBO)

このような自他分布がみられるのは，climb の「手足を使っての移動」というプロトタイプ的意味が，初期近代英語期まで保持していたことを示唆している．他方，日常生活において，tree や hill は「手足を使って移動する」一般的な事物であり，このような日常的な状況にみられる特定の事物に対してのみ，特別に参与者としての位置づけが与えられていたと考えられる．

### 4.3. 後期近代英語期以降

この節では ARCHER を用いて，後期近代英語期以降における climb の使用と分布をみていく．ARCHER では動詞用法の climb (検索式 {climb/V}) を検索すると 60 種類のテキストから 80 例が検出され，これは 100 万語当たり 20.40 例の頻度に相当する．[4]

---

[4] 実際の検索結果は 81 例であったが，同一の用例が重複して検出されたため，その 2 例を 1 例としてカウントしている．

表1：ARCHERにおけるclimbの用例の分布

| Period | 1600-1649 | 1650-1699 | 1700-1749 | 1750-1799 | 1800-1849 | 1850-1899 | 1900-1949 | 1950- | TOTAL |
|---|---|---|---|---|---|---|---|---|---|
| 自動詞用法 | 0 | 2 | 2 | 4 | 1 | 10 | 19 | 17 | 55 |
| 他動詞用法 | 0 | 0 | 1 | 0 | 2 | 7 | 6 | 9 | 25 |
| TOTAL | 0 | 2 | 3 | 4 | 3 | 17 | 25 | 26 | 80 |

　自動詞としてclimbが用いられる55例のうち，19例（34.5%）はup (wards)と共起する例である．自動詞用法で興味深いことは，climbとupとが共起する例の割合が，年代を経るにしたがい減少するということである．具体的には，17-19世紀までの自動詞用法19例のうち12例（63.2%）がupと共起しているが，20世紀の自動詞の用例37例のうち，upと共起する例は7例（18.9%）のみであり，20世紀以降，out (of)（4例）やinto（8例）[5]などと共起する例が多くなっている．

　ARCHERにおける手足の無い移動主体がclimbの主語に生起する最初の例は（23）であるが，それ以外は（24）に例示される20世紀以降の数例のみであり，そのすべてが，年齢や回数などといった数値の上昇を表している．この種の例が少ないことは，「手足を使っての移動」というプロトタイプ的意味が現代英語期においても強固であることを示している．その一方で，限定的ではあるものの，これらの用例の存在は，同時に，climbが，メタファにより，特に後期近代英語期以降になって，プロトタイプ的意味から「（何らかの要因にもかかわらず）実体が上方へ推移する」というスキーマ的意味へと拡張していることを示している．

(23) … sufficient Age, though many attain to thirty; but forty, as I said before, is the highest apex, to which our Life can or did ever **climb**.　　　　　　　　　　　　(1675, barn_f2b/ARCHER)

(24) … we have handled from five to fifteen million more Toll and Long Distance conversations every month! And, as this is written, the number is still **climbing**! The extra calls, of course, are due largely to defense activity. We're glad to help the country keep

---

[5] inのみ，toのみ，あるいは他の前置詞との複合語（e.g. in through）を含む．

things moving. (1941, news_a7a/ARCHER)

（25）に例示される他動詞用法の climb は 25 例あり，表 1 にあるように，19 世紀になって徐々にその例が見られるようになる．

(25) Latitude; he anchored at a Place unknown where no People appeared; but there were Prints of human Feet, Darts, Oars, and Nets. His Men **climbed vast Mountains**, whence they discovered an Archipelago of small Islands, and one great Channel running on spacious and clean. Those Islands were fruitful and habitable, but… (1708, cook_j3b/ARCHER)

表 2：他動詞 climb の目的語指示対象

| 年代 | 目的語指示対象 |
|---|---|
| 1600-1649（0 例） | — |
| 1650-1699（0 例） | — |
| 1700-1749（1 例） | mountain |
| 1750-1799（0 例） | — |
| 1800-1849（2 例） | mountain, tree |
| 1850-1899（7 例） | hill (2), cliff, rocks, height, precipice, a slight rise |
| 1900-1949（6 例） | tree (3), stair (case) (2), fence, tower, |
| 1950-　　（9 例） | stair (4), tree (2), Ararat, hill, raised dais |

他動詞構文としての climb の使用頻度が高まったとはいえ，表 2 からわかるように，その種類は，依然として tree, hill, stairs, mountain などに限られている．つまり，climb の使用にかかわる事態把握においては，図 3 と図 4 に示されるような場所と参与者との反転は必ずしも容易に起こるものではなく，あくまでも手足を使うという移動の様態を描写する自動詞構文が基本にあり，ごく近年（具体的には後期近代英語期の後半）になって，徐々にスキーマ的意味を獲得していったと考えられる．

## 5. おわりに

本稿では，歴史的な文献を収めたいくつかの電子コーパスを用いて，動詞

climb の通時的な使用の実態を調査し，認知文法におけるセッティング／場所／参与者に基づく事態認知の観点から考察を行ってきた．climb は「手足を使っての全身移動」という自動詞用法をプロトタイプ的意味として発達し，さほど期間を置かずに他動詞用法を獲得している．これは，認知主体による場所・参与者の反転という認知能力によって動機づけられている．しかしながら，自動詞用法に対して他動詞用法は，その目的の指示対象が歴史を通じて限定的であり，トークンおよびタイプ頻度も高くはなかった．特に後期近代英語期になって「数値の上昇」といったメタファによる意味拡張はいられるものの，英語史においては climb のプロトタイプ的な「手足を使っての移動」意味の保持力が強く，支配的であると主張した．

## 参考文献

Barðdal, Jóhanna, Elena Smirnova, Lotte Sommerer and Spike Gildea, eds. (2015) *Diachronic Construction Grammar*, John Benjamins, Amsterdam/Philadelphia.

David Denison (1993) *English historical syntax: verbal constructions*, Longman, London and New York.

Dixon, Robert M. W. (1991) *A New Approach to English Grammar on Semantic Principles*, Clarendon Press, Oxford.

深田智 (2009)「セッティング主語構文の発現と拡張」『認知言語学論考』，山梨正明（編），No. 9, 39-79, ひつじ書房，東京．

Jackendoff, Ray (1985) "Multiple Subcategorization and the Theta-Criterion: The Case of Climb," *Natural Language and Linguistic Theory* 3, 271-295.

池上嘉彦 (1998)「〈モノ〉と〈トコロ〉——その対立と反転」『東京大学国語研究室創立百周年記念国語研究論集』，東京大学国語研究室創立百周年記念国語研究論集編集委員会(編)，864-887, 汲古書院，東京．

Langacker, Ronald W. (1987) "Grammatical Ramifications of the Setting/Participant Distinction," *CLS* 13, 383-394.

Langacker, Ronald W. (2002) *Concept, Image, and Symbol: The Cognitive Basics of Grammar*, 2nd. ed., Moton de Gruyter, Berlin and New York.

Levin, Beth and Malka Rappaport Hovav (2011) "Lexicalized Meaning and Manner/Result Complementarity. (Retrieved from: web.stanford.edu/～bclevin/barcel11rev.pdf（検索日：2016.3.12.）

宮畑一範 (1992)「Climb の意味分析」『大阪府立大学紀要（人文・社会科学）』第 40 号，73-83．

Smith, Michael B. (1993) "Cases as Conceptual Categories: Evidence from German," *Conceptualizations and Mental Processing in Language*, ed. by Geiger, Richard A. and Brygida Rudzka-Ostyn, Mouton de Gruyter, Berlin and New York.

寺澤盾（2002）「英語受動文」『認知言語学Ⅰ: 事象構造』, 西村義樹（編）, 87-108, 東京大学出版会, 東京.

米倉陽子（2013）「受動態の文法化と構文的意味機能の拡大」『文法化と構文化』, 秋元実治・前田満（編）, 155-186, ひつじ書房, 東京.

## コーパス

*A Representative Corpus of Historical English Resisters* 3.2. (ARCHER), (http://www.alc.manchester.ac.uk/subjects/lel/research/projects/archer/)（検索日：2015.12.14）

*British National Corpus* (BNC) (http://www.natcorp.ox.ac.uk/)（検索日：2016.3.2）

*Early English Books Online* (EEBO), (http://eebo.chadwyck.com/home)（検索日：2016.2.12, 15-16）

## 辞書

*The Oxford English Dictionary* (OED), 2nd ed. on CD-ROM, Oxford University Press, Oxford. (http://www.oed.com/)

# 文法化のメカニズムについて
## —D 要素の発達の観点から—*

茨木　正志郎

## 1. 序

　文法化とは言語の通時的な変化で起こる現象であり，内容語が機能語になることを意味する．近年，極小主義に基づく生成文法理論を用いた文法化の研究が盛んになり，その先駆的研究に Roberts and Roussou (2003) があるが，彼らによれば，文法化とはパラメター変化であると述べている．しかしながら，この様な文法化モデルを仮定すると，あるクラスに属する全ての語に急激な変化を引き起こすという問題がある．本稿では，文法化を Hopper and Traugott (2003) での意味の漂白化として捉え，その結果としてパラメター変化が起こると主張し，具体的事例として，二重限定の消失に関わる指示詞と所有代名詞の文法化について論じる．具体的には，二重限定の消失には指示詞と所有代名詞の発達が関連しており，中英語に指示詞が D 主要部要素へ文法化され，後期近代英語に所有代名詞も D 主要部要素へ文法化したと主張する．このような一連の変化には指示詞と所有代名詞が持つ [definite] 素性と Ibaraki (2009) で提案されている DP の認可条件が関与しており，これらによって二重限定の消失が原理的に説明されることを示す．

　本稿の構成は以下の通りである．まず 2 節では，Ibaraki (2009) での通時的コーパスの調査を概観しながら，二重限定における指示詞と所有代名詞の語順には制約があったことを明らかにし，その上で古英語の二重限定の統語分析を行う．3 節では，中英語以降に起こった指示詞と所有代名詞の文法

---

＊ 本稿の作成にあたって，久米祐介氏との議論や同氏より頂いたコメントは大変有益であった．ここに記して，心より感謝申し上げる．尚，本稿は科学研究費補助金（若手研究（B）：課題研究番号 25770180）による成果の一部である．

化について本稿での分析を展開し，2節で記述した事実を正しくとらえることができることを示す．最後に4節ではまとめとして，本分析の理論的帰結を述べる．

## 2. 二重限定の分布と分析

### 2.1. 二重限定

古英語から近代英語にかけて，所有代名詞と指示詞が同一名詞句内に共起する事例が観察される．

(1) a.　se　　　heora halga　　　bisceop
　　　 the-Nom their　saint-Nom bishop-Nom
　　　 "their saint bishop"
　　　　　　(coblick,LS_25_[MichaelMor[BlHom_17]]:201.88.2578:o2)
　 b.　thys youre gode　grace
　　　 this　your　good grace
　　　 "your good grace"　　　　　　(CMEDMUND,171.252:m4)
　 c.　this my excellent remedy　　(CLOWES-E2-P1,45.241:e2)

(1a)は古英語の事例で，指示詞 se と所有代名詞 heora が同一名詞句内に共起している．(1b)と(1c)は中英語と初期近代英語の事例で，それぞれ，thys と youre, this と my が同一名詞句内において共起している．このように指示詞と所有代名詞が同一名詞句内に共起する現象を二重限定とよぶ．二重限定は古英語，中英語，近代英語の多くのテキストで観察されていることから，運用上の誤用である可能性はほとんど無いように思われる．しかし，二重限定は英語史においては豊富に観察されるが，現代英語では非文と判断される．[1]

---

[1] 現代英語においても，前位限定詞や後位限定詞として分類される数量詞と指示詞や冠詞，所有代名詞などの中央限定詞は同一名詞句内において共起可能である．
　(i) a.　all the day(s)
　　 b.　both the/my eye　　　　　　　　　(cf. Quirk et al. (1985: 258))
本稿では，(i)のような数量詞を含む事例は脇に置いて，二重限定に現れる中央限定詞の定冠詞，指示詞，所有代名詞に焦点を当てる．英語史における数量詞の分布と分析について

(2) a. *that/the his interesting story
   b. *their this opinion (Yamamoto (1989: 1))

(2) に示されるように，現代英語では定冠詞や指示詞，所有代名詞などの限定詞が同一名詞句内に2つ以上現れることができない．次節では，Ibaraki (2009) による二重限定の指示詞，所有代名詞，形容詞の分布を概観する．

## 2.2. 二重限定における指示詞，所有代名詞，形容詞の分布

　Carlson (1978) や Lightfoot (1979)，Yamamoto (1989) などの先行研究は，古英語における名詞句内修飾要素の語順はかなり自由であり形容詞が指示詞や所有代名詞に先行する事例が多く観察されると主張している．また，Fischer and Wurff (2006) は，二重限定は古英語には豊富に観察されたが，中英語になるとまれになり近代英語では全く観察されないと主張している．しかしながら，Ibaraki (2009) のコーパス調査によれば，名詞句内修飾要素の語順は必ずしも自由ではなく，また，二重限定も近代英語まで存在していることが報告されている．Table 1 は，The York-Toronto-Helsinki Parsed Corpus of Old English (YCOE), The Second Edition of the Penn-Helsinki Parsed Corpus of Middle English (PPCME2), The Penn-Helsinki Parsed Corpus of Early Modern English (PPCEME) における，二重限定の出現数をまとめたものである．

Table 1. 二重限定の語順と出現数

|  | Dem-Poss-N | Poss-Dem-N | Total |
|---|---|---|---|
| YCOE | 187 (74.5%) | 64 (25.5%) | 251 |
| PPCME2 | 4 (8%) | 1 (20%) | 5 |
| PPCEME | 129 (100%) | 0 (0%) | 129 |

Dem = demonstraitve, Poss = possessive　　(cf. Ibaraki (2009: 75))

所有代名詞が指示詞に先行する語順の出現数は中英語になると極端に減少し，初期近代英語では1例も観察されなくなるが，一方，指示詞が所有代名詞に先行する語順は近代英語でも観察される．さらに Ibaraki (2009) で

---

は，Ibaraki (2009) を参照せよ．

は，二重限定と形容詞が共起する場合を調査し，次の Table 2 に示す結果を報告している．

Table 2. 二重限定と形容詞の語順と出現数

|  | Dem-Poss-Adj-N | Dem-Adj-Poss-N | Total |
| --- | --- | --- | --- |
| YCOE | 18 (45%) | 22 (55%) | 40 |
| PPCME2 | 1 (50%) | 1 (50%) | 2 |
| PPCEME | 42 (76.36%) | 13 (23.64%) | 55 |
|  | Poss-Dem-Adj-N | Poss-Adj-Dem-N | Total |
| YCOE | 241 (100%) | 0 (0%) | 241 |
| PPCME2 | 0 (0%) | 0 (0%) | 0 |
| PPCEME | 0 (0%) | 0 (0%) | 0 |

(cf. Ibaraki (2009: 76))

ここで注目したいことは，指示詞が所有代名詞に先行する場合は，それらの間に形容詞が介在することができるが，所有代名詞が指示詞に先行する場合，それらの間に形容詞が介在する語順はどのコーパスにおいても得られなかったということである．

さらに Ibaraki (2009) では，形容詞と所有代名詞もしくは指示詞との共起関係についてコーパス調査を行い，先行研究で言われているほど形容詞が限定詞に自由に先行することはできなかったと報告している．Ibaraki (2009) では，限定詞に不定冠詞も含めた調査を行っていたので，本論では不定冠詞を除いた同様のコーパス調査を行い次の結果を得た．

Table 3. 指示詞・所有代名詞と形容詞の語順と出現数

|  | Dem-Adj-N | Adj-Dem-N | Total |
| --- | --- | --- | --- |
| YCOE | 20306 (99.65%) | 71 (3.5%) | 20377 |
| PPCME2 | 11928 (99.99%) | 1 (0.01%) | 11929 |
| PPCEME | 24960 (99.99%) | 2 (0.01%) | 24961 |
|  | Poss-Adj-N | Adj-Poss-N | Total |
| YCOE | 3055 (99.16%) | 26 (0.84%) | 3081 |
| PPCME2 | 3103 (99.97%) | 1 (0.03%) | 3104 |
| PPCEME | 5888 (99.76%) | 14 (0.24%) | 5902 |

Table 3 より，どの時代においても形容詞が自由に限定詞に先行できるのは非常に稀であったことが分かる．[2] したがって，形容詞と所有代名詞・指示詞の共起関係は現代英語と同じであったと結論付けられる．

　ここまでの調査結果に基づくと，古英語から現代英語まで観察された二重限定に関する指示詞，所有代名詞，形容詞の語順は (3) に示されるようになる．

(3) a.　Dem-(Adj)-N
　　b.　Poss-(Adj)-N
　　c.　Dem-(Adj)-Poss-(Adj)-N
　　d.　Poss-Dem-(Adj)-N　（OE のみ）

(3) より，指示詞はどの時代を通じても決して形容詞に先行されることは無いが，所有代名詞は指示詞と共起する場合には形容詞に先行される場合があるということが分かる．この事実をとらえるために，Ibaraki (2009) での定性の認可条件を採用し，二重限定を含む古英語の名詞句の構造と派生は次のようなものであると主張する．

(4)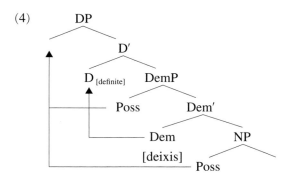

---

[2] Table 6 で，指示詞と所有代名詞に先行する形容詞は，次の (i) に示されるような，現代英語の middle に相当するものと，-weard で終わる方向を表す形容詞に限られる．
　(i) a.　middan þam wyrhtum
　　　　middle　the　workers　　　　　(coaelive, + ALS_[Maur]: 160.1583)
　　 b.　ufeweardan þam geate
　　　　upper　　 the　gate　　　　　(cochronA-2b, ChronA_[Plummer]: 897.30.1136)
本稿では，これらの種類の形容詞は他の形容詞とは異なる振る舞いを示しており，例外的な事例であると考える．

(5) Definite noun phrases are licensed iff the [definite] feature of D enters into a checking relation with its matching element(s) in a Spec-head and/or a head-head configuration. (Ibaraki (2009: 84))

(4) の樹形図において，指示詞は直示性を意味する [deixis] 素性を持つために，Dem 主要部に基底生成し，所有代名詞は DemP/NP 指定部に基底生成し，形容詞は DemP か NP に付加すると仮定する.[3] (5) の定性の認可条件を満たすために，指示詞か所有代名詞が，それぞれ D 主要部か DP 指定部に移動して，[definite] 素性を認可し派生は収束する．指示詞と所有代名詞が共起する場合は，指示詞が D 主要部に繰り上がり，所有代名詞は随意的に DP 指定部に繰り上がる．もし所有代名詞が繰り上がれば (3d) の語順となり，基底生成位置に留まれば (3c) の語順となる．DP 内において，指示詞と所有代名詞の間に形容詞が介在できる位置は存在しないので，Table 2 で観察した Poss-Adj-Dem-N 語順が一例も観察されない事実を適切に捉えることができる．限定詞として指示詞か所有代名詞のみが現れる場合は，いずれ場合であっても (5) の定性の認可条件を満たすために，義務的に DP 領域へと繰り上がらなければならず，必ず形容詞に先行する語順 (3a) (3b) となる．

## 3. 指示詞と所有代名詞の文法化

本節では指示詞と所有代名詞の文法化について議論する．3.1 節で文法化のメカニズムを導入し，3.2 節と 3.3 節で，それぞれ，指示詞と所有代名詞の文法化について論じる．

### 3.1. 文法化のメカニズム

Lightfoot (1979) や Roberts (2007) などは Andersen (1973) に基づく (6) の図を用いて，文法化は言語獲得の際に仮説推論的に起こると主張している．

---

[3] 形容詞は定性を持たず [definite] 素性を認可する要素ではないので，(4) で DP 指定部に移動するのは所有代名詞のみである．

(6) Generation 1: Grammar 1 → Corpus 1

Generation 2: Grammar 2 → Corpus 2　(Roberts (2007: 124))

(6) において，世代1 (Generation 1) が持つ文法1 (Grammar 1) はパラメーターの値が設定された普遍文法であり，それに基づいて世代1は出力1 (Corpus 1) を産出する．世代2 (Generation 2) は，出力1を入力として文法2 (Grammar 2) のパラメーターの値を設定する．その際，文法1とは異なる文法2を獲得すれば，文法変化が起こったことになりパラメーターの変化を意味する．その結果として出力1とは異なる出力2 (Corpus 2) が産出されることになる．

　このように文法化を生成文法理論に当てはめると，文法化は言語が獲得される際のパラメーター変化として捉えられる．しかし，縄田 (2005) によって指摘されているように，文法化をパラメーター変化として捉えると，あるクラスに属する全ての語において等しく急激な変化を引き起こすことになるが，実際の文法化の過程においては個別の語が緩やかに変化しているという問題がある．本稿では，Hopper and Traugott (2003) に従って，文法化をある要素が持つ意味素性の消失として捉え，その結果としてパラメーター変化が起こると主張する．したがって，次節で見るように，指示詞の文法化はそれが持つ意味素性の消失であり，その結果として Dem to D 移動が消失するのであって，全ての Dem に属する要素に同じ変化を引き起こすものではない．また，指示詞と同じ Dem 主要部である中英語・近代英語の所有代名詞の Dem to D 移動は，指示詞とは異なる時期に消失したと主張する．[4]

### 3.2. 定冠詞の発達

　Mustanoja (1960)，中尾 (1972)，小野・中尾 (1980) などによれば，定冠詞は古英語の男性・単数・主格の指示詞 se から生じたと言われている．2節で，古英語の指示詞は Dem 主要部に基底生成し D 主要部へ繰り上が

---

[4] このような意味の漂白化がどの文法の部門で生じているのかという問題がある．可能性としては，pre-syntactic な語彙部門での変化とするか post-syntactic な形態論での変化とするかのどちらかであるが，このことについては今後の課題とする．

るという派生を仮定した．本節ではこれらに基づいて，指示詞は中英語に直接 D 主要部に基底生成する定冠詞へと文法化し，Dem to D 移動は消失したと主張する．この文法化が起こる原因は Hopper and Traugott (2003) での意味の漂白化によるもので，ここでは指示詞の持つ φ 素性と [deixis] 素性の消失を意味する．指示詞の意味の漂白化は，屈折の水平化による語彙形態の統一とそれに伴う使用頻度の増加が原因であると主張する．[5]

茨木 (2014) は，指示詞から定冠詞へ文法化する際，指示詞が持つ素性の変化を次のように提案している．

(7)　　　　　　*se*　　　　　　　　　*þe*
　　　　[i-def] [u-φ]([i-deixis])　>　[i-def]
　　　　Dem head　　　　　　　　D head　　　　　（茨木 (2014: 11)）

古英語の指示詞は数・性・格の φ 素性の値によって 12 の異形態を持っていたが，後期古英語から始まる水平化に伴い，指示詞の形態は þe へと集約される．その結果，指示詞が使われる場合には，それに後続する名詞の数・性・格とは関係無く þe が一律に使われるようになった．

---

[5] 指示詞から定冠詞への文法化の先行研究に Wood (2003), Watanabe (2009), Gelderen (2004, 2011) などがあり，それらは次に示すように指定部から主要部への文法化として捉えている．
　　(i)　[$_{DP}$ *þe*$_i$ [$_{D'}$ D [... $t_i$ ...]]] → [$_{DP}$ [$_{D'}$ *þe* [...]]]　　　　　(cf. Watanabe (2009: 368))
Watanabe (2009) によれば，古英語指示詞は DP より低い位置で基底生成され，D 主要部が持つ定性の形式素性と一致関係に入った後，DP 指定部へと繰り上がっていたが，中英語初期に，定性の形式素性は意味素性へとパラメター変化し一致関係が失われると，指示詞が D 主要部に直接併合されるようになった．先行研究の多くは指示詞の文法化を指定部から主要部への再分析として捉えているが，このような分析では 2 節で観察した二重限定のデータを適切に捉えることができない．
　まず，指示詞が DP 指定部であると仮定すると，二重限定において所有代名詞が指示詞に先行する位置が無くなり，Poss-Dem-(Adj)-N の語順を上手くとらえることができなくなる．また，指定部から主要部への変化の過渡期にそれら両方を占める事例が期待されるが，茨木 (2014) によると，実際にそのような事例は YCOE, PPCME2, PPCEME でのコーパス調査において観察されなかった．したがって，本稿では指示詞は古英語から主要部要素であると主張し，このように仮定することで 2 節の二重限定のデータを的確に説明されることを示す．

(8)　ealle þe bisceopas
　　　all　the bishops
　　　　(cochronE-INTERPOLATION,ChronE_[Plummer]: 675.40.545)

(8) では後続する名詞が複数なので，本来，(9) に示すように þa が使われるべき環境である．

(9)　wið eal þa　folc
　　　with all these people　　　(Coorosiu,Or_5:10.123.28.2593)

この様に，水平化によって後続する名詞の種類に関係なく þe が指示詞として使われるようになると，þe は後続する名詞と φ 素性に関して一致があるのか曖昧となり，þe は φ 素性を持たない語彙項目として認識されるようになる．さらに，語の使用頻度が増えると þe は [deixis] 素性を失い，純粋な前方照応機能を持つ D 主要部に基底生成する定冠詞へと発達し，Dem to D 移動は消失した．[6] Bybee (2003) によれば，語の使用頻度が文法化に影響を与えることが指摘されている．指示詞の形式が統一されることにより þe の使用頻度が急激に増加し，意味の漂白化を促進したと考えられる．

### 3.3.　所有代名詞の文法化

　所有代名詞は，指示詞と比べて，比較的自由な分布を示しており，古英語から近代英語までに (10) として再掲する (3) の語順があることを2節で概観した．

(10)　a.　Dem-(Adj)-N
　　　b.　Poss-(Adj)-N
　　　c.　Dem-(Adj)-Poss-(Adj)-N
　　　d.　Poss-Dem-(Adj)-N　(OE のみ)

(10) では，指示詞はどの時代を通じても決して形容詞に先行されることは無いが，所有代名詞は指示詞と共起する場合には形容詞によって先行されう

---

　[6] 茨木 (2014) は，定冠詞の発達は Hopper and Traugott (2003) での分化 (divergence) の事例であると主張している．古英語の指示詞 se から定冠詞が発達したが，指示詞としての語彙項目も別に存在し続け，現代英語の that になった．

る．また，所有代名詞は，指示詞と共起する場合には，形容詞と自由に現れる位置を入れ替わることができたので，古英語において指示詞は DemP/NP 指定部に現れると仮定した．指示詞と共起せず，所有代名詞と形容詞のみが同一名詞句内に現れる場合には，所有代名詞が形容詞に先行する．これは，他に定性の認可条件を満たせる要素が無いため，所有代名詞が義務的に繰り上がるからである．

(11)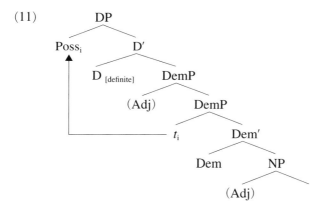

(10d) の語順は古英語のみに観察され中英語には消失するが，これは所有代名詞が DemP 指定部要素から主要部要素へ再分析されたことに起因する．この再分析は，所有代名詞の統語位置の曖昧性のために起こった．具体的には，古英語には所有代名詞が指示詞に先行する Poss-Dem-(Adj)-N の語順があり，所有代名詞と指示詞の間に形容詞が介在することが無かったので，指示詞が D 主要部として所有代名詞が DP 指定部として分析されていた．しかし，一方で，所有代名詞が指示詞と共起しない場合に，所有代名詞は必ずしも DP 指定部要素としては分析されず，主要部として分析されることもあったと考えられる．つまり，(11) の構造なのか (12) の構造なのかで曖昧性が生じる．

(12)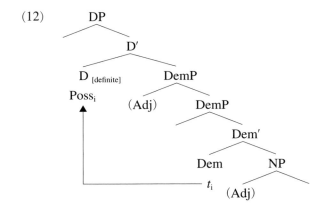

(12) では，所有代名詞が Dem 主要部に現れその後 D 主要部へと移動している．このように所有代名詞は Dem 主要部として分析されるようになると，(13) に示すように，二重限定において DP 領域に移動できなくなる．

(13)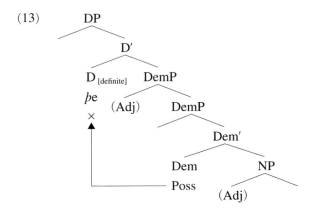

(13) では，指示詞が D 主要部を占めいているため，Dem 主要部の所有代名詞はその位置へ繰り上がることができない．それゆえ，(10d) の語順の消失となる．[7] また，所有代名詞の移動が起こらなければ (10c) の語順となり，

---

[7] 所有代名詞は直接 D 主要部として再分析される可能性があるかもしれないが，本稿では Dem 主要部として再分析される中間段階があったと主張する．その証拠として，(10d) の語順が消失したことに付け加え，(10c) の語順が近代英語まで存在していたことが挙げ

この二重限定の事例は近代英語まで観察された．所有代名詞は，指示詞と共起しない場合は（12）で見たように，[definite] 素性を認可するために義務的に D 主要部へ繰り上がる．

一度，主要部要素として再分析されると，所有代名詞の統語位置についてさらに曖昧性が現れることとなる．つまり，指示詞と共起しない場合に，所有代名詞は Dem 主要部から繰り上がっているのか，もしくは D 主要部に直接基底生成するのか，ということである．二重限定は後期近代英語に消失しているので，所有代名詞はその時期に D 主要部要素として分析されるようになった．

本節では，所有代名詞がどのような素性を消失して再分析されたのかについて論じてこなかった．所有代名詞は比較的自由な振る舞いを示し，古英語では形容詞に近い要素であったように思われるので，何かしらの意味素性が消失したと考えられる．この点については，今後の課題としたい．

## 4. 結語

文法化を言語が獲得される際のパラメター変化として捉えると，あるクラスに属する全ての語に急激な変化を引き起こすという問題がしばしば議論されてきた．本稿では，文法化を意味の漂白化として捉え，その結果としてパラメター変化が起こると主張し，具体的事例として，二重限定の消失に関わる指示詞と所有代名詞の文法化について論じた．

指示詞は，初期中英語に屈折の水平化に伴い $\phi$ 素性と [deixis] 素性を失い，D 主要部要素として分析されるようになる．その結果，Dem to D 移動が消失した．所有代名詞は，統語位置の曖昧性から，初期中英語に指定部要素から Dem 主要部要素へと再分析され，さらに後期近代英語に D 主要部として再分析される．初期中英語に起こった指示詞と所有代名詞の文法化のために，所有代名詞が指示詞に先行する二重限定の語順は消失した．さらに，所有代名詞が D 主要部になることで，指示詞（定冠詞）と同じ位置を競合するようになり，二重限定が消失した．

---

られる．もし所有代名詞が D 主要部であるならば，(10c) のような二重限定の事例は存在しないはずである．

最後にここでの分析の理論的帰結を述べて本稿を閉じる．ここで提案された文法化のメカニズムでは，同じパラメターに関わる個別の要素に対して同時に急激な変化を与えず，言語変化が起こったそれぞれの時期を適切に捉えることができるという利点がある．二重限定の消失には同じ Dem 主要部に属する指示詞と所有代名詞の Dem to D 移動の消失が関わっている．もし，文法化をパラメター変化として捉えてしまうと，指示詞と所有代名詞の Dem to D 移動が同時期に消失してしまうことになり，二重限定の分布を誤って捉えることになる．一方，Dem to D 移動の消失を指示詞と所有代名詞の持つ素性の消失による結果であると捉えると，Dem to D 移動の消失はそれぞれの要素が漂白化した時期に起こることとなり，2 節でのコーパスデータを適切に捉えることができる．

## 参考文献

Bybee, John (2003) "Mechanisms of Change in Grammaticalization: The Role of Frequency," *The Handbook of Historical Linguistics*, ed. by Brian D. Joseph and Richard D. Janda, 602–623, Blackwell, Oxford.

Carlson, Anita M. (1978) "A Diachronic Treatment of English Quantifier," *Lingua* 46, 295–328.

Chomsky, Noam (2004) "Beyond Explanatory Adequacy," *Structures and Beyond: The Cartography of Syntactic Structures, Volume* 3, ed. by Adriana Belletti, 104–131, Oxford University Press, Oxford.

Fischer, Olga and Wim van der Wurff (2006) "Syntax," *A History of the English Language*, ed. by Richerd Hogg and David Denison, 109–198, Cambridge University Press, Cambridge.

Gelderen, Elly van. (2004) *Grammaticalization as Economy*, John Benjamins, Amsterdam.

Gelderen, Elly van. (2011) *The Linguistic Cycle: Language Change and the Language Faculty*, Oxford University Press, Oxford.

Hopper, J. Paul and Elizabeth C. Traugott (2003) *Grammaticalization*, 2nd ed., Cambridge University Press, Cambridge.

Ibaraki, Seishirou (2009) "The Development of the Determiner System in the History of English," *English Linguistics* 26, 67–95.

茨木正志郎 (2014) 「定冠詞の文法化について」『IVY』第 47 号, 1–17.

Lightfoot, David (1979) *Principles of Diachronic Syntax*, Cambridge University

Press, Cambridge.
Mitchell, Bruce (1985) *Old English Syntax*, Vol. 1, Clarendon Press, Oxford.
Mustanoja, Tauno F. (1960) *A Middle English Syntax*, Société Néophilologique, Helsinki.
中尾俊夫 (1972)『英語史 II』大修館書店，東京．
縄田裕幸 (2005)「分散形態論による文法化の分析：法助動詞の発達を中心に」『文法化：新たな展開』，秋元実治・保坂道雄(編)，75-108，英潮社，東京．
小野茂・中尾俊夫 (1980)『英語史 I』大修館書店，東京．
Quirk, Randolph, Sidney Greenbaum, Geoffrey Leech and Jan Svartvik (1985) *A Comprehensive Grammar of the English Language*, Longman, London and New York.
Roberts, Ian (2007) *Diachronic Syntax*, Oxford University Press, Oxford.
Roberts, Ian and Anna Roussou (2003) *Syntactic Change: A Minimalist Approach to Grammaticalization*, Cambridge University Press, Cambridge.
Watanabe, Akira (2009) "A Parametric Shift in the D-System in Early Middle English: Relativization, Article, Adjectival Inflection and Indeterminates," *Historical Syntax and Linguistic Theory*, ed. by Paola Crisma and Giuseppe Longobardi, 358-374, Oxford University Press, Oxford.
Wood, Johanna L. (2003) *Definiteness and Number: Determiner Phrase and Number Phrase in the History of English*, Doctoral dissertation, Arizona State University.
Yamamoto, Keiko (1989) "The Historical Development of Determiners: A Parametric Approach," *English Linguistics* 6, 1-17.

## コーパス

Kroch, Anthony and Ann Tayler (2000) *The Penn-Helsinki Parsed Corpus of Middle English, Second edition* (PPCME2), University of Pennsylvania, Philadelphia.
Kroch, Anthony and Ann Taylor (2004) *Penn-Helsinki Parsed Corpus of Early Modern English* (PPCEME), University of Pennsylvania, Pennsylvania.
Taylor, Ann, Anthony Warner, Susan Pintzuk and Frank Beths (2003) *The York-Toronto-Helsinki Parsed Corpus of Old English Prose* (YCOE), University of York, Heslington.

# 判断を表す TO 節に関する一考察

大村　光弘

## 1. はじめに

　現代英語には Dixon (1992) が「判断を表す TO 節 (judgement TO clause)」と呼ぶ補文タイプが存在する．これは，対格付き不定詞 (accusative with infinitive; AI) の一種であり，(1) に示したように不定詞補文の意味上の主語が，心理的知覚動詞の形式的目的語になっている構文である．

　(1)　I believed [John/him to have told the truth].

Dixon の命名が示すように，この種の補文は主節主語の判断内容を表す．さらに，その判断内容は一時的状態 (transitory state) であるか，または個人的な見解である (Dixon (1992: 220))．

　判断を表す TO 節を許す言語は数のうえで限られており，他のゲルマン系言語やフランス語などのロマンス系言語には見られない．とりわけ興味深いのは，英語に関しても，当該構文が OE の時代から存在していたのではなく，ME の時代に (1) の構造を許す文法上の変化があった結果，現状があるという事実である．以下の議論では，1) 英語の中に判断を表す TO 節が現れるようになった歴史的過程を観察するとともに，2) 判断を表す TO 節のもつ意味論的・機能論的特徴について論じる．

## 2.　OE 期の AI 構文

### 2.1.　データ

　OE 期の AI 構文には，以下にあげた 3 つのタイプが存在していた (Denison (1993), Visser (1984: 2234-2336))．

タイプ A：使役 (Verbs of Causing (lætan, don, etc.))
(2) & leot him locon þa gewrite þe ær wæron gefunden
    and caused him look-at the writings that earlier were found
    'and had him look at the writs which had been found'
    (*ChronE* 116. 10(963); Denison (1993: 172))
(3) Swa swa ðu dydest minne broðor his god forlætan . . .
    as as you made my brother his god forsake
    'Just as you made my brother forsake his god'
    (*ÆCHom* I 31. 468. 20; Denison (1993: 172))

タイプ B：感覚的知覚 (Verbs of Sense Perception (gehieran, geseon, etc.))
(4) þa semninga gehyrdon we þa abbudissan inne hludre stefne
    then suddenly heard we the abbess inside loud voice
    cleopian
    call (INF)
    'then suddenly we heard the abbess calling inside in a loud voice'
    (*Bede* 4 21.322.2; Denison (1993: 175))

タイプ C：心理的知覚 (Verbs of Mental Perception (geliefan, witan, etc.))
(5) ðorh ðone usic arisan holde mode we gelefað
    through him/who us arise(INF) devout mind(INST) we believe
    'we devoutly believe that through him we will rise again'
    (*PsCaA* I (Kuhn)13.5; Denison (1993: 176))

ここで注意しておかなくてはならないのは，OE 期のタイプ C の AI 構文がラテン語の翻訳に限られており，ラテン語の AI 構文の形式をそのまま真似たものであったということである (Denison (1993), Fischer (1989))．このことは，OE 期の心理的知覚動詞に見られる AI 構文が，OE 本来の文法ではなかったことを意味する．すなわち，OE 期の AI 構文は，タイプ A の使役動詞とタイプ B の感覚的知覚動詞の補文に限られていたことになる．

ここで，使役動詞と感覚的知覚動詞の間の意味的共通点に着目してみたい．その意味的共通点とは，主節動詞によって表される行為と埋込動詞に

よって表される行為が同一場面に位置づけられることである．たとえば，使役構文を例示した（2）と（3）では，主節主語が埋込主語に対して特定の要求を課し，続いて埋込主語がその場で要求された行為を遂行している．言い換えれば，埋込動詞が表す出来事が主節動詞の表す出来事の一部を成し，全体として1つの場面を構成しているのがわかる．

つぎに感覚的知覚構文に目を向けてみよう．（4）においても，埋込動詞が表す行為と主節動詞が表す行為は同一場面で生じている．しかも，主節主語は埋込主語が大声で叫ぶのを直接耳にしているのであるから，これら2つの行為は同時的である．

## 2.2. 意味機能に基づく構造分析

前節で述べたように，使役動詞と感覚的知覚動詞が AI 補部を従えるとき，主節が表す出来事と AI 補部が表す出来事は同一場面的である．このことは，AI 補部の表す出来事が主節の表す出来事に対して，時間的・空間的に厳しく制限されていることを意味する．ここで，OE 期の使役構文と感覚的知覚構文に対して（6）の構造を想定してみよう．$V_1$ と $V_2$ と ACC はそれぞれ，主節動詞と埋込動詞と対格名詞句を表している．

(6)　[$_{IP}$ Subj [$_{I'}$ Infl [$_{VP}$ $V_1$ [$_{VP}$ ACC [$_{V'}$ $V_2$ . . .]]]]]

(6) の構造に Hornstein (1990: 154-156) の繋ぎ留め規則を適用すると，埋め込まれた VP の出来事時（Event time）$E_2$ が，主節の出来事時 $E_1$ に連結される．

(7)　S,　R,　$E_1$
　　　　　　|
　　　　　　$E_2$

$E_2$ が $E_1$ に依存する，この時制要素間の連結関係によって，AI 補部の表す出来事が主節の表す出来事に時間的に依存していることが導かれる．

## 3. 判断を表す TO 節の歴史的発達

### 3.1. OE 期の与格不定詞
#### 3.1.1. 不定詞の歴史的発達

まず初めに,「不定詞の歴史的発達」という言葉が意味するところを明らかにしておく.印欧言語の不定詞が行為名詞から次第に動詞体系に組み込まれる方向で発達する傾向にあることはよく知られている (Disterheft (1980)).今でこそ動詞的特徴をもつ英語の不定詞であるが,歴史を遡れば,純然たる名詞だったのである.ゲルマン祖語の不定詞もやはり行為名詞であって,対格,与格,属格といった屈折語尾を伴っていたが,属格不定詞はOE 期までに消失し,対格不定詞と与格不定詞が生き残った (Wright and Wright (1908: 260)).このように,「不定詞の歴史的発達」とは,純然たる行為名詞であつた不定詞が,次第に動詞化されていく過程を意味する.

現代英語をみてみると,不定詞と呼ばれているものには原形不定詞と to 不定詞の 2 つがある.前者は対格不定詞が発達したものであり,後者は与格不定詞が発達したものである.すでに述べたように,現代英語の原形不定詞も to 不定詞も,行為名詞であった不定詞が名詞体系から動詞体系に移行した結果である.

後の議論に関わってくるので,ここで対格不定詞と与格不定詞の語尾について若干の説明を加えておくことにする.対格不定詞の語尾は名詞の対格語尾と同形であったが,いわゆる動詞の無屈折形として位置づけられていた.

(8) Swa swa ðu dydest minne broðor his god forlæt-an ...
    as  as  you made  my   brother his god forsake-ACC
    'Just as you made my brother forsake his god'
                            (ÆCHom I 31. 468. 20; Denison (1993: 172))

一方,与格不定詞の語尾は名詞の与格語尾と同形であって,対格不定詞の語尾と比較すると明らかに有標 (marked) であった.

(9) Crist, seðe  com to gehæl-enne ure wunda
    Christ behold came to cure-DAT  our injuries

'Look! Christ came to cure our injuries'

(*ÆHom* I 142; Callaway (1913: 137))

不定詞が動詞性を強めれば強めるほど，名詞体系の特徴である格語尾が消失の危機に晒されたと推測できる．さらに，より有標な属格不定詞語尾や与格不定詞語尾が，まず消失の危機に晒されたと推測できる．既に述べたように，不定詞の動詞化に伴い，OE 期では既に属格不定詞が消失していた．

では，なぜ与格不定詞が生き残り，現代英語の to 不定詞に発達するに至ったのであろうか．まず初めに，現代英語の to 不定詞の起源に関する仮説 (10) を提示したい．

(10) 与格不定詞と対格不定詞の形態的区別を保持するために，格付与子としての前置詞 to を補った形式が，to 不定詞の起源である．

つぎに，(10) の仮説を支持する根拠を述べる．OE 期の与格不定詞は，(9) に示したように，前置詞 to を伴っていたが，それ以前の印欧言語では状況が異なっていた．たとえば，ヒッタイト語では，前置詞を伴わない与格不定詞が用いられていた．[1]

(11) nu SAL.MES ukturiya     hastiyas     lessuwanzi
     pt women   ukturiya(DAT) bones(DAT) collect(INF)
     panzi
     go (PR sPL)
     'The women go to the ukturiya to collect bones'

(Hittite, *KUB* XXX 15, I, 1-2; Disterheft (1989: 167))

印欧祖語から英語に至る派生段階において，与格不定詞に前置詞 to を補った形式が生まれたと考えられるが，この理由として推測されるのは，「不定詞の動詞化に伴う与格不定詞消失の危険性が生じたとき，意味領域を異にしていた与格不定詞と対格不定詞の間の形態的区別を保持するために，与格付与子であった前置詞 to を補い与格不定詞語尾を保持しようとした」という

---

[1] (11) において不定詞に接辞化している形態素 (u) wanzit は，与格不規則変化接辞 (dative heteroclite suffix) である．

ことである．そして，これが to＋動詞という形式の起源である．

　では，なぜ前置詞 to が選ばれたのであろうか．考えられる要因は，前置詞 to が担っていた意味領域と与格語尾が担っていた意味領域との間に重なりがあったことである．具体的にいえば，両者が広い意味での着地点（Goal）を表していたということである．たとえば，(12) と (13) にあげた to 前置詞句はそれぞれ，〈方向〉と〈目的〉を表しており，(14) と (15)（＝(9)）にあげた与格不定詞の例もそれぞれ，〈方向〉と〈目的〉を表している．

(12)　oð　　he cymð to Sciricnges heale
　　　until he came to Sciringes　heal
　　　'until he came to Sciringesheal'
(Orosius 19, 17; 小野・中尾 (1980: 469))

(13)　hiora hyd bið swiðe god　to　sciprapum
　　　their hide is　very　good for ship's ropes
　　　'their hide is very good for the ropes of ship'
(Orosius 18, 3; 小野・中尾 (1980:469))

(14)　Hwi onscunast ðu　to underfonne ðisne lichaman ?
　　　why fear　　　you to receive　　this　　corpse
　　　'Why do you fear to receive this corpse?'
(ÆHom II 346; Callaway (1913: 42))

(15)　Crist, seðe　com　to gehæl-enne ure wunda
　　　Christ behold came to cure-DAT　our injuries
　　　'Look! Christ came to cure our injuries'
(ÆHom I 142; Callaway (1913: 137))

　この節をまとめてみよう．不定詞は元々純然たる名詞であったのが，次第に動詞化しながら発達した．この発達の過程で，不定詞は名詞的特徴を失っていった．とりわけ，与格語尾消失の危機は同時に，文法の中で〈着地点〉という重要な意味領域を担っていた与格不定詞の存続にも重大な影響を及ぼす危険性があったと考えられる．そこで，意味領域に重なりがあり且つ与格支配（すなわち，与格付与子）であった前置詞 to を補うことで，与格不定詞の形態語尾を維持しようとしたものが to 不定詞の起源である．

### 3.1.2. OE 期の与格不定詞の構造

この節では，OE 期の与格不定詞の内部構造について論じる．結論から言えば，OE 期の与格不定詞の内部構造として (16) を仮定する (Fisher (1996), Kageyama (1992), Tanaka (1994))．

(16)  [$_{PP}$ to [$_{VP}$ V-enne ...]]

(16) では，前置詞 to が補部として VP を従えている．現代英語の to 不定詞が IP 構造をなすという定説を鑑みれば，(16) の構造では，Infl 投射に依存する現象が観察されないという予測が成り立つ．実際，OE 期の与格不定詞は，完了形や進行形で現れることはなかったし，また，否定標識 ne と共起することもなかった (Kageyama (1992))．与格不定詞の全体的範疇が PP であることを支持する統語的証拠も存在する．たとえば，OE 期の与格不定詞は，前置詞句と等位接続されることがあった (Callaway (1913), Mitchell (1985: §965))．

(17)  Ut   eode  to his gebede oðð e to leornianne  mid his geferum
      out went to his prayer   or   to study       with his friends
      'He went out to say his prayers or to study with his friends'
      (*Bede* 162, 7; Callaway (1913: 139))

### 3.2. ME 期の変化

OE 期の AI 補部は使役構文と感覚的知覚構文に限られており，現代英語のように，心理的知覚動詞とともに AI 補部が用いられることはなかった．使役動詞や感覚的知覚動詞は VP 形式の AI 補部を取っているため，主節が表す出来事と AI 補部が表す出来事の間に同一場面性が観察された．この意味的特徴は，VP 補部の出来事時 ($E_2$) が主節の出来事時 ($E_1$) に連結されることから導かれた．

現代英語の心理的知覚動詞が to 不定詞補部を取っており，to 不定詞補部が IP 構造をなす一方で，OE 期の心理的知覚動詞が与格不定詞補部を取っておらず，与格不定詞が PP 構造をなしていということなら，to 不定詞の PP から IP への構造変化が，心理的知覚動詞の補文選択に影響を与えたと考えられるかもしれない．以下の議論ではこの仮説を検証・支持するととも

に，心理的知覚動詞の AI 補文に対する意味論的・機能論的分析を試みる．

### 3.2.1. 与格不定詞内部の変化

ME 期には，与格不定詞句内部で幾つかの形態的・統語的変化が生じた．この節では，これらの歴史的変化が持つ意味について考察する．

第 1 に，(18)-(19) に示した分離不定詞（split infinitive；Visser (1984: 1035ff.), Mustanoia (1960: 515f.)) と (20) に示した pro 不定詞（Visser (1984: 1061ff.)) から始めよう．

(18)　he lovied þe lasse auþer to longe lye or to longe sitte
　　　he loved the less either to long lie or to long sit
　　　'he loved either to lie long or to sit long'
　　　　　　　　　　　　(±1390, *Gaw. & GK*, 88; Mustanoja (1960: 515))

(19)　Y say to ȝu, to nat swere on al manere
　　　I say to you to not curse in all ways
　　　'I tell you not to curse in any ways'
　　　　　　　　　　　　(±1380, *Wyclif*, Matthew 5, 34; Gelderen (1993: 41))

(20)　ey wlde nat do/For hym þar þey were ordeyned to
　　　they wanted not do for him what they were appointed to
　　　'they did not want to do for him what they were appointed to'
　　　　　　　　　　　　(1400, Mannyng, *Handlyng Synne*, 6401-6402; Ibid.: 42)

OE 期では，分離不定詞と pro 不定詞の例は見られず，ME 期になって現れるようになった．これら 2 つのタイプの構文が生起するようになったことは，to と不定詞との結びつきが弱まったことを示している．

第 2 に，(21) にあげた受動不定詞（van der Gaaf (1928a, b), Fischer (1991), Mustanoja (1960: 519ff.)) と (22) にあげた完了不定詞（Mustanoja (1960: 516ff.)) について考察してみよう．これら 2 つのタイプの構文も，OE 期には見られず ME 期になって生じたものである．

(21)　þey be to be blamed eft þarfore
　　　they are to be blamed again for that reason

'they are to be blamed again for that reason'
(1400, Mannyng, *Handlyng Synne*, 1546; Mustanoha (1960: 520))

(22) Gamelyn com erto for to have comen in
Gamelyn came there for to have come in
'Gamelyn came there in order to come in'
(1350, *The Tale of Gamelyn*, 291; Mustanoha (1960: 517))

　受動形式の不定詞や完了形式の不定詞が生じるようになったことは，不定詞の動詞化・節化が著しく高まったことを表している．

　最後に，不定詞語尾 -e(n) の消失について考察してみよう．不定詞語尾 -e(n) は，与格不定詞語尾 -enne が弱化したものである．Gray (1985: 493ff.) によれば，不定詞語尾 -e(n) は 15 世紀末までに単なる表記上の要素にまで弱化していた．また，Roberts (1993: 261) によれば，不定詞語尾 -e(n) は 16 世紀の初め頃に消失した．すでに 3.1.1 節で概観したことだが，不定詞は元々純然たる名詞であったのが，次第に動詞的特徴を強め，ついには文的特徴も持つまでに至る．格語尾が名詞の典型的特徴であったことを考えると，その消失は典型的な名詞性を失うことを意味する．Gray や Roberts 等の観察から推測すると，与格語尾 -enne が ME 期の末までに格語尾としての位置づけを失っていたと思われる．

　ここで，ME 期の与格不定詞 (= to 不定詞) に関して生じた変化と，その変化がもつ意味についてまとめてみよう．OE 期に名詞的特性を色濃く保持していた不定詞は，ME 期に入って動詞的特性を強めていった．とりわけ，15 世紀から 16 世紀頃に迂言的受動形や完了形を取るようになったことは，to 不定詞が節のように感じられるようになったことを反映している．このことは，to 不定詞が (7) に示した PP 構造から (23) に示した IP 構造へ移行し始めたことを示している．

(23) 　[IP [Infl' [Infl to] [VP V ...]]]

(23) では，前置詞 to の文法化が進み Infl 主要部として再範疇化されている．この変化は 15 世紀から 16 世紀頃に生じ，完了したのは eModE 期と考えられる．

### 3.2.2. AI 構文の拡張と機能論的分析

　ME 期に見られる興味深い変化の 1 つに，心理的知覚動詞が AI 補部を取るようになったことがある (Gelderen (1993: 61), Mustanoja (1960: 526ff.), Visser (1973: 2309ff.), Warner (1982: 134ff.)).

(24)　I have knowe vertu to haue gon out of me
　　　'I have known virtue to have gone out of me'
　　　　　　　　　(1380, Wyclif, *Bible*, Luke 8, 46; Visser (1984: 2313))
(25)　I beleeue euerlasting liif to be or to come
　　　'I believe everlasting life to exist or to come into existence'
　　　　　　　　　(1445, Pecock, *The Dnet*, 104, 7; Visser (1984: 2309))

2.1 節で述べたように，OE の心理的知覚動詞の補部として AI 構文が用いられることはなかった．ここで，なぜ ME 期になってこのような AI 構文の拡張が起こったのかという疑問が生じる．

　この疑問に答える前に，当該変化に対する本稿の説明に関わる仮説を (26) と (27) に示しておく．

(26) a.　時制が（独立して）解釈されるのは，発話時 (Speech time)・基準時 (Reference time)・出来事時 (Event time) の 3 要素が存在するときであり，このときに限る．これは典型的に定形節に当てはまる特徴であり，定形節は命題を表すことができる典型例である．
　　 b.　時制解釈において，出来事時は V と，基準時は定形・非定形の Infl と，発話時は定形の Infl と結びつく．
　　 c.　IP 構造をもつ to 不定詞節は，出来事時だけでなく基準時も併せもつため，to 不定詞節の基準時が主節の出来事時に連結されたとき ($E_1 = R_2$)，主節の出来事時を基準にして補文によって表される事態が時間軸に位置づけられる．ここに準命題が成立する．

(27) 補文の統語構造とその意味機能の対応関係[2]

| | 統語構造 | 指示対象 | 時制構造 |
|---|---|---|---|
| a. | [$_{VP}$ V . . .] | 関係／特性 | E |
| b. | [$_{IP}$ Infl (tenseless)[$_{VP}$ V . . .]] | 叙述 | R, E |
| c. | [$_{IP}$ Infl (tensed)[$_{VP}$ V . . .]] | 命題 | S, R, E |

　OE 期の与格不定詞構造（7）は VP を含んでいるが IP を含んでいないので，動詞がもつ論理的意味（たとえば，述語項構造）のレベルの叙述のみが可能となる．仮に特定の動詞の補部として埋め込まれた場合，与格不定詞の表す出来事は主節動詞の表す出来事と連結することで，「同一場面的」という意味で主節の出来事時に束縛される．一方，ME 期に出現した IP 構造をもつ to 不定詞は，機能範疇 Infl の存在によって，より拡張された事態描写が可能となった．たとえば，to 不定詞節が心理的知覚動詞の補部として埋め込まれた場合，to 不定詞節の基準時が主節の出来事時に連結することで，表される事態が主節の出来事時を基準にして時間軸に位置づけられる．ここに，心理的知覚動詞が表す心的態度の対象となる準命題がもたらされる．このように，to 不定詞節が独立節に類似した統語構造を獲得したことで，依存時制ではあるが，心理的知覚動詞の補文として用いられるための資格（すなわち，命題を表すことができる能力）を得るに至ったというのが本稿の筋書きである．

　この分析を支持する証拠がある．英語が AI 構文を心理的知覚動詞の補部として用いるモデルとしたのがラテン語文法である．ラテン語では，(28)に示したように，不定詞に現在・過去・未来を表す形態素が付加していた．

(28) a.　Dicit　　　　　te　　　　veni-re.
　　　　say(PPE 3SG)　you(ACC)　come(INF PRES)
　　　　'He says that you come'

---

[2] (27) において，VP の存在は出来事時の存在を，Infl の存在は基準時の存在をそれぞれ意味している．(27a, b) のような非定形構造において，繋ぎ止め規則——$E_n/R_n$ を $E_{n-1}$ に結びつけよ——が適用されると，(27a) の出来事時と (27b) の基準時はそれぞれ主節の出来事時に連結される．また，時制形態素の存在は時制構造における発話時に対応している．

b. Dicit　　　　　te　　　　　ven-isse
　　say(PPE 3SG)　you(ACC)　come(INF PER)
　　'He says that you came'
b. Dicit　　　　　te　　　　　ventu-rum esse
　　say(PPE 3SG)　you(ACC)　come(INF FU)
　　'He says that you will come'

このことは，ラテン語の不定詞補文が，主節との関係で独自の基準時をもっていたことを意味する．主節動詞の表す出来事から独立した事態を描写できるということは，ラテン語の不定詞補文が表す事態描写が命題の位置づけを得ていたことを意味する．実際，ラテン語の不定詞補文は，(29) に示したように心理的知覚動詞の補文となって現れることがあった．

(29)　credo　　　　　　terram　　esse
　　　believe(PRE 1SG)　earth(ACC)　be(INF PRE)
　　　'I believe the earth to be round'

ギリシャ語の不定詞も，ラテン語の不定詞と同様の形態的特徴をもっていた．すなわち，現在・過去・未来を表す形態素が接尾辞として付加していた．予測されることであるが，ギリシャ語の心理的知覚動詞もまた不定詞補文を従えることができた．

(30)　Σωκρατηζ ηγειτο　θεοζ　　　παυτα　　εισευαι
　　　Socrates believed　Gods(ACC)　all(ACC)　know(INF PRE)
　　　'Socrates believed Gods to know everything'

英語は，盛んにラテン語を借入したり翻訳したりした言語であるので，ラテン語の影響を強く受けていたことが予測される．したがって，心理的知覚動詞が AI 補文を従えていたラテン語をモデルとして，同様の構文を発達させたことは十分に考えられる (Trnka (1930: 84), Mustanoia (1960: 527), Visser (1984), Lightfoot (1981: 113)). また，不定詞補文に基準時が存在するラテン語やギリシャ語のような言語で，心理的知覚動詞の補部として AI 構文が用いられていたことと，IP 構造を得たことで心理的知覚動詞の補部として AI 構文を用い始めた英語の歴史を見ると，不定詞が心理的知覚動

詞の補部となることと基準時の存在（すなわち IP 構造の存在）が密接に結びついていることがわかる．本稿の主張は，「AI 補文によって表される事態が時間軸に位置づけられることで，心的知覚動詞の表す心的態度の対象となる命題の位置づけを与えられる」というものである．[3]

## 4. 判断を表す TO 節 vs THAT 節

　この節では，THAT 節との比較から，判断を表す TO 節の意味機能について分析する．判断を表す TO 節を取る心理的知覚動詞は，AI 補部に対応する THAT 節補部もとる．両者の表す事態はよく似ているが，厳密に言えば，それぞれの指示対象は異なっている．THAT 節補部は時制があることによって，表される事態の発生を合図する．このとき心理的知覚動詞は，THAT 節によって表される事態の(非)発生に対する主節主語の真偽判断を表す．一方，AI 補部は時制をもたないため，独力で，表される事態の発生を合図することができない．しかしながら，AI 補部の基準時 ($R_2$) が主節の出来事時 ($E_1$) に連結されることによって ($E_1 = R_2$)，AI 補部によって表される事態が依存時制を介して主節と同じ時間軸に位置づけられる．AI 補部はそれ自体事態の発生を合図することはできず，述語のもつ内在的性質が剥き出しとなる．人間が判断を下すとき，その対象は何らかの状態でなくてはならないので，AI 補部によって表される事態も何らかの一時的状態であることがほとんどである．統語的には，be 動詞や完了の have が用いられることが多い．この場合も心理的知覚動詞は事態に対する真偽判断を合図しているが，この事態は依存時制に基づく(準)命題のため，THAT 節補部の場合と比較すると断定の効力は弱くなる．

---

　[3] 機能論的な観点からみると，ラテン語やギリシャ語の不定詞補文は，現代英語よりも高次の指示対象をもつことができた可能性がある．たとえば，現代英語の不定詞補文は命題を表すことができるが，ラテン語やギリシャ語ではさらに高次の発話内効力 (illocution; Hengeveld (1989)) まで含むことができたと思われる．

## 5. 結語

　元々純然たる名詞であつた不定詞は，次第に動詞化されてきた．とりわけ，to 不定詞は，ME 期から ModE 期にかけて PP 構造から IP 構造に再分析された．IP 構造を得た to 不定詞は，ラテン語の影響もあって心理的知覚動詞の補文となる資格を得た．この種の to 不定詞補文は時制をもたないため，独力で，表される事態の発生を合図することができないが，依存時制を介して時間軸に位置づけられることによって，心理的知覚動詞が合図する心的態度の対象となる命題の位置づけをえる．また，to 不定詞節は THAT 節と異なり事態の内在的特性が前景化するため，用いられる述語は主節主語の個人的な判断の対象となる一時的状態を表すものでなくてはならい．この理由によって，心理的知覚動詞の to 不定詞補文では，be 動詞や完了の have が用いられることが多くなる．

## 参考文献

Callaway, Morgan (1913) *The Infinitive in Anglo-Saxon*, Carnegie Institute of Washington, Washington, D.C.

Denison, Robert (1993) *English Historical Syntax: Verbal Constructions*, London, Longman.

Disterheft, Dorothy (1980) *The Syntactic Development of the Infinitive in Indo-European*, Slavica Publishers, Columbus, Ohio.

Dixon, Robert M. W. (1992) *A New Approach to English Grammar, on Semantic Principles*, Oxford University Press, Oxford and New York.

Fischer, Olga (1989) "The Origin and Spread of the Accusative and Infinitive Construction in English," *Folia Linguistica Historica* 8, 143–217.

Fischer, Olga (1991) "The Rise of the Passive Infinitive in English," *Historical English Syntax*, ed. by Dieter Kastovsky, 141–188, Mouton de Gruyter, Berlin.

Fischer, Olga (1996) "The Status of *To* in Old English *To*-Infinitives: A Reply to Kageyana," *Lingua* 99, 107–133.

van der Gaaf, Wim (1928a) "The Predicative Passive Infinitive," *English Studies* 10, 107–114.

van Gelderen, Elly (1993) *The Rise of Functional Categories*, John Benjamins, Amsterdam.

van der Gaaf, Wim (1928b) "The Post-Adjectival Passive Infinitive," *English Stud-*

*ies* 10, 129-138.

Gray, Douglas (1985) *The Oxford Book of Late Medieval Verse and Prose*, Oxford University Press, Oxford and New York.

Hengeveld, Kees (1989) "Layers and Operators in Functional Grammar," *Journal of Linguistics* 25, 127-157.

Hornstein, Norbert (1990) *As Time Goes by: Tense and Universal Grammar*, MIT Press, Cambridge, MA.

Kageyama, Taro (1992) "AGR in Old English *To*-Infinitives," *Lingua* 88, 91-128.

Lightfoot, David (1981) "The History of Noun Phrase Movement," *The Logical Problem of Language Acquisition*, ed. by Carl L. Baker and John McCarthy, MIT Press, Cambridge, MA.

Mitchell, Bruce (1985) *Old English Syntax*, Vol. 1, Clarendon Press, Oxford.

Mustanoja, Tauno F. (1960) *A Middle English Syntax*, Part 1, Société Néophilologique, Helsinki.

小野茂・中尾俊夫 (1980)『英語史 I』大修館書店，東京.

Roberts, Ian G. (1993) *Verbs and Diachronic Syntax: A Comparative History of English and French*, Kluwer, Dordrecht.

Tanaka, Tomoyuki (1994) "On the Realization of External Argument in Infinitives," *English Linguistics* 11, 76-99.

Trnka, Bohumil (1930) *On the Syntax of the English Verb from Caxton to Dryden*, Imprimerie de L'état, Prague.

Visser, Fredericus Theodorus (1963-1973) *An Historical Syntax of English Language*, 4 Vols, E. J. Brill, Leiden.

Warner, Anthony (1982) *Complementation in Middle English and the Methodology of Historical Syntax*, Croom Helm, London.

Wright, Joseph and Elizabeth Mary Wright (1908) *Old English Grammar*, Oxford University Press, Oxford.

## 古英語における遊離数量詞の統語的分析


夏　思洋


**1. 序論**

英語において，次の（1b）のように，数量詞が修飾するホスト NP から離れた位置に生じる，遊離数量詞という構文が存在する．

(1) a. **All** *the students* have finished the assignment.
　　b. *The students* have **all** finished the assignment.

(Bobaljik (2003: 1))

遊離数量詞構文の研究において，(1a) と (1b) の間に派生関係が認められるかどうかに関して，活発な議論がなされてきた．そのうち，Sportiche (1988) による残置分析が提案された．この分析では，数量詞 all を元の位置に残し，名詞句 the students を左方に移動することにより，(1a) から (1b) が導かれることになる．遊離数量詞が常に NP に付加し，基底位置で [$_{NP}$ Q NP] を形成し，ホスト NP は格を得るために TP 指定部に移動する．他方，ホスト NP と遊離数量詞の間に移動操作による関係づけを認めず，(1b) を基底位置で直接生成する，Baltin (1995)，Bobaljik (1998) などによる移動操作を仮定しない副詞分析が提案された．この分析では，数量詞 all は付加詞として，副詞と同じような範疇に含まれている．最後に，アラビア語のデータに基づいて，Shlonsky (1991) は数量詞が一致の特性を持つため，QP を形成する Q 主要部として基底生成すると提案された．[1]

---

[1] 本論文で使われる略称は次の通りである：ACC = accusative, DAT = dative, F = feminine, GEN = genitive, M = masculine, N = neuter, NEG = negation, NOM = nominative, PL = plural, S = singular.

(2) *Ha-yeladim* yasnu **kul-am**
   the-children slept   all-3MPL
   'The children all slept'            (Shlonsky 1991: 167))

これらの分析はすべて古英語のデータによって支持される．具体的には，(3) は Sportiche (1988) の残置分析に対応する：ホスト NP の hie は格を得るために TP 指定部に移動したため，begen は VP 指定部に残置される．(4) の eall は明らかに副詞的な要素である．他方，(5) は数量詞 ælcum に機能的な素性，すなわち，格素性を与えられているため，それは機能範疇でなければならない．

(3) *hie* restaþ **begen** on Eoforwicceastre  on anum portice.
   they rest  both   in the castle of York  on a   portico
   'they both rest in the castle of York on a portico'
                        (cochronA-1,ChronA_[Plummer]:738.1.483)
(4) Æfter þysum worde he wearð **eall** gehæled
   After these  words he was  all  cured
   'After these words he was all (=completely) cured'
                        (coaelive, ÆLS_[Sebastian]: 299.1391)
(5) cymð  to demende eallum mancynne on ðam micclan  dæge,
   comes to judge  all    mankind  on the judgement day,
   **ælcum** be        his dædum
   each   according to his deeds
   'The judge comes to all mankind and to each (person) according to his deeds on the judgement day'
                        (colsigewZ, ÆLet_4_[SigeweardZ]:917.381)

これらのデータの相違性から，遊離数量詞に関する新しい分析が要求される．本論文では，先行研究の分析に基づいて，古英語における遊離数量詞の統語的特性を概観する．具体的には，古英語において，形容詞的数量詞 (AdjQs)，副詞的数量詞 (AdvQs)，代名詞数量詞 (PronQs) という三種類の数量詞が存在すると仮定する．この分類法は伝統文法における数量詞の形容詞，副詞そして代名詞と同じような特性を共有するという観点から自然に

導かれる．

　本論文の構成は以下の通りである．二節では，遊離数量詞構文に関する先行研究を概観する．三節では電子コーパスを用いて，古英語における遊離数量詞の分布を調査し，その調査結果を分析する．そして，先行研究の分析に基づいて，古英語における遊離数量詞の統語的特性を説明する．四節は結論となる．

## 2.　先行研究

### 2.1.　**Sportiche (1988)**

　Sportiche (1988) は，(1) の二つの文の間の明らかな意味的関連性に基づいて，FQ がホスト NP と同じ構成素として生成され，ホスト NP の移動によって残置されると提案している．そして，残置された数量詞の作用域にホスト NP の痕跡が残っていると仮定している．この分析により，(1b) の文の構造は，(6) のようになる．

(6)　[$_{NP}$ *The students*$_i$] have [$_{NP}$ **all** $t_i$] finished the assignment.

　しかし，残置分析には問題がある．(7) で示されるように，通常の分析では，非対格構文と受動文の主語が目的語の位置から移動されるが，遊離数量詞が主語の元位置に残置されるという残置分析は (7a, b) の二つの文を誤って文法的であると判断してしまう．

(7)　a.　*\*The magicians*$_i$ have arrived **all** $t_i$.
　　　b.　*\*The votes*$_i$ have been counted **all** $t_i$.　　(Bobaljik (1995: 206))

### 2.2.　**Shlonsky (1991)**

　Sportiche (1988) の残置分析を精緻化するために，Shlonsky (1991) では，アラビア語の言語事実を観察することにより，ホスト NP は NP ではなく，QP から移動されたと仮定している．(8) に示されるように，アラビア語の kal はホスト NP の左側または右側に現れることができる．(8a) のようなホスト NP の左側に現れる数量詞は裸形である一方，(8b) のようなホスト NP の右側に現れる数量詞の語尾にはホスト NP と形態的に一致す

る接語が付くようになる.

Shlonsky は数量詞句 kol ha-praxim は QP であると提案し，その QP の補部にある NP は QP 指定部に移動することによって，接語との一致の結果が生じると提案している.

(8) a. Katafti　　?et　**kol** ha-praxim　bi-zhirut.
　　　(I) picked ACC　all　the-flowers with-care
　　　'I picked all the flowers carefully.'
　　b. Katafti　　?et　　ha-praxim　kul-**am**/\*kul-**o**/\*kol bi-zhirut.
　　　(I) picked ACC the-flowers all-3MPL/all-3MS/all with-care
　　　'I picked the flowers all carefully.'

(Shlonsky (1991: 160))

具体的な派生構造は (9) の樹形図で示される．QP 補部にある NP はいったん QP 指定部に移動し，その後，主格をもらうために TP 指定部に移動する．一方，点線で示されるように，数量詞が遊離していない場合，QP 全体が TP 指定部に移動する.

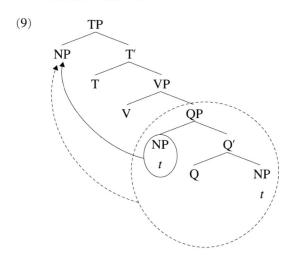

## 2.3. Bobaljik (1985)

Bobaljik 1995 などでは，FQ がホスト NP に残置された要素ではなく，動詞句の付加位置に基底生成される副詞的な要素であると分析されている．この主張を支持する証拠として，(10) に示されるように，遊離数量詞はいくつかの副詞と同様の振る舞いをすることが挙げられる．

(10) a. *The students* **all** entered the classroom.
 b. *The students* **probably** entered the classroom.
 c. *The students* **slowly** entered the classroom.
 d. *The students* **quietly** entered the classroom.
 e. *The students* **stupidly** entered the classroom.

(Cirillo (2009: 1))

さらに，(11) で示されるように，遊離している数量詞 (11a) は遊離していない数量詞の解釈 (11b) 以外にも，(11c) のような副詞的な解釈も持つ．

(11) a. Horses will **all** eat sugar
 For every x, x a horse, x will eat sugar
 b. **All** horses will eat sugar
 For every x, x a horse, x will eat sugar
 c. Horses will **always** eat sugar
 For every x, x a horse, x will eat sugar

(Bobaljik (2003: 25))

以上遊離数量詞に関する主な先行研究を概観した．次の節では，古英語における遊離数量詞を観察することによって，新しい分析を提案する．

## 3. 古英語における遊離数量詞

### 3.1. データ

この節では，約 150 万語の古英語期 (OE: 450 – 1100) の電子コーパス York-Toronto-Helsinki Parsed Corpus (YCOE) を用いて，古英語期の FQ の分布について考察する．具体的な調査方法は同じ IP 内で QP が含まれ，かつ NP が QP を先行するというタグで検索した．その結果，3087 例が得

られたが，伝統的な分析では，all, both 及び each という三つの数量詞のみ遊離数量詞に関連しているため，all, both, each 以外の数量表現は今回の調査では全て除外した．得られたデータの数は表1と表2にまとめられているが，主語指向と目的語指向にそれぞれ分類されている．

表1．The word order patterns of subject-oriented FQs in OE

|      | Full NP    | Pronoun      | Total       |
| ---- | ---------- | ------------ | ----------- |
| SVQ  | 57 (27.8%) | 148 (72.2%)  | 205 (100%)  |
| SQV  | 8 (21.6%)  | 29 (78.4%)   | 37 (100%)   |
| VSQ  | 2 (12.5%)  | 14 (87.5%)   | 16 (100%)   |
| SVQO | 2 (16.7%)  | 10 (83.3%)   | 12 (100%)   |
| SOQV | 0 (0%)     | 5 (100%)     | 5 (100%)    |
| SQOV | 3 (30%)    | 7 (70%)      | 10 (100%)   |
| Total| 72 (25.3%) | 213 (74.7%)  | 285 (100%)  |

表2．The word order patterns of object-oriented FQs in OE

|      | Full NP    | Pronoun     | Total      |
| ---- | ---------- | ----------- | ---------- |
| OVQ  | 6 (85.7%)  | 1 (14.3%)   | 7 (100%)   |
| SVOQ | 4 (44.4%)  | 5 (55.6%)   | 9 (100%)   |
| SQVO | 7 (100%)   | 0 (0%)      | 7 (100%)   |
| SOVQ | 5 (20%)    | 20 (80%)    | 25 (100%)  |
| OSQV | 5 (55.6%)  | 4 (44.4%)   | 9 (100%)   |
| SOQV | 7 (77.8%)  | 2 (22.2%)   | 9 (100%)   |
| Total| 34 (51.5%) | 32 (48.5 %) | 66 (100%)  |

　有効な例は全部で314例あり，そのうち，主語指向の遊離数量詞の生起数は248，目的語指向の遊離数量詞の生起数は66である．
　表1と表2を比べてみると，古英語期にいて主語指向の遊離数量詞は目的語指向のより頻度が高く，現代英語と同じような振る舞いを示す．さらに，主語指向の遊離数量詞において，ホストNPが代名詞の場合の生起例はそれが名詞句の場合より圧倒的に多い一方，目的語指向の場合は両者の数はほとんど変わってない．表1と表2の例は（12）に挙げられる．

(12) a. *Hi*      eodon þa  **begen**    on þære bricge togædere
       they-NOM went then both-NOM on the  bridge together
       'Then they went both on the bridge together'
                    (coaelive, ÆLS_[Exalt_of_Cross]: 59.5590)
    b. *Hi*     clypodon **ealle**.
       they-NOM called    all-NOM
       'They all called'      (cowsgosp, Jn_[WSCp]: 19.15.7313)
    c. and *heora lima*     man **ealle**   to bræd ælc fram oþrum,
       and their limbs-ACC man all-ACC to-bread each from other,
       eallswa       windes blæd    swæpð dust of eorðan,
       in the same way wind   blowing sweeps dust of earth
       'and people to-bread their limbs all from each other, in the
       same way wind blowing sweeps dust of earth'
                    (cosevensl, LS_34_[SevenSleepers]: 60.45)
    d. Wið   ealle wundela genim þas wyrte zamalentition wel mid
       against all  wounds take  the plant zamalentition well with
       rysle gecnucude butan   sealte, lege to ðam wundum.
       fat   pounded  without salt,   lay to the wound.
       **Ealle**  heo *hy*         gehæleþ.
       all-ACC she them-ACC cures
       'For all wounds, take the zamalentition plant powdered thoroughly in unsalted lard, put it to the wound. She cures all of them'          (coherbar, Lch_I_[Herb]: 167.1.2435)

## 3.2. 分析

第一節で述べられたように，古英語における遊離数量詞の統語的特性を説明するために，数量詞の文法性質を考慮する必要がある．伝統文法において，数量詞は形容詞，副詞及び代名詞と同じ特性を共有すると観察されている．

### 3.2.1. Adjectival Quantifiers (AdjQs)

古英語における数量詞の一部を形容詞と同じ分類に入れる最も重要な理由

は両者が似たような屈折を持っているからである．具体的には，表3に示される．

表3. AdjQs and Adjectives

| AdjQs | Adjectives |
|---|---|
| **ealles** mines weoredes<br>'of all my army gen/sg'<br>(coalex,Alex:11.2.81) | holig **godes** sunu<br>'a good son of holy gen/sg'<br>(coblick,HomU_18_[BlHom_1]:7.75.78) |
| **ealra** monða<br>'of all month gen/pl'<br>(cobyrhtf,ByrM_1_[Baker-Lapidge]:2.1.140.672) | fela **godra** monna<br>'many good men gen/pl'<br>(cochronE,ChronE_[Plummer]:871.24.1148) |
| (mid) **ealre** heortan<br>'(with) all heart dat/fem/sg'<br>(cocura,CP:33.225.15.1473) | (mid) **unrihtre** gewilnunge<br>'(with) evil desire dat/fem/sg'<br>(coapollo,ApT:1.6.7) |
| **Eallum** mannum<br>'all the people dat/pl'<br>(coaelive,ÆLS_[Swithun]:52.4245) | ðisum **seofonfealdum** gifum<br>'these seven gifts dat/pl'<br>(cocathom1,ÆCHom_I_22:363.231.4508) |
| **ealne** þone lichaman<br>'all the living body acc/sg/m'<br>(coaelive,ÆLS_[Martin]:949.6581) | (on) **sumne** blindne seað<br>'(into) a blind hole acc/sg/m'<br>(colsigewZ,ÆLet_4_[SigeweardZ]:1167.569) |

　AdjQ タイプの数量詞と形容詞を平行的に考えるさらなる理由は AdjQ が限定形容詞と同じように指定部にしか現れることができないからである (Scott (2002), Haegeman and Guéron (1999))．この仮定を支持する理由は二つある．一つ目の理由は AdjQ が名詞と一緒に指定部 – 主要部関係に入るため，繰り返すことができないことである．もう一つの理由は，(13) に示されるように，文頭位置に遊離することができるからである．

(13)　**ealle** hi forletan *heora æhta* and wif and wunedon on clænnysse, Criste folgigende.
　　　'they gave up all their possessions and wives and lived in purity, following Christ'　　　(colwstan1, ÆLet_2_[Wulfstan_1]:18.37)

上記の例において，数量詞 ealle は DP から離れ，CP 指定部まで移動することになる (cf. Kemenade (1997))．言い換えると，数量詞は話題化されている．

これらの事実を考慮すると，形容詞タイプの数量詞は格を持つため，AdjQP を投射し，DP 指定部を占めると仮定する．具体的な構造は (14) に示される．この構造によって，数量詞と名詞の一致や移動の事実を捉えることもできる．

(14)
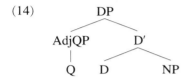

### 3.2.2. Pronominal Quantifiers (PQs)

代名詞は通常 DP の主要部として考えられる．同じように，格と $\phi$ 素性を持つ QP も本質的に DP 主要部を占めると考えられる．(5) の QP の例は (15) で繰り返される．

(15) cymð to demende eallum mancynne on ðam micclan dæge,
    comes to judge   all     mankind   on the judgement day,
    **ælcum**  be        his dædum
    each   according to his deeds
    'The judge comes to all mankind and to each (person) according to his deeds on the judgement day'
    (colsigewZ, ÆLet_4_[SigeweardZ]:917.381)

さらに，(16) のように，QP は完全な NP の補部になることもできる．

(16) and on  fleame gebrohte þa Philisteos **ealle**, þe  fuhton wið
    and into flight  brought   the Philistines all    who fought with
    Saul
    Saul
    'and [he] put to flight all the Philistines who fought with Saul'
    (colsigewZ, ÆLet_4_[SigeweardZ]:476.179)

この例は NP が QP 指定部への随意的な移動によって数量詞に先行するという Shlonsky の観点を支持することができる．具体的な構造は（17）に示される．

(17)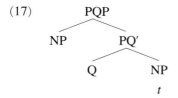

### 3.2.3. Adverbial Quantifiers (AdvQs)

最後に，古英語における一部の数量詞は明らかに副詞的な性質があり，構造上付加詞の位置を占める．AdvQ の例は（4）の以外に，（18）のような例もある．

(18) a. forðan þe he sylf ys **eall** god & ælc god cimð of him
'because He himself is all good and all goodness comes from Him' (colsigewZ, ÆLet_4_[SigeweardZ]:51.31)
b. þa wæs micel wundor þæt he wæs **eall** swa gehal swylce he cucu wære mid clænum lichaman
'That was a great miracle that he was also whole as if he was alive with a clean body.' (coaelive, ÆLS_[Edmund]:176.7065)

## 5. 結論

本論文では，古英語における遊離数量詞について，統語的な分析を提案した．数量詞の形容詞，代名詞及び副詞と似たような性質を持つということから，三つのタイプに分類すると提案した．その中で，形容詞タイプ（AdjQ）は指定部位置を占め，代名詞タイプ（PQ）は主要部位置を占め，そして，副詞タイプ（AdvQ）は付加部位置を占めると仮定した．この三つのタイプの数量詞はそれぞれ古英語の言語事実から支持された．

## 参考文献

Bobaljik, Jonathan David (1995) *Morphosyntax: The Syntax of Verbal Inflection*, Doctoral dissertation, MIT.
Bobaljik, Jonathan David (2003) "Floating Quantifiers: Handle with Care," *The Second Glot International State-of-the-Article Book*, ed. by Lisa Cheng and Rint Sybesma, 107-148, Mounton de Gruyter, Belin.
Bošković, Željko (2004) "Be Careful Where You Float Your Quantifiers," *Natural Language and Linguistic Theory* 22, 681-742.
Carlson, Anita M. (1978) "A Diachronic Treatment of English Quantifiers," *Lingua* 46, 295-328.
Cirillo, Robert (2009) *The Syntax of Floating Quantifiers: Stranding Revisited*, Landelijke Onderzoekschool Taalwetenschap, Utrecht.
Chomsky, Noam (2008) "On Phases," *Foundational Issues in Linguistic Theory: Essays in Honor of Jean-Roger Vergnaud*, ed. by Robert Freidin, Carlos P. Otero and Maria Luisa Zubizarreta, 133-166, MIT Press, Cambridge, MA.
Doetjes, Jenny (1992) "Rightward Floating Quantifiers Float to the Left," *The Linguistic Review* 9, 313-332.
Haegeman, L. and J. Guéron (1999) *English Grammar: A Generative Perspective*, Blackwell, Oxford.
Hiraiwa, Ken (2001) "Multiple Agree and the Defective Intervention Constraint in Japanese," *The Proceedings of the HUMIT 2000*, ed. by Ora Matushansky and Elena Gurzoni, MIT Working Papers in Linguistics 40, 67-80, MITWPL, Cambridge, MA.
Kemenade, A. van (1997) "V2 and Embedded Topicalization in Old and Middle English," *Parameters of Morphosyntactic Change*, ed. by A. van Kemenade and N. Vincent, 326-352, Cambridge University Press, Cambridge.
Lightfoot, David W. (1979) *Principles of Diachronic Syntax*, Cambridge University Press, Cambridge.
Scott, Gary, J. (2002) "Stacked Adjectival Modification and the Structure of Nominal Phrase," *Functional Structure in DP and IP*, ed. by G. Cinque, Oxford University Press, Oxford.
Shlonsky, U. (1991) "Quantifiers as Functional Heads: A Study of Quantifier Float in Hebrew," *Lingua* 84, 159-180.
Sportiche, Dominique (1988) "A Theory of Floating Quantifiers and Its Corollaries for Constituent Structure," *Linguistic Inquiry* 19, 425-449.
Yanagi, Tomohiro (2008) "On the Position of the OE Quantifier Eall and PDE

All," *English Historical Linguistics 2006, Volume I: Syntax and Morphology*, ed. by Maurizio Gotti et al., John Benjamins, Amsterdam.

## コーパス

Taylor, Ann, Anthony Warner, Susan Pintzuk and Frank Beths (2003) *The York-Toronto-Helsinki Parsed Corpus of Old English Prose* (YCOE), University of York, York.

## 辞　書

*The Oxford English Dictionary* (OED), 2nd ed. on CD-ROM, Oxford University Press, Oxford.

# 構文化における文法化の位置づけ
―同族目的語構文と軽動詞構文を中心に―*

久米　祐介

## 1. はじめに

　言語変化とりわけ文法化や構文化は，言語学の様々な分野で近年盛んに研究されるようになってきた．文法化は生成文法の文脈，特に原理媒介変数理論の枠組みで議論されるとき，しばしばパラメター変化であるとみなされている (Roberts and Roussou (2003), Roberts (2007))．しかし，縄田 (2005) が指摘するように，文法化を直ちにパラメター変化であるとする立場には，理論的・経験的問題がある．例えば，Roberts and Roussou (2003) は法助動詞の文法化を $T^*_{move}$ から $T^*_{merge}$ へのパラメター変化であると分析しているが，パラメター変化は個別の語彙項目ではなく，範疇全体に均一的に影響を及ぼすため，彼らの分析では個々の法助動詞の文法化の差異を捉えることができない．実際に，法助動詞は一斉に文法化されたのではなく，発達の時期は語彙項目ごとに異なっている．したがって，文法化をパラメター変化と同一視することはできないので，文法化を生成文法理論にどのように位置づけるべきかは重要な課題となる．[1]

　文法化の研究が 1990 年ごろから盛んにおこなわれてきたのに対して，構

---

　* 本論文は日本英文学会大 87 大会シンポジウム「定冠詞，属格（所有代名詞）や同族目的語の問題を通言語的，通時的視点から徹底的に解明する」での発表に加筆修正を施したものである．なお，本稿は科学研究費助成金（JSPS 科研費 25870871）による研究成果の一部である．

　[1] 文法化が結果的にパラメター変化を引き起こすことは十分にあり得る．縄田 (2005) によれば，法助動詞の文法化はキュー [$_T$ V] の減少を引き起こし，結果として V-to-T パラメターの消失に至った．しかし，当然のことながら全ての文法化がパラメター変化を引き起こすわけではない．

文化の研究は構文文法の研究に伴って最近始まったばかりである．構文文法では，構文は形式と意味のペアリングによってつくられる文法の基本単位と位置付けられるが，生成文法の理論では，構文は語や句から統語規則によって作られる派生構造にすぎない．構文という用語は二重目的語構文や there 構文などの特定の語彙配列に基づく文法構造を指すために慣習的に用いられているけれども，実質的には構文という単位を認めているわけではない．したがって，本論文では，便宜上構文という用語を使用するが，その意味は共通する特徴を持った語彙項目が構成する構造形（configuration）の集合であり，構文が示す特殊性はそれを構成する語彙項目の素性に帰すると仮定する．例えば，二重目的語構文とは直接目的語と間接目的語を認可するという共通した特徴を示す give や send などの語彙項目が構成する構造形の集合であり，その特徴はこれらの動詞（あるいは目的語や機能範疇）が持つ素性に起因する．

　本論文では，英語史において同族目的語構文と軽動詞構文が形成される，あるいはその変化の過程で，それを構成する語彙項目にどのような素性の変化が生じたかを論じる．さらに，縄田（2005）に従い，文法化を言語獲得の際に生じるパラメター変化ではなく，言語を使用する際に生じる運用レベルでの変化，すなわち語彙項目の統語，意味，形態，音韻素性の変化であると仮定し，構文化とは文法化による素性の変化から生じる構文の変化，あるいは新しい構文の形成であると主張する．[2] 論文の構成は以下の通りである．2 節では，live を中心とした同族目的語構文の歴史的発達過程を，3 節では主に have の軽動詞構文の歴史的発達過程を概観する．4 節では，様態の同族目的語構文と have 軽動詞構文における動詞の変化を意味の弱化，あるいは漂白化を伴う軽動詞への文法化であると主張し，それぞれの構文化は軽動詞への文法化によって引き起こされたと結論付ける．5 節で結論と今後の展望を述べる．

---

　[2] 縄田（2005）は Halle and Marantz（1993）などの分散形態論を採用しているが，ここでは Chomsky（1995, 2000, 2001, 2004）などの極小主義モデルを採用する．

## 2. 同族目的語構文の歴史的発達

現代英語では，動詞がそれと同族の目的語を選択する（1）のような同族目的語構文が観察される．

(1) John lived a happy life. （久米（2015: 15））

よく知られているように，(1) の同族目的語構文には「結果として幸せな人生を生きた」と解釈される結果読みと「幸せに暮らした」と解釈される様態読みがあり，(2a) が示すように，結果の同族目的語のみ受動化が可能である．(2b) は様態の解釈しか持たないため，受動化が許されない．

(2) a. ?A beautiful smile was smiled.
 b. *A sudden smile was smiled. (cf. Matsumoto (1996: 205))

古英語では，(3) に示すように，結果の同族目的語は対格で，様態の同族目的語は与格で現れていた．[3]

(3) a. ah he hwæðre unæðelice his *lif* *lifde*
 and he however basely his *life-Acc lived*
 'and he however basely lived his life'
   (cobede, Bede_5: 15. 442. 11. 4443)
 b. he her on eorþan engelice *life* *lifde*
 he here on land angelic *life-Dat lived*
 'he lived an angelic life here on the land'
   (coblick, LS_12_[NatJnBapt [BlHom_14]]: 167. 132. 2133)

(3a, 3b) の構造をそれぞれ (4a, 4b) に示す．

(4) a. [vP Subj [v' ø [VP V [DP CO-Acc]]]]
 b. [vP Subj [v' ø [VP V [DP CO-Dat]]]]

---

[3] 本論文で提示される古英語のデータは York-Toronto-Helsinki Parsed Corpus of Old English Prose，中英語のデータは The Penn-Helsinki Parsed Corpus of Middle English, Second edition，初期近代英語のデータは The Penn-Helsinki Parsed Corpus of Early Modern English から検出されたものである．

(4a) では，v が同族目的語に対格を付与し，(4b) では，V が同族目的語に与格（具格）を付与している．ここでは，内在格は θ 役に基づいて付与されるという Chomsky（1986）の一様性条件に従い，様態の同族目的語は道具の意味役割に基づいて与格が付与されていたと仮定する．中英語になると屈折の水平化が始まり，(5) に示すように，対格と与格の形態的区別が失われていき，不定冠詞が現れるようになる．

(5) And there he levyd a full gode lyve.　　(CMEDMUND, 170. 207)

(2) で見たように，結果の同族目的語は受動化を受けることから，現代英語でも古英語と同様に対格が付与されており，統語構造に変化はないと考えられる．一方で，与格が付与されていた様態の同族目的語については，Kemenade（1987）や Allen（1995）の対格と与格の形態的区別の消失は内在格付与の消失に起因するという仮定に基づき，内在格が付与されなくなったと考えられる．これは，古英語のように内在格と同時に付与される道具の意味役割によって得ていた様態の解釈を別の方法で生み出さなくてはならなくなったことを意味する．本論文では，Kume（2015）に従い，様態の同族目的語構文は叙述構造に変化したと主張する．Den Dikken（2006）は全ての叙述関係は，(6) に示すように，機能範疇 Relator を主要部とした RP 構造を持つと提案している．[4]

(6) 　[$_{RP}$ XP [$_{R'}$ relator [YP]]]　　(Den Dikken (2006: 11))

(6) では，Relator によって主語の XP が述語の YP と結び付けられている．具体的には，形容詞や副詞を含む文は (7) のように分析される．

(7) a. Imogen is beautiful.
　　　[$_{RP}$ [*Imogen*] [RELATOR = *be* [*beautiful*]]]
　　b. Imogen's dancing is beautiful.
　　　[$_{RP}$ [*Imogen's dancing*] [RELATOR = *be* [*beautiful*]]]

(Den Dikken (2006: 29))

---

[4] Den Dikken は，Relator は θ 付与詞ではないと仮定している．したがって，ここでの叙述関係は語彙的に規定されるのではなく，構造的に生じるものである．

c. Imogen dances beautifully.
      [$_{RP}$ [*Imogen dances*] [RELATOR = *-ly* [*beautiful*]]]

(Den Dikken (2006: 30))

(7a) では，RP 指定部にある主語の Imogen が，(7b) では，Imogen's dancing が，(7c) では，Imogen dances がそれぞれ補部の beautiful と叙述関係を結んでいる．(7a, b) では，be が，(7c) では，-ly 接辞が Relator として機能している．[5] Den Dikken は，形容詞だけでなく副詞も Relator によって媒介される叙述関係を主語と結ぶと仮定しており，(7c) の様態の解釈は Imogen dances と beautiful が -ly によって結ばれる叙述関係から生じると述べている．

以上で概観した Den Dikken (2006) の RP 構造を採用して様態の同族目的語構文を分析する．上で述べたように，中英語以降の屈折の水平化の影響で動詞の内在格付与の衰退により，与格と道具の意味役割が付与されなくなった同族目的語は動詞の補部として認可されることも様態として解釈されることもできなくなる．その結果，(4b) の構造は (8) に再分析される．

(8)　[$_{RP}$ *v*P [$_{R'}$ ø [$_{QP}$ CO]]]

(8) では，様態の解釈は Relator が指定部の *v*P と補部の同族目的語とを叙述関係で結ぶことによって生じる．同族目的語の範疇が DP ではなく QP となっているのは，叙述名詞には不定性効果が観察されるからである．また，(9) に示すように，Relator には必ずしも音韻的具現があるわけではない．

(9) a.　Imogen regards Brian *(as) a nice guy.
    b.　Imogen considers Brian (as) a nice guy.
    c.　Imogen finds Brian (*as) a nice guy.

(Den Dikken (2006: 34))

(9a) では Relator の音韻的具現は義務的，(9b) では任意，(9c) では許されない．現代英語の様態の同族目的語は叙述名詞であるという主張は，以下の経験的証拠によって裏付けられる．まず，様態の同族目的語は叙述名詞と

---

[5] -ly は最終的に beautiful に付着し，beautifully となる．

同様に，不定性効果が観察される．

(10) a.　We consider John a genius.
　　 b.　?They though / believe him the lawyer.
　　 c.　*They believed John and Mary every friend.

(Rothstein (2004: 57))

(11) a.　John lived a happy life.
　　　　　＝John lived happily.　　　　　(安藤 (2005: 38-39))
　　 b.　Sam smiled the / every beautiful smile.
　　　　　≠ Sam smiled beautifully.　　　(Kitahara (2011: 33))

(10b, c) では，小節の補部位置に定冠詞や強数量詞を伴った名詞句が現れているため，文法性が落ちる，あるいは非文法的となっている．同様に，(11a) のように，不定冠詞を伴う同族目的語は様態の解釈を持つのに対して，(11b) のように，定冠詞や強数量詞を伴う場合は，様態の解釈は許されない．次に，様態の同族目的語は，叙述名詞と同様に受動化されない．(2b) を (12b) として再掲する．

(12) a.　*A man was become / remained by John.

(Moltmann (1989: 302))

　　 b.　*A sudden smile was smiled. 　(＝(2b))

これは様態の同族目的語に不定性効果が見られるという観察と密接に関係している．Rothstein (2004) によれば，叙述名詞であるか項であるかは名詞の定性と関連付けられる．彼女は DP が叙述名詞にはなり得ないのは D の投射が NP にあるスロットを束縛するからであると述べている．

## 3.　軽動詞構文の歴史的発達

### 3.1.　have と make の軽動詞構文の通時的観察

現代英語では，have や make は事象名詞を選択するいわゆる軽動詞構文があり，事象名詞は一般に不定冠詞とともに現れる．

(13) a.　have a swim

b. make a guess

軽動詞構文では，事象名詞が意味の大半を担っており，動詞そのものの意味は希薄である．また，事象名詞の意味上の主語は動詞と共通であり，(14)に示すように，have の軽動詞構文では受動化は許されないが，make の軽動詞構文では文法的である．[6]

(14) a. *a swim was had
   b. a guess will be made

古英語では，(15) に示すように，have は life や rest の事象名詞を選択していた．

(15) a. we mid þam hælende **habban** þæt ece **lif**
      we with the Christ **have** the ever **life-Acc**
      'we have ever life with the Christ'

                              (coaelhom, ÆHom_3:182.512)

   b. ac **habben** þa **reste**
      but **have** the **rest-Acc**
      'but have the rest'    (coeluc1, Eluc_1_[Warn_45]: 78.61)

(15) では，事象名詞の life と rest には決定詞が付いており，対格が付与されている．make も同様に指示詞を伴う対格の loc (agreement) などの事象名詞を選択していた．

(16) hi    togædere coman mid  þam  ilcan mannan
     they  together came  with those same  man
     þe    ær       þæt **loc**       **makedon**
     who   previously that **agreement-Acc made**
     'they came together with those same men who had previously

---

[6] 接辞を伴う事象名詞を伴う場合にも，受動化が容認される．以下の例は Oxford Sentence Dictionary からの引用である．
   (i) It is because the argument has been had …
したがって，受動化の不可能性は have によるものとはいえない．

made that agreement' (ChronE [Plummer] 1094. 16–17)

(Akimoto (1999: 31))

中英語になると屈折の水平化の影響で事象名詞の格を形態的に判別することはできなくなるが，(17) のように have 軽動詞構文の受動化の例は中英語まで，(18) と (19) のように make 軽動詞構文の受動化は中英語と近代英語にそれぞれ観察された．

(17) ȝef eny **default, ranker, or discord be had** …

(*Doc* in Power *Craft Surg*. 324) (Matsumoto (1999: 66))

(18) thy **lippes be maad** like to a reed scarlet hood.

(CMAELR4, 22.649)

(19) And in case any **othe be made or hathe be made** by you …

(STAT-1530-E1-P1, 3, 493.86)

したがって，受動化が対格の吸収によって起こると仮定すれば，能動態では have は中英語まで，make は現代英語に至るまで依然として事象名詞には対格を付与していたことになる．また，古英語の歴史コーパスから検出された have が選択する bite, fight, life, rest, sleep, talk, walk の事象名詞 65 例において，指示詞，属格代名詞，強数量詞，関係詞などとの共起から定性が認められる事例は 25 例で，約 38.4% であった．同様の事例において，中英語のコーパスから検出された 93 例では，定性の認められる事例は 22 例で，約 23.7%，初期近代英語では 59 例中 3 例で約 5.0% にとどまった．一方，中英語のコーパスから検出された make が選択する boast, cry, defense, leap, oath, speech, vow の事象名詞 40 例のうち，定性が認められる事例は 28 例で 70%，初期近代英語では，26 例中 12 例で約 46% であった．[7] これは同時期の have 軽動詞構文における 23.7% と比べはるかに高い割合であるといえる．また，初期近代英語では，定性の認められる事象名詞は 26 例中 12 例（約 46.2%）で中英語の make 軽動詞構文よりは低くなっているものの，依然として高い割合を保っている．

---

[7] Akimoto (1999) が指摘するように，古英語における軽動詞の make は King Alfred の時代の作品において数例見られる程度で，分析するのに十分な事例をコーパスから検出することができなかった．

## 3.2. have 軽動詞構文の歴史的発達

前節で見たように，have が選択する事象名詞には時代を経るにつれ定性の弱化が見られ，中英語までしか受動化の事例が観察されなかったのに対して，make の事象名詞にはそれは認められず，受動化の事例が各時代に観察された．これらの観察に基づき，この節では make 軽動詞構文における make は古英語から現代英語まで一貫して語彙動詞であり，事象名詞は項であるのに対して，have 軽動詞構文における have は初期近代英語までに軽動詞に文法化し，have に選択される事象名詞は項から叙述名詞に変化したと主張する．

(15) の古英語の事例と (17) の中英語の受動化の事例で示したように，古英語から中英語にかけて have は事象名詞に対格を付与していた．一方，(16) の古英語の事例と中英語の (18)，初期近代英語の (19)，現代英語の (14b) の受動化の事例で示したように，make は一貫して事象名詞に対格を付与している．これらの観察から，(20) の Burzio (1986) の一般化に従って，これらの動詞は外項に意味役割を付与していたと仮定する．

(20) Burzio の一般化：主語に意味役割を付与できる動詞のみが，目的語に対格を付与することができる．　　　（高見・久野 (2001: 137)）

これは古英語から中英語までの have と古英語から現代英語までの make は語彙的意味を保持していることを示唆している．これらのことから，古英語から中英語までの have 軽動詞構文と古英語から現代英語までの make 軽動詞構文は (21) の構造であると仮定する．

(21) 　[$_{vP}$ Subj [$_{v'}$ ø [$_{VP}$ have/make [$_{DP}$ EN-Acc]]]]

(21) では，v は主語に動作主の意味役割と事象名詞（Event Noun）に対格を付与している．3.1 節で見たように，make が選択する事象名詞は現代英語まで定性を保持しているのに対して，have が選択する事象名詞は中英語以降に定性の弱化が見られる．また，make に選択される事象名詞は現代英語まで受動化が許されるのに対して，have に選択される事象名詞が受動化された事例は中英語までしか観察されない．これらの観察に基づき，中英語以降に have 軽動詞構文は (22) の構造に変化したと主張する．

(22)　[_RP Subj [_R' have [_QP EN]]]

(22) では，RP 指定部の主語と補部の事象名詞が R 主要部の have によって叙述関係を結んでいる．(21) では，have は語彙動詞として主語に動作主の意味役割を，DP である事象名詞に対格を付与していたのに対して，(22) では，主語は事象名詞と叙述関係を結ぶことによりその解釈を得る．事象名詞は定性の弱化によって D が消失したため，叙述名詞（QP）に変化しており，対格は付与されない．様態の同族目的語の場合と同様に，もし受動化が格の要因で起こるとすれば，そもそも格付与が生じない (22) の構造では受動化は起こりえないことになり，(14a) の非文法性が説明される．

## 4. 構文化の原因としての文法化

1 節で述べたように，文法化は言語獲得の際に生じるパラメター変化ではなく，運用レベルにおける語彙項目の統語，意味，形態，音韻素性の変化である．一般に，文法化は解放類の語彙項目が閉鎖類の文法的機能的要素に変化する過程を指し，文法化を受ける要素は統語上の独立性を失い，語彙的意味が希薄化される．Hopper and Traugott (2003) は，動詞の文法化の過程を (23) のクラインによって示している．

(23)　full verb > auxiliary > verbal clitic > verbal affix

(Hopper and Traugott (2003: 111))

ここでは，Kume (2009, 2011) で修正された (24) のクラインを採用し，本動詞と助動詞の間に軽動詞という範疇を設ける．[8]

(24)　full verb > light verb > auxiliary > verbal clitic > verbal affix

(Kume (2009: 143))

一方，構文は語や句から統語規則によって派生する構造形であり，構文が示す特殊性はそれを構成する語彙項目の素性に帰する．したがって，構文化と

---

[8] (24) の軽動詞には，V に生起するものもあれば，v に生起するものもあり，また，語彙的意味も完全に漂白化されているものから，意味の転移に留まるものまで，さまざまなタイプがある．

は，文法化によって変化した語彙項目の素性から生じる構文の変化，あるいは新しい構文の形成である．

　この節では，様態の同族目的語構文とhave軽動詞構文で，それらを構成する語彙項目，特に動詞にどのような文法化が生じ，それぞれの構文化を引き起こしたのかを論じる．2節で議論したように，様態の同族目的語構文の構文化は (4b) から (8) への変化である，それぞれを (25a, b) として再掲する．

(25) a. $[_{vP}$ Subj $[_{v'}$ ∅ $[_{VP}$ V $[_{DP}$ CO-Dat$]]]]$
　　 b. $[_{RP}$ $v$P $[_{R'}$ ∅ $[_{QP}$ CO$]]]$

ここでの構文化は動詞句構造から叙述構造への再分析であり，この再分析は動詞の文法化によって引き起こされる．(25a) に示すように，中英語まで様態の解釈は同族目的語に動詞から道具の意味役割が付与されることにより生じていたが，中英語以降，動詞は屈折の水平化による与格付与の消失に伴い道具の意味役割も付与しなくなった．これは，動詞の語彙的意味の弱化を意味し，本動詞から軽動詞への文法化であると考えられる．[9] この文法化により，(25a) は (25b) に再分析され，様態の解釈は語彙的にではなく叙述構造から構造的に得られるようになった．

　have軽動詞構文の構文化は，3節で示したように，(21) から (22) への変化である，それぞれを (26a, b) として再掲する．

(26) a. $[_{vP}$ Subj $[_{v'}$ ∅ $[_{VP}$ have $[_{DP}$ EN-Acc$]]]]$
　　 b. $[_{RP}$ Subj $[_{R'}$ have $[_{QP}$ EN$]]]$

様態の同族目的語構文の場合と同様に，ここでもhave軽動詞構文の構文化は動詞句構造から叙述構造への再分析であり，この再分析の原因はhaveの文法化である．haveは意味の漂白化により，(26a) に示される主語への意味役割付与と事象名詞への対格付与能力を失っている．これは，haveの本動詞から軽動詞，すなわちRelatorへの文法化を意味し，この文法化が (26a) から叙述構造によって主語と事象名詞の意味関係が生じる (26b) へ

---

　[9] Mirto (2007) によれば，軽動詞構文と同様に同族目的語構文では，同族目的語が動詞の意味を叙述し，動詞はそれと同語源の支持動詞である．

の再分析を引き起こしたと考えられる.[10]

このように,様態の同族目的語構文と have 軽動詞構文の構文化は,動詞の意味の弱化,あるいは漂白化を伴う軽動詞への文法化によって引き起こされた.つまり,まず文法化によって語彙動詞の意味素性に変化が生じ,その変化した素性に基づき統語計算が行われた結果,構文にも変化が生じたり,新しい構文が派生されるようになったと考えられる.

## 5. 結論

本論文では,文法化をパラメター変化ではなく,言語運用レベルでの語彙項目の統語,意味,形態,音韻素性の変化と定義し,文法化は構文化の原因となりうると主張した.生成文法理論では,構文は統語計算の結果生じる構造形であるので,文法化によって変化した素性が統語計算の際に再分析を引き起こし,構文変化や新しい構文を生じさせる.具体的には,様態の同族目的語構文では,与格付与の消失に伴う意味の弱化により,動詞が軽動詞に文法化した結果,道具の意味役割付与から様態の解釈を得ていた動詞句の構造から,Relator を主要部とする叙述構造へと再分析が生じ,構造から様態の解釈を得るようになった.また,have の軽動詞構文では,have は中英語までは主語に意味役割を,事象名詞には対格を付与する語彙動詞であったが,意味の漂白化により,Relator として機能する軽動詞に文法化が起こった.その結果,have 軽動詞構文は叙述構造へ再分析され,主語と事象名詞の意味関係は have の意味ではなく,構造から得られるようになった.

一方で,文法化はパラメター変化ではなく,語彙項目ごとの個別変化であるとすると,その変化に見られる共通性や一方向性はどのように説明されるのだろう.法助動詞の文法化では,変化の時期は語彙項目ごとに違いはあるものの,本動詞から助動詞への変化は共通している.また,動詞の意味の弱化や漂白化を伴う軽動詞への文法化とそれに引き起こされる叙述構造への構文化は,本来別個の構文であるはずの様態の同族目的語構文と have 軽動詞構文に共通してみられる発達過程である.このように個別の変化に共通する

---

[10] Den Dikken (2006) によれば,Relator は叙述関係を結ぶ要素の総称であり,(7) で示した be 動詞や接辞の他にも v や T など様々な範疇が位置付けられる.

特徴が見られるということは，文法化と構文化にはなんらかの原理が働いていることを示唆している．この原理を究明することが今後の文法化と構文化研究の大きな発展に寄与するだろう．

## 参考文献

Allen, Cynthia (1995) *Case Marking and Reanalysis: Grammatical Relations from Old to Early Modern English*, Clarendon Press, Oxford.
Akimoto, Minoji and Laurel J. Brinton (1999) "The Origin of the Composite Predicate in Old English," *Collocational and Idiomatic Aspects of Composite Predicates in the History of English*, ed. by Laurel J. Brinton and Minoji Akimoto, 21–58, John Benjamins, Amsterdam.
安藤貞雄 (2005)『現代英文法講義』開拓社，東京．
Burzio, Luigi (1986) *Italian Syntax: A Government-Binding Approach*, Reidel, Dordrecht.
Chomsky, Noam (1986) *Knowledge of Language: Its Nature, Origin and Use*, MIT Press, Cambridge, MA.
Chomsky, Noam (1995) *The Minimalist Program*, MIT Press, Cambridge, MA.
Chomsky, Noam (2000) "Minimalist Inquiries: the Framework," *Step by Step: Essays on Minimalist Syntax in Honor of Howard Lasnik*, ed. by Roger Martin, David Michaels and Juan Uriagereka, 89–155, MIT Press, Cambridge, MA.
Chomsky, Noam (2001) "Derivation by Phase," *Ken Hale: A Life in Language*, ed. by Michael Kenstowicz, 1–52, MIT Press, Cambridge, MA.
Chomsky, Noam (2004) "Beyond Explanatory Adequacy," *Structures and Beyond The Cartography of Syntactic Structures, Volume* 3, ed. by Adriana Belletti, 104–131, Oxford University Press, Oxford.
Dikken, Marcel den (2006) *Relators and Linkers: The Syntax of Predication, Predicate Inversion, and Copulas*, MIT Press, Cambridge, MA.
Halle, Morris and Alec Marantz (1993) "Distributed Morphology and the Pieces of Inflection," *The View from Building 20: Essays in Linguistics in Honor of Sylvain Bromberer*, ed. by Ken Hale and Samuel Jay Keyser, 111–176, MIT Press, Cambridge, MA.
Hopper, Paul J. and Elizabeth C. Traugott (2003) *Grammaticalization*, 2nd ed., Cambridge University Press, Cambridge.
Kemenade, Ans van (1987) *Syntactic Case and Morphological Case in the History of English*, Foris, Dordrecht.
Kitahara, Kenichi (2011) "Cognate Object Constructions are Not Monotransitive

Constructions," *Tsukuba English Studies* 30, 23-50.
Kume, Yusuke (2009) "On Double Verb Constructions in English: With Special Reference to Grammaticalization," *English Linguistics* 26, 132-149.
Kume, Yusuke (2011) "On the Complement Structures and Grammaticalization of *See* as a Light Verb," *English Linguistics* 28, 206-221.
Kume, Yusuke (2015) "From Manner Cognate Object to Predicate Nominal: A Syntactic Change in the History of English," *IVY* 48, 81-104.
久米祐介 (2015)「同族目的語構文の歴史的発達: live と die を中心に」『近代英語研究』第 31 号, 19-43.
Matsumoto, Masumi (1996) "The Syntax and Semantics of the Cognate Object Constructions," *English Linguistics* 13, 199-220.
Matsumoto, Meiko (1999) "Composite Predicates in Middle English," *Collocational and Idiomatic Aspects of Composite Predicates in the History of English*, ed. by Laurel J. Brinton and Minoji Akimoto, 60-95, John Benjamins, Amsterdam.
Mirto, Ignazio M. (2007) "Dream a Little Dream of Me: Cognate Predicates in English," *Actes du 26$^e$ Colloque international Lexique Grammaire, a cura di C. CAMUGLI, M. CONSTANT, A. DISTER*, 121-128.
Moltamnn, Frederika (1990) "Nominal and Clausal Event Predicates," *CLS* 25, 300-314.
縄田裕幸 (2005)「分散形態論による文法化の分析: 法助動詞の発達を中心に」『文法化: 新たな展開』, 秋元実治・保坂道雄 (編), 75-108, 英潮社, 東京.
Roberts, Ian (2007) *Diachronic Syntax*, Oxford University Press, Oxford.
Roberts, Ian and Anna Roussou (2003) *Syntactic Change: A Minimalist Approach to Grammaticalization*, Cambridge University Press, Cambridge.
Rothstein, Susan (2004) *Predicates and their Subjects*, Springer, Dordrecht.
高見健一・久野暲 (2001)『日英語の自動詞構文』研究社, 東京.

コーパス

Kroch, Anthony, Beatrice Santorini, and Lauren Delfs (2004) *The Penn-Helsinki Parsed Corpus of Early Modern English* (PPCEME), University of Pennsylvania, Philadelphia.
Kroch, Anthony and Ann Tayler (2000) *The Penn-Helsinki Parsed Corpus of Middle English, Second edition* (PPCME2), University of Pennsylvania, Philadelphia.
Taylor, Ann, Anthony Warner, Susan Pintzuk and Frank Beths (2003) *The York-Toronto-Helsinki Parsed Corpus of Old English Prose* (YCOE), University of

York, Heslington.

## 辞　書

*Oxford Sentence Dictionary* (OSD), Oxford University Press, Oxford.

# 否定辞 *ne* で始まる倒置文の史的変化について*

小池　晃次

## 1. 導入

(1) に示されるように，古・中英語では否定辞 *ne* で始まる倒置文が頻繁に観察される (cf. van Kemenade (1997)).[1]

(1) Ne oncneow heo weres　gemanan
　　 not knew　　she of-man society
　　　　　　　　　　　(cocathom1, ÆCHom_I,_2:196.197.449: O3)
　　 'She did not know a society of man'

他方で，(2) に示されるように，現代英語では *ne* に対応する否定辞 *not* は単独で文頭へ前置されることはできない．したがって，かつて否定辞 *ne* で始まる倒置文が文法的な構文として存在したという事実は注目に値する．

(2) *Not have I read that stupid book.　　　(Christensen (2003: 2))

---

* 本研究は日本学術振興会から資金的援助を受けている（課題番号：15J10175）．

[1] 本稿で新たに提示されている例文は電子コーパス The York-Toronto-Helsinki Parsed Corpus of Old English Prose (YCOE) と The Second Edition of the Penn-Helsinki Parsed Corpus of Middle English (PPCME2) から引用されている．これらのコーパスの年代区分を以下に記す．

(i) Early Old English: O1 (–850), O2 (850–950)
　　Late Old English: O3 (950–1050), O4 (1050–1150)
　　Early Middle English: M1 (1150–1250), M2 (1250–1350)
　　Late Middle English: M3 (1350–1420), M4 (1420–1500)

但し，O1 と O2 についてはテキスト数が非常に少ないため，本稿ではそれらを Early Old English (EOE) としてひとまとめにして扱うことにする．

加えて，この ne で始まる倒置文は古英語において生産的であった一方で，中英語の 13 世紀頃までに消失したと言われている (cf. Ingham (2005a))．

本稿では，①なぜ否定辞 ne は単独で前置されることができたのか，②なぜ ne で始まる倒置文は消失したのか，という 2 つの主要な疑問点に率直な説明を与えることを試みる．

## 2. ne で始まる倒置文の統語構造

極小主義の枠組みに沿って van Kemenade (1997) の分析を一部修正しながら，(3a) の ne で始まる倒置文は (3b) の統語構造を持つと想定する．

(3) a. Ne oncneow heo weres　gemanan
　　　 not knew　 she of-man society　　　　　　　　　　( = (1))
　　　 'She did not know a society of man'
　　b. [$_{CP}$ ne [$_{C'}$ oncneow [$_{TP}$ heo [$_{NegP}$ $t_{ne}$ [$_{Neg'}$ [$_{v*P}$ …$t_{oncneow}$…]]]]]]

否定辞 ne は NegP の指定部に基底生成される．ne は CP 指定部へ移動し，他方で主語 she は TP 指定部へ移動する．それから，定形動詞 oncneow は主要部移動制約にしたがって，v* と Neg と T を経由して C まで主要部移動する．こうして，ne + 定形動詞 + 主語という V2 語順が生成される．

(3b) では，否定辞 ne は最終的に CP 指定部を占めており，この点は van Kemenade (1997) の伝統的な V2 分析を背景としている．他方で，ある人はこの倒置文を (4) のように古英語特有の V1 構文として分析しようとするかもしれない．(4) では，CP 指定部は空っぽであり，ne は定形動詞と共に C 主要部を占めている．

(4)　[$_{CP}$ [$_{C'}$ ne + V$_{finite}$ [$_{TP}$ ……]]

しかし，ne で始まる倒置文を V1 構文として分析できない経験的根拠がある．第一に，V1 構文で用いられる動詞は be 動詞 (beon, wesan) や完了の助動詞 (habban) に限定される一方で (cf. Denison (1987))，ne で始まる倒置文にはそれら以外の動詞も頻繁に現れる．具体的に (5) において示されるように，ne で始まる倒置文には様々な種類の動詞が生起する．

(5) a. &  ne mæg se  man eþelice eþian
       and not can  the man easily  breathe
                                (colaece, Lch_II_[1]: 4.4.2.477: EOE)
    'and the man cannot easily breathe'
  b. Ne forgife ic eow swa swa ðes middaneard forgifð
     not forgive I  you so  as  this world      forgives
                                (coaelhom, ÆHom_10: 127.1469: O3)
     'I do not forgive you as this world does'
  c. ne eodon hi   swa feor up
     not went  they so   far  up
                                (cochronE, ChronE_[Plummer]: 1001.12.1622: O4)
     'they did not go up so far'

第二に，V1 構文の頻度は低い一方で，ne で始まる倒置文の頻度は高い（cf. Ohkado (1996)）．このことは，テーブル 1 における YCOE を使ったコーパス調査の結果から明らかである．[2]

テーブル 1：V1 構文と ne で始まる倒置文の頻度（100,000 語当り）

|            | cocura | coaelhom | cowsgosp | cogregdC | cowulf |
|------------|--------|----------|----------|----------|--------|
| V1         | 1.5    | 3.2      | 9.8      | 4.4      | 7.0    |
| ne-initial | 43.6   | 60.6     | 87.2     | 29.5     | 48.7   |

これら 2 つの相違点は，ne で始まる倒置文が V1 構文ではないことを示唆している．対照的に（3b）の分析に沿って，ne で始まる倒置文が V2 構文として分析されるならば，上記の相違点は容易に説明される．wh 疑問文を含めた他の V2 構文と同じように，動詞に関する制限は無いことはもちろん（cf. Ohkado (1996)），古英語において V2 語順が生産的であったことを考えると（cf. Bean (1983: 68)），その頻度の高さも何ら不思議ではない．こうして，ne で始まる倒置文は ne が第一構成素位置を占める V2 構文とし

---

[2] 量的に信頼できるデータを得るために，テーブル 1 におけるデータはその総語数が 25,000 語以上のテキストに限定している．V1 構文については，Calle-Martín and Miranda-García (2010) にしたがって，直説法肯定平叙文だけが含まれている．同様に，ne で始まる倒置文についても直説法否定平叙文だけが含まれている．

て分析されるべきだと強調する.

　この節をまとめると，van Kemenade (1997) の V2 分析に依拠しながら，古・中英語における ne で始まる倒置文の統語構造を提示した．その構造では，ne は句として CP 指定部を占めていると主張した．

## 3. ne で始まる倒置文の衰退・消失

### 3.1. データ

　ne で始まる倒置文の分布推移を調べるために，YCOE と PPCME2 を使ったコーパス調査を実施した．調査結果はテーブル 2 とそれをグラフ化したグラフ 1 にまとめられている．[3]

テーブル 2：ne で始まる倒置文の頻度（100,000 語当り）

| EOE | O3 | O4 | M1 | M2 | M3 | M4 |
| --- | --- | --- | --- | --- | --- | --- |
| 38.8 | 64.1 | 35.0 | 28.2 | 15.6 | 0.5 | 0 |

---

[3] テーブル 2 やグラフ 1 の数値には，仮定法と命令法の文は含まれていないことに留意していただきたい．なぜなら，(i) に示されるように，これらの法の文においては文頭に否定要素が無くとも倒置が起きる．したがって，これらの文は，本稿で注目している否定倒置文（否定要素の前置によって倒置が引き起こされる文）とは異なる構文である可能性が高いからである．
(i) a. sie he mid stanum ofworpod
　　　 be he with stones slain
　　　 'he should be slain with stones'　　(Laws Af El 21 34.1/Pintzuk (1999: 91))
　　b. Beo þu on ofeste
　　　 be you in haste
　　　 'Be quick'　　(Beowulf 386/Han (2000: 276))
加えて，テーブル 2 やグラフ 1 の数値は ne が副詞として使われている事例のみを含んでいる．動詞以外の要素によって後続される場合に ne は接続詞として機能するという議論のために，Mitchell (1985: §1602) を参照していただきたい．

グラフ 1：*ne* で始まる倒置文の頻度（100,000 語当り）

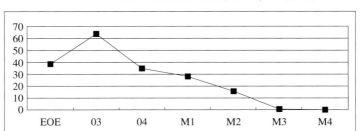

これらの調査結果から，*ne* で始まる倒置文は古英語期においては一定の頻度で観察されていたが，初期中英語期に入ると段階的に衰退し，そして後期中英語期に消失したことが分かる.[4] 各時期において検出された事例を (6) と (7) に記す.[5]

(6) a.   ne   bið he lengra ðonne syfan elna lang
       not  is   he longer than   seven ells long

(coorosiu, Or_1:1.15.2.248: EOE)

'he is not taller than seven ells'

---

[4] テーブル 2 やグラフ 1 では O3 における頻度が際立って高くなっているが，O3 において検出された合計 451 例のうち，214 例は Ælfric's *Catholic Homilies I, II* からの事例である．このように，特定の書き手が好んで *ne* で始まる倒置文を多用した形跡が見られるため，O3 における頻度は期待されるよりも高くなっていると考えられる．また，M2 で検出された合計 15 例全てが，14 世紀初頭に編纂された *The Earliest Complete English Prose Psalter* からの事例である．しかし，このテキストはフランス語とラテン語で書かれた詩編の逐語訳であるため (cf. Nevanllinna et al. (1993: 38))，このテキストだけに基づいて *ne* で始まる倒置文が 14 世紀まで存続していたと結論付けるのは早計である．さしあたって，本稿では Ingham (2005a) や Wallage (2012) と共に，*ne* で始まる倒置文は実質的に 13 世紀において消失したと想定する．

[5] (7b, c) では，文頭に *ne* にありながらも文中に *nouȝt* や *not* があり，これらの否定辞が一緒になって単一の否定を意味する否定調和を例証している．(3b) の分析に沿って，*ne* のコピーが NegP 指定部を埋めてしまうことを考えると，この *nouȝt* や *not* はどの構造位置に基底生成されるのかという問題が生じる．Ingham (2007) にしたがうと，初期中英語における *not* は単なる v$^{(*)}$P 付加詞として分析されている．この筋に沿って，(i) に示されるように，初期中英語は *not* を v$^{(*)}$P に左付加させるオプションを持っていたと手当ての分析をあてておくことにする．

(i)   [$_{\text{NegP}}$ ne [$_{\text{Neg}'}$ Neg [$_{\text{v}(*)\text{P}}$ not [$_{\text{v}(*)\text{P}}$ ...]]]]

b. Næs     he æþelboren
   not-was he of-gentle-birth
                         (cocathom1,ÆCHom_I,_5:219.62.948: O3)
   'He was not of gentle birth'
c. ne  eodon hi    swa feor up
   not went   they so  far  up
                         (cochronE,ChronE_[Plummer]:1001.12.1622: O4)
   'they did not go up so far'

(7) a. Ne mai ic ileve    ðat ani mann deað þoliʒe
       not can I  believe that any man  death suffers
       wið-uten  ðe dome      of ðessere eisliche mihte
       without   the judgement of this   awful    virtue
                                   (CMVICES1,105.1290: M1)
       'I cannot believe that anyone suffers death without the judgement of this awful virtue'
   b. and ne   wil  ʒe   nouʒt couaite rauyns
      and not  will you  not   covet   spoils
                                   (CMEARLPS,72.3180: M2)
      'and he will not covet spoils'
   c. Ne  dowte we not how byleue may now be lesse and now be
      not doubt we not how belief may now be less  and now be
      more
      more                         (CMWYCSER,370.2583: M3)
      'We do not doubt how belief may now be less and now be more'

次のサブセクションでは，なぜ *ne* で始まる倒置文は衰退・消失したのかを説明することを試みる．

## 3.2. 説明

本稿では，*ne* で始まる倒置文の衰退・消失は Pintzuk（1999）で提案された句構造の競合の観点から満足に説明されると主張する．文法競合の基本的

な考えは，話者はある一定の期間2つ以上の文法／句構造を利用することができるが，それらは互いに競合し，次第に一方が他方を淘汰するというものである (cf. Kroch (1989), Santorini (1992), Pintzuk (1999))．この考えの下では，否定辞 ne は (8) に示される発達経路を辿ってきたと想定される．

(8)

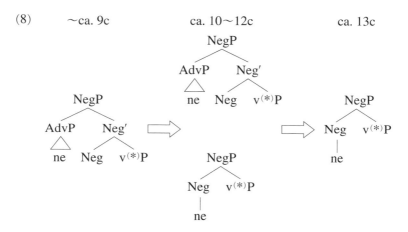

9世紀までは指定部型の ne だけが存在していたが，10世紀以降，革新的な主要部型の ne が出現し，これら2種類の ne が競合していたと仮定しよう．ここで van Gelderen (2004) や Lohndal (2009) と共に，指定部であるよりも主要部である方がコンパクトで簡潔であると仮定すると，指定部型の ne はより経済的な主要部型の ne によって次第に淘汰される．そして，13世紀頃に主要部型の ne が完全に打ち勝ったと提案する．重要なことに，ne が NegP の主要部に併合されるようになると，(9) の連鎖均一性条件にしたがって，ne は CP 指定部へ移動できなくなる．

(9) 連鎖均一性条件
    主要部だけが主要部に付加されることができる．最大投射だけが指定部として併合されることができる．
                    (Matushansky (2006: 72)／日本語訳は筆者による)

こうして，ne が句としてのステータスを失ったことで CP 指定部へ移動できなくなったため，ne で始まる倒置文は衰退・消失したと説明される．

2種類の ne が競合していたと主張したが,このことは (10) と (11) によって経験的に裏付けられる.まず,指定部型の ne の存在は (10) によって示唆される.

(10) a. & ne weorðian ge wyllas   ne ænige wudutreowu
        and not worship  you fountains nor any  forest-trees
                                         (cowulf,WHom_8c:165.677: O4)
        'and you do not worship fountains or forest trees'
    b. [$_{CP}$ ne [$_{C'}$ weorðian [$_{TP}$ DP$_{sbj}$ $t_T$ [$_{NegP}$ $t_{ne}$ [$_{Neg'}$ $t_{Neg}$ [$_{v*P}$ $t_{v*}$ [$_{VP}$ $t_{weorðian}$ …]]]]]]]

(10a) において,否定辞 ne は文頭位置を占めている.Elenbaas and van Kemenade (2014) と共に,文頭への前置を受けられるのは句に限られると仮定すると,(10b) に示されるように,この文は ne が句として NegP 指定部に基底生成される指定部型を使って派生されることができる.次に,主要部型の ne は (11) によって例証される.

(11) a. &  gedwolgoda þenan   ne dear man misbeodan on ænige
        and of-false-gods servants not dare man abuse    in any
        wisan mid hæðenum leodum
        way   with heathen  people
                                         (cowulf,WHom_20.1:28.1575: O4)
        'and one dare not abuse the servants of false gods in any way
        with heathen people'
    b. [$_{CP}$ gedwolgoda þenan [$_{C'}$ ne+dear [$_{TP}$ DP$_{sbj}$ $t_T$ [$_{NegP}$ [$_{Neg'}$ $t_{ne}$ [$_{vP}$ $t_v$ [$_{VP}$ $t_{dear}$ [$_{TP}$ …]]]]]]]]

(11a) において,文頭位置は既に話題要素 gedwolgoda þenan によって占められている.この種の話題要素で始まる否定文は,van Kemenade (1997) の分析に沿った (11b) に示されるように,再建動詞 (cf. Roberts and Roussou (2003)) としての前法助動詞 dear が C まで移動する道すがら,Neg 主要部にある ne を拾うことによって派生されることができる.[6] 重要

---

[6] van Kemenade (2000) は,古英語において当該の ne が話題要素とめったに共起しな

なことに，(11) のような話題要素で始まる否定文は，後期古英語以降から生産的に観察され始める．このことは，テーブル 3 における YCOE と PPCME2 を使ったコーパス調査の結果から明らかである．[7]

テーブル 3：話題要素で始まる *ne* 倒置文の頻度（100,000 語当り）

| EOE | O3 | O4 | M1 | M2 | M3 | M4 |
|---|---|---|---|---|---|---|
| 0.3 | 4.7 | 4.7 | 11.4 | 5.3 | 1.7 | 0.7 |

このデータに基づくと，主要部型の *ne* は約 10 世紀頃にしっかりとした文法オプションとして確立されたと考えらえる．そして何より，(10) と (11) が同じテキストから引用された事例であることが，文法競合は個々の話者の頭の中で起きるという文法競合の中核的な考えをよく反映している (cf. Kroch (1989), Santorini (1992), Pintzuk (1999))．

最後に，*ne* で始まる倒置文の衰退を *ne* という単語そのものの衰退に帰することはできないことが強調されねばならない．グラフ 1 で示されたように，*ne* で始まる倒置文は少なくとも M1 には衰退し始め，そして 13 世紀頃に消失したのに対して，否定辞 *ne* は 1400 年以降に急激に衰退したが，15 世紀まで依然として存在が確認されている (cf. Iyeiri (2007))．この衰退・消失時期のずれは，*ne* で始まる倒置文の衰退・消失が *ne* という単語の衰退・消失を原因としないことを示唆している．[8]

---

かったことに基づき，文頭の *ne* は話題要素であると主張している．他方で，Kiparsky (1995) が主張するように *ne* が焦点要素であったとしても，主要部型の *ne* の存在は (i) によって確証される．

(i) For hwon ne magon we geþencan þæt seo eorþe is Godes?
    for what not can we think that the earth is of-god
                                        (coblick,HomS_14_[BlHom_4]:51.220.634: O3)
    'Wherefore can't we think that the earth is of god?'

CP 指定部は焦点要素としての *wh* 句 *for hwon* によって埋められているので，*ne* は前法助動詞 *magon* と共に C 主要部を占めていると想定される．こうして，*ne* が話題要素か焦点要素かに関係なく，主要部型の *ne* は確かに存在したと結論付けられる．

[7] テーブル 3 における数値は，文頭の話題要素が副詞的付加詞である事例を含んでいないことに留意していただきたい．なぜなら，付加詞としての話題要素は，(11) の項の場合と違って CP に左付加されることができるため (cf. Kroch and Taylor (1997))，それに後続する *ne* が C 主要部を占めているとは断定できないからである．

[8] 同様の主張のために，Ingham (2005b, 2007) を参照していただきたい．

この3節をまとめると，電子コーパスからの新たなデータを提示しながら，ne で始まる倒置文の衰退・消失を分析した．指定部型の句構造が利用可能である限りは，ne は CP 指定部へ前置されることができた．ところが，それがより簡潔な主要部型の句構造によって淘汰されてしまうと，主要部としての ne はもはや CP 指定部へ移動できなくなった．この競合の結果，ne で始まる倒置文は段階的に衰退し，そして最終的に消失した．

## 4. 結語

本稿では，古・中英語における ne で始まる倒置文の史的変化を考察してきた．van Kemenade (1997) の分析に沿って，文頭にある否定辞 ne は CP 指定部を占めており，指定部型の ne が利用可能である限りにおいて，この ne で始まる倒置文は派生可能であった．しかし，それがより簡潔な主要部型の ne によって淘汰されると，主要部としての ne はもはや CP 指定部へ移動できなくなるため，ne で始まる倒置文は次第に衰退し，そして消失した．こうして，否定辞 ne で始まる倒置文の史的変化は句構造の競合の観点から率直に説明されることが示された．

### 参考文献

Bean, Marian C. (1983) *The Development of Word Order Patterns in Old English*, Croom Helm, London.

Calle-Martin, Javier and Antonio Miranda-Garcia (2010) "'*Gehyrdon ge þæt gecweden wæs*' —A Corpus-based Approach to Verb-Initial Constructions in Old English," *Studia Neophilologica* 82, 49-57.

Christensen, Ken Ramshøj (2003) "On the Synchronic and Diachronic Status of the Negative Adverbial *ikke/not*," *Working Papers in Scandinavian Syntax* 72, 1-53.

Denison, David (1987) "On Word Order in Old English," *One Hundred Years of English Studies in Dutch Universities*, ed. by G. H. Bunt, E. S. Kooper, J. L. Mackenzie and D. R. M. Wilkinson, 139-155, Rodopi, Amsterdam.

Elenbaas, Marion and Ans van Kemenade (2014) "Verb Particles and OV/VO in the History of English," *Studia Linguistica* 68, 140-167.

Gelderen, Elly van (2004) "Economy, Innovation, and Prescriptivism: From Spec to Head and Head to Head," *Journal of Comparative Germanic Linguistics* 7, 59-98.

Han, Chung-hye (2000) "The Evolution of *Do*-Support in English Imperatives," *Diachronic Syntax: Models and Mechanisms*, ed. by Susan Pintzuk, George Tsoulas and Anthony Warner, 275-295, Oxford University Press, Oxford.

Ingham, Richard (2005a) "The Loss of Neg V-to-C in Middle English," *Linguistische Berichte* 202, 171-206.

Ingham, Richard (2005b) "NegV1 and Secondary Negation in Old and Middle English Religious Prose," *York Papers in Linguistics (Series 2)* 5, 29-49.

Ingham, Richard (2007) "NegP and Negated Constituent Movement in the History of English," *Transactions of the Philogical Society* 105, 365-397.

Iyeiri, Yoko (2007) "Decline of Some Middle English Features of Negation in the Fifteenth Century: A Study of *The Paston Letters*," *Language and Beyond: A Festschrift for Hiroshi Yonekura on the Occasion of his 65th Birthday*, ed. by Mayumi Sawada, Larry Walker and Shizuya Tara, 249-263, Eichosha, Tokyo.

Kemenade, Ans van (1987) *Syntactic Case and Morphological Case in the History of English*, Foris, Dordrecht.

Kemenade, Ans van (1997) "Negative-Initial Sentences in Old and Middle English," *Studia Anglica Posnaniensia* 31, 91-104.

Kemenade, Ans van (2000) "Jespersen's Cycle Revisited: Formal Properties of Grammaticalization," *Diachronic Syntax: Models and Mechanisms*, ed. by Susan Pintzuk, George Tsoulas and Anthony Warner, 51-74, Oxford University Press, Oxford.

Kiparsky, Paul (1995) "Indo-European Origins of Germanic Syntax," *Clause Structure and Language Change*, ed. by Adrian Battye and Ian Roberts, 140-169, Oxford University Press, Oxford.

Kroch, Anthony (1989) "Reflexes of Grammar in Patterns of Language Change," *Language Variation and Change* 1, 199-244.

Kroch, Anthony and Ann Taylor (1997) "Verb Movement in Old and Middle English: Dialect Variation and Language Contact," *Parameters of Morphosyntactic Change*, ed. by Ans van Kemenade and Nigel Vincent, 297-325, Cambridge University Press, Cambridge.

Lohndal, Terje (2009) "The Copula Cycle," *Cyclical Change*, ed. by Elly van Gelderen, 209-242, John Benjamins, Amsterdam.

Matushansky, Ora (2006) "Head Movement in Linguistic Theory," *Linguistic Inquiry* 37, 69-109.

Mitchell, Bruce (1985) *Old English Syntax*, Clarendon Press, Oxford.

Nevanllina, Saara, Päivi Pahta, Kirsti Peitsara and Irma Taavitsainen (1993) "Middle English," *Early English in the Computer Age: Explorations through the Helsinki Corpus*, 33-51, ed. by Matti Rissanen, Merja Kytö and Minna Palander-Collin, Mouton de Gruyter, Berlin.

Ohkado, Masayuki (1996) "NEG1 Constructions in Old English," *English Linguistics* 13, 277-298.

Pintzuk, Susan (1999) *Phrase Structures in Competition: Variation and Change in Old English Word Order*, Garland, New York.

Santorini, Beatrice (1992) "Variation and Change in Yiddish Subordinate Clause Word Order," *Natural Language and Linguistic Theory* 10, 595-640.

Wallage, Phillip (2012) "Negative Inversion, Negative Concord and Sentential Negation in the History of English," *English Language and Linguistics* 16, 3-33.

## コーパス

Kroch, Anthony and Ann Tayler (2000) *The Penn-Helsinki Parsed Corpus of Middle English*, Second edition (PPCME2), University of Pennsylvania, Philadelphia.

Taylor, Ann, Anthony Warner, Susan Pintzuk and Frank Beths (2003) *The York-Toronto-Helsinki Parsed Corpus of Old English Prose* (YCOE), University of York, York.

## 辞書

Borden, Arthur R. (1982) *A Comprehensive Old-English Dictionary*, University Press of America, Washington, D.C.

Mayhew, Anthony L. and Walter W. Skeat (1888) *A Concise Dictionary of Middle English from A.D. 1150 to 1580*, Clarendon Press, Oxford.

*The Oxford English Dictionary* (OED), 2nd ed. on CD-ROM, Oxford University Press, Oxford.

# That 痕跡効果の通時的変化について

近藤　亮一

## 1. 導入[1]

現代英語では，(1) に示すように，埋め込み節の主語を抜き出す場合，補文標識 that の生起は許されないが，目的語を抜き出す場合，that の生起は随意的である．

(1) a.　Who$_i$ do you think (*that) $t_i$ met Sue?
　　b.　Who$_i$ do you think (that) Sue met $t_i$?

主語の移動に見られる (1a) の効果は that 痕跡効果と呼ばれ，生成文法理論の下で多くの研究がなされてきた．一方，(2) に示すように，英語史のある時期では，主語が抜き出されている埋め込み節において that が生起している例が観察される．

(2) a.　Ðis ilche seið god to hem ðe$_i$ he wile　ðat $t_i$ bie him
　　　　this same says god to them that he wishes that　be him
　　　　hersum:
　　　　obedient　　　　(CMVICES, 109.1321: M1 / 縄田 (2013: 122))
　　b.　Ther is the stateliest hearse in the Abbye Opi I thinke that t$_i$ ever was made
　　　　　　(KNYVETT-1620-E2-P1, 66.109: E2 / 縄田 (2013: 123))

---

[1] 一般に仮定されている英語史の時代区分は以下の通りである．古英語 (450-1100)，中英語 (1100-1500)，初期近代英語 (1500-1700)，後期近代英語 (1700-1900)，現代英語 (1900-)．

本稿の目的は，英語史における that 痕跡効果に関する通時的変化に生成文法理論の下で原理的説明を与えることである．具体的には，補文標識 that の通時的発達に関する Kondo (2015a) の分析と現代英語の that 痕跡効果に関する近藤 (2015b) の分析を組み合わせ，that 痕跡効果は補文標識 that が指示詞の性質を残している時期には生じないと主張する．尚，本稿で提示されるデータは通時的コーパス (*The York-Toronto-Helsinki Parsed Corpus of Old English Prose* (YCOE), *The Penn-Helsinki Parsed Corpus of Middle English, Second Edition* (PPCME2), *The Penn- Helsinki Parsed Corpus of Early Modern English* (PPCEME), *Penn Parsed Corpus of Modern British English* (PPCMBE)) を用いて収集されたものである．[2]

本稿の構成は以下の通りである．まず2節では，先行研究として，Rizzi and Shlonsky (2007) と縄田 (2013) の分析を概観する．3節では，先行研究で生じた問題を回避するために，近藤 (2015b) の分析に基づいた節構成と補文標識 that の通時的発達に関する Kondo (2015a) の分析を組み合わせ，英語史に見られる that 痕跡効果に関する通時的変化に原理的説明を与える．4節では，本稿の結論を述べる．

## 2. 先行研究

### 2.1. Rizzi and Shlonsky (2007)

Rizzi and Shlonsky (2007) は，(3) の CP カートグラフィーを提案し，主語は SubjP 指定部に移動し主語基準を満たすことにより (4) の基準凍結 (Criterial Freezing) を受けると仮定している．

(3) [$_{ForceP}$ Force [$_{TopP}$ Top* [$_{FocP}$ Foc [$_{TopP}$ Top* [$_{FinP}$ Fin [$_{SubjP}$ Subj [$_{TP}$ T]]]]]]]]

(4) Criterial Freezing
An element meeting a criterion is frozen in place.
(Rizzi (2006: 112))

---

[2] これらの通時的コーパスの時代区分は以下の通りである．O1 (-850), O2 (850-950), O3 (950-1050), O4 (1050-1150), M1 (1150-1250), M2 (1250-1350), M3 (1350-1420), M4 (1420-1500), E1 (1500-1569), E2 (1570-1639), E3 (1640-1710), L1 (1700-1769), L2 (1770-1839), L3 (1840-1914).

(4) の基準凍結によると，主語は SubjP 指定部に移動した時点で更なる移動を受けることは不可能になるが，主語基準は $\phi$ 素性を伴う Fin の併合によってもまた満たされると仮定されている．したがって，補文標識 that が主語痕跡に先行する例（以下，that-t）と空の補文標識が主語痕跡に先行する例（以下，zero-t）の構造はそれぞれ (5a, b) のようになる．

(5) a. *who$_i$ do you think [$_{ForceP}$ $t_i$ [$_{Force}$ that] [$_{FinP}$ [$_{Fin}$ $t_{that}$] [$_{SubjP}$ $t_i$ Subj [$_{TP}$ $t_i$ met Sue]]]]
 b. who$_i$ do you think [$_{ForceP}$ $t_i$ Force [$_{FinP}$ Fin ($\phi$) [$_{SubjP}$ Subj [$_{TP}$ $t_i$ met Sue]]]]

(5a) に示されるように，that-t の構造では，that は Fin に併合され，その後 Force に移動するため，主語基準は主語 who の SubjP 指定部への移動により満たれなければいけない．したがって，who は基準凍結を受けるため，主節に移動することは不可能となる．一方，(5b) に示されるように，zero-t の構造では，that は併合されないため，$\phi$ 素性を伴う Fin が併合することが可能となる．結果として，主語基準は $\phi$ 素性を伴う Fin の併合により満たされるため，who は基準凍結を受けることなく ForceP 指定部を経由して主節に移動することが可能となる．

## 2.2. 縄田 (2013)

縄田 (2013) は 1 節で示された通時的コーパスを用いて，英語史における that-t と zero-t の出現数を表 1 のように報告している．

表 1. 英語史における that-t と zero-t の出現数

|        | M1 | M2 | M3 | M4 | E1 | E2 | E3 | L1 | L2 | L3 |
|--------|----|----|----|----|----|----|----|----|----|----|
| that-t | 6  | 1  | 3  | 1  | 1  | 2  | 0  | 0  | 0  | 0  |
| zero-t | 1  | 0  | 7  | 10 | 39 | 50 | 84 | 57 | 36 | 16 |

(cf. 縄田 (2013: 122))

表 1 に示されるように，中英語において主語が抜き出されている例自体が稀ではあるが，初期中英語においては that-t の割合が zero-t よりもはるかに高く，後期中英語においては zero-t の割合が that-t よりも高い．さらに，

that-t は後期中英語以降減少していき，初期近代英語の E2 を最後に消失するが，zero-t は後期中英語の M4 から初期近代英語の E3 までは増加する傾向にあり，後期近代英語においてもその出現数を一定に保っている．

縄田（2013）は，that-t の存在と V-to-T 移動の関係に注目し，that-t が発見される初期近代英語のテキストにおいて定形動詞が否定辞に先行している例が観察されることを指摘している．関連する例を（6）として挙げる．

(6)  I writ *not* the last weeke because I intended to have been at home assoone as my Latter,
　　　　　　(KNYVETT-1620-E2-P1, 71.324: E2 / 縄田（2013: 124））

中英語において定形動詞は副詞や否定辞を越えて T に移動していたが，初期近代英語においてこの移動はほぼ消失したと一般的に仮定されている．これらの通時的事実から縄田（2013）は，V-to-T 移動が可能なテキストにおいてのみ that-t は許されると結論付けている．

縄田（2013）は，that 痕跡効果に関する通時的変化がどのように説明されるのかという疑問に加え，Rizzi and Shlonsky（2007）の分析にはいくつかの理論的問題点があると指摘している．特に，Subj という機能範疇の必要性と Fin にあるとされる $\phi$ 素性の位置付けに対して，Nawata（2009, 2011）の分析に基づいた修正がなされている．Nawata（2009, 2011）は，V-to-T 移動が見られる後期中英語・初期近代英語と V-to-T 移動が消失した後期近代英語の節構成として，それぞれ（7a, b）を提案している．

(7) a.  [$_{ForceP}$ Force [$_{FinP}$ Fin $(\phi)$[$_{TP}$ T [$_{vP}$ $v$ ...]]]]　　（V-to-T 移動あり）
　　b.  [$_{ForceP}$ Force [$_{FinP}$ Fin [$_{TP}$ T $(\phi)$[$_{vP}$ $v$ ...]]]]　　（V-to-T 移動なし）
　　　　　　　　　　　　　　　　　　　　　　　(cf. 縄田（2013: 128））

(7a) に示されるように，V-to-T 移動が見られる後期中英語・初期近代英語では，動詞の一致形態素と時制形態素が独立して動詞語幹に現れていたという観察に基づき，$\phi$ 素性は T とは独立して Fin に担われると仮定される．したがって，音韻部門において屈折接辞が動詞語幹に付加する際，両者が局所的な関係になければならないとすると，動詞は T に移動する必要がある．一方，(7b) に示すように，後期近代英語以降，動詞屈折が単一の形態素により担われるようになると，$\phi$ 素性は時制素性とともに T により担われる

ようになる．したがって，動詞は $v$ にある状態で屈折接辞と局所的関係を構築することができるので，T に移動することはない．

この節構成に基づいて，縄田（2013）は V-to-T 移動が見られる時期と見られない時期の that-t はそれぞれ（8a, b）のように派生されると提案している．

(8) a. who$_i$ do you think [$_{ForceP}$ $t_i$ that [$_{FinP}$ Fin（$\phi$）[$_{TP}$ [$_T$ help] [$_{vP}$ $t_i$ $v$ John]]]]
   b. *who$_i$ do you think [$_{ForceP}$ $t_i$ that [$_{FinP}$ $t_i$ Fin [$_{TP}$ [$_T$ help] [$_{vP}$ $t_i$ $v$ John]]]]

(8a, b) では，Subj という機能範疇は廃止され，主語基準は Fin により担われると仮定されている．(8a) に示されるように，V-to-T 移動が見られる時期では，Fin によって担われていた $\phi$ 素性により主語基準が満たされ，who の主節への移動が可能だが，(8b) に示されるように，V-to-T 移動が見られない時期では，主語基準は who の FinP 指定部への移動により満たされるため，基準凍結により who は主節に移動不可能となる．

一方，V-to-T 移動が見られる時期と見られない時期の zero-t はそれぞれ (9a, b) のように派生されると提案されている．

(9) a. who$_i$ do you think [$_{FinP}$ Fin（$\phi$）[$_{TP}$ [$_T$ help（$\phi$）] [$_{vP}$ $t_i$ $v$ John]]]
   b. who$_i$ do you think [$_{TP}$ T（$\phi$）[$_{vP}$ $t_i$ help John]]

(9a, b) では，Bošković(1997) の方針に沿い，補文は動詞屈折接辞を具現化するために必要な機能範疇のみが存在すると仮定される．(9a) に示されるように，V-to-T 移動が見られる時期では，主語基準は動詞屈折接辞の一部を担う Fin の $\phi$ 素性により満たされ，who は $v$P 指定部から文頭まで移動することが可能である．一方，(9b) に示されるように，V-to-T 移動が見られない時期では，$\phi$ 素性は T に担われているため，主語基準を担う FinP は存在しない．したがって，V-to-T 移動の有無にかかわらず，zero-t が文法的であることが説明される．

縄田（2013）の分析では，Subj という機能範疇の破棄により文法理論がより単純化され，Fin にあるとされる $\phi$ 素性は V-to-T 移動が見られる時期における動詞屈折接辞の一部として存在するものであると断定されている．

しかしながら，この分析には理論的・経験的問題点がある．第一に，動詞屈折接辞の一部となる Fin の φ 素性により主語基準が満たされると仮定されているが，英語史における V-to-T 移動が見られる時期の動詞屈折はそれほど豊かであるだろうか．Alexiadou and Anagnostopoulou (1998) では，豊かな動詞屈折を伴う言語では，節の EPP 特性は動詞の V-to-T 移動により満たされると主張されている．この主張の帰結として，スペイン語やイタリア語のような動詞屈折が豊かな言語では，空主語が許されるという事実が説明される．Fischer et al. (2000) により指摘されているように，後期中英語の動詞は豊かな屈折を持たず，空主語は限られた環境においてのみ許される．（英語史における空主語と動詞屈折に関する詳細な議論については Fischer et al. (2000) を参照．）主語基準は EPP 特性を基準という観点から述べなおしたものであるとすると，スペイン語やイタリア語のような言語における主語基準は豊かな動詞屈折により満たされるが，豊かな動詞屈折を持たない後期中英語・初期近代英語における主語基準はそれにより満たされることはないと予想される．したがって，V-to-T 移動が見られる後期中英語・初期近代英語において，動詞屈折により主語基準が満たされるとする考えには問題がある．

第二に，縄田 (2013) の分析では，that-t が初期近代英語の E2 を最後に消失するという事実と zero-t が初期中英語においてほとんど観察されないという事実に対しては言及されているが，英語史における that-t の衰退と zero-t の増加に関する精密な分析は提案されていない．

これらの問題点を克服するため，本稿は近藤 (2015b) により提案される節構成を採用し，補文標識 that の発達の観点から that 痕跡効果の通時的変化に対する原理的説明を試みる．

## 3. 分析

### 3.1. 節構成

近藤 (2015b) は，Rizzi and Shlonsky (2007) や縄田 (2013) と同様，カートグラフィーを用いた節構成を提案している．近藤 (2015b) により提案される節構成では，CP フェイズにおいて，複数の基準が一つの要素により満たされる場合，関連する投射は分離せず一つの投射として機能し，その

指定部に関連する要素が移動することにより，複数の基準が同時に満たされると仮定されている．したがって，主語 wh 疑問文と目的語 wh 疑問文はそれぞれ (10a, b) のように派生される．

(10) a. [$_{CP}$ who$_i$ C (Subj, wh)][$_{TP}$ T ($\phi$)[$_{vP}$ $t_i$ bought the book]]]
   b. [$_{FocP}$ what$_i$ [$_{Foc}$ did (wh)] [$_{SubjP}$ Mary$_j$ Subj [$_{TP}$ T ($\phi$)[$_{vP}$ $t_i$ $t_j$ $v$ [$_{VP}$ buy $t_i$]]]]] (Kondo (2015b: 23))

(10a) では，who は主語基準と wh 基準の両方を満たすため，CP フェイズは単一の投射として機能し，その指定部に who が移動することにより，それらの基準が同時に満たされる（以下では，分離していない単一の投射を CP と表記し，関連する基準を括弧内に記す）．一方，(10b) では，what は主語基準を満たすことはできないため，CP フェイズは二つの投射に分離され，Mary の SubjP 指定部への移動により主語基準が満たされ，what の FocP 指定部への移動により wh 基準が満たされる．

この節構成に基づき，近藤 (2015b) は that-t と zero-t の構造を (11a, b) のように分析している．

(11) a. *[$_{FocP}$ who$_i$ [$_{Foc}$ do (wh)] [$_{SubjP}$ you$_j$ Subj [$_{TP}$ T ($\phi$)[$_{vP}$ $t_i$ $t_j$ think [$_{CP}$ $t_i$ [$_C$ that (Subj, wh)] [$_{TP}$ ...]]]]]]
   b. [$_{FocP}$ who$_i$ [$_{Foc}$ do (wh)] [$_{SubjP}$ you$_j$ Subj [$_{TP}$ T ($\phi$)[$_{vP}$ $t_i$ $t_j$ [$_v$ C$_{affix}$ + think] [$_{VP}$ $t_V$ [$_{CP}$ $t_i$ [$t_C$ (Subj, wh)] [$_{TP}$ ...]]]]]]

(11a) の派生では，埋め込み節の CP フェイズにおいて，who は主語基準を満たすということだけではなく，wh 移動の中間着地点へ移動するということもまた要求される．[3] したがって，CP フェイズは単一の投射として機能するが，その指定部に移動した時点で，主語基準を満たし，基準凍結により主節に移動することが不可能になる．結果として，that 痕跡効果が派生さ

---

[3] Rizzi (2006: 110-111) では，中間着地点への移動は特定の基準に関連する形式素性により駆動されると仮定されている．本稿では，この考えに従い，埋め込み節の主語 who の移動により主語基準と wh 基準に関連する形式素性の両方が満たされるため，CP フェイズは単一の投射として機能すると仮定する．

れる．一方，(11b) の派生では，空の補文標識は接辞であり（cf. Pesetsky (1991)），接辞としての C（以下，$C_{affix}$）が V を通り v に主要部移動することにより，CP のフェイズ性が失われると仮定されている（cf. Den Dikken (2007)）．Chomsky (2014) で論じられているように，基準凍結はフェイズを単位として起こるため，CP がフェイズ性を失った結果，その領域における基準凍結の効果は解除されることになる．結果として，who は主節の FocP 指定部に移動し，wh 基準を満たすことが可能となる．

この節構成では，zero-t の構造において φ 素性を伴う Fin の併合を仮定する必要がなく，縄田 (2013) により指摘されている問題は生じない．

### 3.2. 補文標識 That の発達

多くの研究者により，補文標識 that は指示詞 that から発達したと論じられている．Gelderen (2011) では，(12) に示されるように，古英語において that は CP 指定部に併合される指示詞であり，後期中英語において C に併合される補文標識へ発達したと論じられている．

(12) a.　[$_{DP}$ that]　　　　　　(pre OE to PE)
　　 b.　[$_{CP}$ that [$_{C'}$ C [$_{TP}$ ...]]]　(OE to ME)
　　 c.　[$_{CP}$ [$_{C}$ that ] [$_{TP}$ ...]]　(late ME to PE)

Gelderen (2011) は，後期中英語において指示詞としての性質が失われた結果として，that が省略され始めたと主張している．

しかしながら，Kondo (2015a) の通時的コーパスの調査により，古英語においてすでに that を欠く補文が生起しているということが明らかにされている．

表 2. 英語史における that を伴う補文と that を欠く補文の生起数

|  | EOE | LOE | M1 | M2 | M3 | M4 | E1 | E2 | E3 |
|---|---|---|---|---|---|---|---|---|---|
| ∅ | 9 | 11 | 25 | 8 | 154 | 419 | 895 | 1631 | 2315 |
| *That* | 452 | 1085 | 244 | 74 | 1438 | 1082 | 1483 | 1641 | 1351 |
| % (∅) | 2.0 | 1.0 | 9.3 | 9.8 | 9.5 | 27.9 | 37.6 | 49.9 | 63.2 |

(Kondo (2015a: 4))

表2に示されるように，初期古英語において that を欠く補文は少数ではあるがすでに発見される．後期中英語以降，その出現数は急激に増加し，初期近代英語の E3 において that を伴う補文の出現数を上回るようになる．この調査結果に基づき，Kondo (2015a) は，Gelderen (2011) により提案された補文標識 that の発達過程を以下のように修正している．

(13) a.　[$_{DP}$ that]　　　　　　　　(pre OE to PE)
　　 b.　[$_{CP}$ that [$_{C'}$ C [$_{TP}$ ...]]]　(OE to E2)
　　 c.　[$_{CP}$ [$_C$ that ] [$_{TP}$ ...]]　　(OE to PE)　　　(Kondo (2015a: 8))

古英語において，ほとんどの that は (13b) のように CP 指定部に併合されていたが，少数の that は (13c) のようにすでに C に併合されていた．中英語以降 (13b) の選択肢が徐々に (13c) の選択肢に取って代わられ，最終的に初期近代英語の E2 までに (13b) の選択肢が消失し，初期近代英語の E3 において that を欠く補文が that を伴う補文より高頻度で観察されるようになった．

　縄田 (2013) の調査により明らかにされたように，英語史において that-t は初期近代英語の E2 を最後に消失している．これは，that が指示詞としての性質を残し CP 指定部に併合される (13b) の選択肢の消失した時期と一致している．

### 3.3.　That 痕跡効果の通時的変化

　本稿で提案される分析は，近藤 (2015b) により提案された節構成と Kondo (2015a) による補文標識 that の発達に関する分析を組み合わせたものであるが，さらに次の三点を仮定する．第一に，縄田 (2013) による指摘に従い，主語基準は Fin により担われると仮定する．第二に，Kondo (2015a) により示唆されているように，指示詞としての性質を残す that は，完全な補文標識としての that と同じように，埋め込み節を標示する Declarative（以下，Dec）素性を持ち，その併合により CP 領域における Dec 基準が満たされると仮定する．第三に，(13b) の選択肢における that はその指示詞としての性質により主語基準を満たすことができると仮定する．これらの仮定に基づくと，補文標識 that の発達に伴い，that 節は (14) のよう

な構造変化を受けたことになる.[4]

(14) a.　[$_{CP}$ that [$_{C'}$ C (Dec, Subj)[$_{TP}$ DP$_i$ T (φ)[$_{vP}$ $t_i$ $v$ VP]]]]
　　　　　　　　　　　　　　　　　　　　　　　　　　　　　　　　　　(OE to E2)
　→ b.　[$_{ForceP}$ [$_{Force}$ that (Dec)] [$_{FinP}$ DP$_i$ Fin (Subj)[$_{TP}$ T (φ) [$_{vP}$ $t_i$ $v$ VP]]]]
　　　　　　　　　　　　　　　　　　　　　　　　　　　　　　　　　　(OE to PE)

(14a) において，指示詞としての that の併合は主語基準と Dec 基準を同時に満すため，ForceP と FinP は単一の投射 CP として機能する．一方，(14b) において，主語基準と Dec 基準はそれぞれ主語 DP の FinP 指定部への移動と that の Force への併合により満たされる．したがって，ForceP と FinP は独立した投射として機能する．[5]

以上の分析に基づくと，英語史における that-t の構造は次のように表される．

(15) a.　who$_i$ do you think [$_{CP}$ $t_i$ that [$_{C'}$ C (Dec, Subj, wh)[$_{TP}$ $t_i$ …]]]
　　 b.　*who$_i$ do you think [$_{CP}$ $t_i$ [$_{C'}$ [$_C$ that (Dec, Subj, wh)] [$_{TP}$ $t_i$ …]]]

(15a) に示されるように，初期近代英語の E2 までは指示詞としての性質を持つ that の併合が主語基準と Dec 基準を同時に満たすことが可能であったため，CP フェイズは単一の投射として機能する．この構造において，that

---

　[4] 本稿では，縄田 (2013) に従い，主語の格素性は T と主語 DP が相互構成素統御関係を構築することによって値を付与されると仮定する．したがって，主語基準が指示詞としての that の併合により満たされる (14a) の構造では，主語 DP が $v$P 指定部から TP 指定部に移動した結果，主語 DP の上位コピーが T を構成素統御し，T が主語 DP の下位コピーを構成素統御する構造形が形成されることで，主語 DP の格素性が値を付与される．これに対し，(14b) では，主語基準を満たすために主語 DP が FinP 指定部に移動した結果，T と主語 DP が相互構成素統御関係を構築することができるため，主語 DP が TP 指定部に移動する必要はない．

　[5] 本稿の分析では，C$_{affix}$ を主要部に持つ CP において Dec 基準はどのように満たされるのかという疑問が生じる．Rizzi and Slonsky (2007) は that を伴わない補文は不履行 (default) の解釈手続きによって平叙節として解釈されると論じている．この考えに従うと，C$_{affix}$ を主要部に持つ CP において Dec 基準は存在しないことになり，that の併合は要求されない．したがって，C$_{affix}$ を主要部に持つ補文において主語基準は常に主語 DP の移動により満たされることになる．

の併合は wh 基準に関連する形式素性を満たすことはできないため，who が外側の CP 指定部に移動し，その形式素性を満たす必要がある．しかし，who は埋め込み節において如何なる基準も満たさないため，基準凍結を受けることはなく主節に移動することが可能となる．一方，(15b) に示されるように，that が指示詞としての性質を失い主要部として併合される構造では，that の併合は Dec 基準しか満たすことができない．したがって，who の移動により主語基準が満たされなければならないため，それは埋め込み節において基準凍結を受け主節に移動することが不可能となる．[6]

### 3.4. That-t の衰退と zero-t の増加

最後に，英語史における that-t の衰退と zero-t の増加について議論する必要がある．表 1 に示されたように，初期中英語において that-t は zero-t より多く観察されるが，後期中英語において zero-t が that-t より多く観察される．特に，後期中英語の M4 以降，zero-t は増加する傾向にあるが，that-t の出現数はかなり少数であり，初期近代英語の E3 において消失する．一方，表 2 に示されるように，that を欠く補文の割合は後期中英語の M4 以降，急激に増加していき，初期近代英語の E3 において that を伴う補文より高くなる．

これら二つの調査結果から，英語史における that-t の衰退と zero-t の増加は補文標識 that の発達の帰結であると結論付けられる．つまり，(13b) の選択肢が多かった初期中英語において，主語基準は that の併合により満たされることが多かったため，that-t の出現数が zero-t を上回っていた．一方，(13c) の選択肢が増加し始めた後期近代英語の M4 以降，主語基準は主語 DP の移動により満たされる必要があるため，zero-t の出現数が that-t を上回った．最終的に，初期近代英語の E3 において，(13b) の選択肢の消失と同時に that-t もまた消失した．

---

[6] Kondo (2015a) によれば that を欠く補文は古英語から見られるため，この時期においてすでに $C_{affix}$ を主要部に持つ補文が that を伴う補文とは独立して存在していたことになる．したがって，英語史を通して zero-t は (11b) のような構造を持つことになる．

## 4. 結論

本稿では，Rizzi and Shlonsky (2007) と縄田 (2013) の分析を修正し，that 痕跡効果の通時的変化は補文標識 that の発達の帰結であると論じた．本稿の分析では，主語基準が指示詞としての性質を残す that の併合により満たされることで，that-t が可能になり，that が完全に補文標識へ変化したことにより that-t は非文法的になると説明した．

さらに，that-t の出現可能性を指示詞の性質を残す that の存在に帰することにより，豊かな動詞屈折を伴わない後期中英語・初期近代英語において動詞屈折の一部となる Fin の φ 素性により主語基準が満たされるという縄田 (2013) による仮定を破棄することが可能となった．

## 参考文献

Alexiadou, Artemis and Elena Anagnostopoulou (1998) "Parameterizing AGR: Word Order, V-movement, and EPP Checking," *Natural Language and Linguistic Theory* 16, 491–539.

Bošković, Željko (1997) *The Syntax of Nonfinite Complementation: An Economy Approach*, MIT Press, Canbridge, MA.

Chomsky, Noam (2014) "Problems of Projection: Extension," ms., MIT.

Den Dikken, Marcel (2007) "Phase Extension: Contours of a Theory of the Role of Head Movement in Phrasal Extraction," *Theoretical Linguistics* 33, 1–41.

Fischer, Olga, Ans van Kemenade, Willen Koopman, and Wim van der Wurff (2000) *The Syntax of Early English*, Cambridge University Press, Cambridge.

Gelderen, Elly van (2011) *The Linguistic Cycle: Language Change and the Language Faculty*, Oxford University Press, New York.

Kondo, Ryoichi (2015a) "On the Historical Change of Extraposition Constructions in English," *Studies in Modern English* 31, 1–18.

近藤亮一 (2015b)「That 痕跡効果の極小主義的アプローチ」『日本英文学会第 87 回大会 Proceedings』, 23–24.

Nawata, Hiroyuki (2009) "Clausal Architecture and Inflectional Paradigm: The Case of V2 in the History of English," *English Linguistics* 26, 247–283.

Nawata, Hiroyuki (2011) "Feature Inheritance as Reflex of Diachronic Change: Evidence from Transitive Expletive Constructions in the History of English," Paper Presented at the 13th International Diachronic Generative Syntax Conference.

縄田裕幸（2013）「CP カートグラフィーによる That 痕跡効果の通時的考察」『言語変化：動機とメカニズム』，中野弘三・田中智之(編)，120-135，開拓社，東京．

Pesetsky, David (1991) *Zero Syntax*, Vol. 2, ms., MIT.

Rizzi, Luigi (2006) "On the Form of Chains: Criterial Positions and ECP Effects," *Wh-Movement: Moving On*, ed. by Lisa Cheng and Norbert Corver, 97-133, MIT Press, Cambridge, MA.

Rizzi, Luigi and Ur Shlonsky (2007) "Strategies of Subject Extraction," *Interfaces + Recursion = Language?*, ed. by Uli Sauerland and Hans-Martin Gärtner, 115-160, Mouton de Gruyter, New York.

## コーパス

Kroch, Anthony, Beatrice Santorini and Lauren Delfs (2004) *The Penn-Helsinki Parsed Corpus of Early Modern English* (PPCEME), University of Pennsylvania, Philadelphia.

Kroch, Anthony, Beatrice Santorini and Ariel Diertani (2010) *The Penn Parsed Corpus of Modern British English* (PPCMBE), University of Pennsylvania, Philadelphia.

Kroch, Anthony and Ann Taylor (2000) *The Penn-Helsinki Parsed Corpus of Middle English*, Second edition (PPCME2), University of Pennsylvania, Philadelphia.

Taylor, Ann, Anthony Warner, Susan Pintzuk and Frank Beths (2003) *The York-Toronto-Helsinki Parsed Corpus of Old English Prose* (YCOE), University of York, Heslington.

# 古英語から中英語における現在分詞による名詞前位修飾構造の史的発達について[*]

杉浦　克哉

## 1. 導入

英語の現在分詞は (1) に示すように名詞を前位修飾することができる．

(1) a. the running boy
　　b. an exciting game
　　c. an understanding student
　　d. fitting clothes
　　e. the shining water

名詞を前位修飾する現在分詞については，久泉 (1987)，Brekke (1988)，Borer (1990)，Bennis and Wehrmann (1990)，Vartiainen (2012) をはじめとして，心理動詞の現在分詞の範疇に関する議論を中心にこれまでいくつかの分析がなされてきた．しかしながら名詞を前位修飾する現在分詞の史的発達に関する研究は，Smet and Vancayzeele (2015) を除くと筆者の知る限り無い．本稿ではコーパス調査から得たデータに基づき，古英語から中英語にかけての現在分詞による名詞前位修飾構造の史的発達を示し，変化の過程を生成文法の枠組で説明する．Smet and Vancayzeele (2015) の分析を修正し，現在分詞による名詞前位修飾構造の節化は 12 世紀後半に始まったと主張する．

本稿の構成は以下のとりである．2 節で Smet and Vancayzeele (2015) の分析を概観し問題点を指摘する．3 節で歴史コーパスから得たデータを示

---

[*] 本稿を著すに当たり編集者の田中智之氏，中川直志氏，久米祐介氏，山村崇斗氏に感謝を申し上げる．現存する全てのミスの責任は筆者にある．

し，古英語から中英語にかけ現在分詞による名詞前位修飾構造がどのような変化の経路を辿ったのかを示す．その上で Smet and Vancayzeele (2015) の分析を修正する．4節は結論である．

## 2. 先行研究

　Smet and Vancayzeele (2015) はコーパス調査から得たデータに基づき，名詞を前位修飾する現在分詞は18世紀以降，節のような振る舞いをより強く示すようになっていると主張する．彼らは名詞を前位修飾する現在分詞を3つに分類する．[1] 1つ目は (2a) における coming のような修飾する名詞を同定する現在分詞で，彼らはこれを同定型と呼ぶ．2つ目は (2b) の cooling と (2c) の dripping のような修飾する名詞の特徴を記述する現在分詞で，彼らはこれを記述型と呼び，前者を種類指向（Type-Oriented）の現在分詞，後者を状況指向（Situation-Oriented）の現在分詞と呼んで区別する．

(2) a. A lesson Jess was to learn time and again in the *coming* weeks.
　　b. I should recommend a *cooling* draught of some kind. Look in at a chemist's as you walk on.
　　c. She went up to the *dripping* window and strained her eyes into the darkness.　　　　(Smet and Vancayzeele (2015: 138))

　彼らは *Corpus of Late Modern English Texts*（以下，CLMETV）と *Freiburg-Lancaster-Oslo-Bergen Corpus* を用いて，後期近代英語以降における名詞を前位修飾する現在分詞の分布を調査した．その結果，同定型の現在分詞と種類指向の現在分詞は18世紀末以降減少しているが，状況指向の現在分詞は18世紀前半から増加を続けていると主張する．彼らはその原因として，CLMETV における物語文の割合が時代が新しくなるにつれて多くなっていることと，状況指向の現在分詞は一般的に物語文で使われやすいこ

---

[1] 厳密には Smet and Vancayzeele (2015) は名詞を前位修飾する現在分詞としてさらに2種類を挙げている．1つ目は (i) の convincing のような形容詞として振る舞う現在分詞，2つ目は (3) で取り上げる主要部の名詞と叙述関係を持たない現在分詞である．
　(i) I suppose that he would not have been able to give a very *convincing* answer.
　　　　　　　　　　　　　　　　　　　　　(Smet and Vancayzeele (2015: 145))

とを挙げ，結果として状況指向の現在分詞の増加につながったのだと分析する．そしてそのような状況指向の現在分詞の増加は，名詞を前位修飾する現在分詞が節化している証左であるとしている．

　さらに，Smet and Vancayzeele は名詞を前位修飾する現在分詞の節化が進行した結果，次の 2 つのことが起こったと主張する．1 つ目は (3) の drumming のような，主要部の名詞 patter と叙述関係を結ばない現在分詞が増加したことである．(3) において drumming は雨粒が屋根にトントン当たる音を表し，patter はパタパタという音を表すことから両者に叙述関係はない．

(3)　Everything still seemed to be fogged at the edges. He listened to the drumming patter of raindrops on the roof.

(Smet and Vancayzeele (2015: 150))

彼らの調査によれば，修飾する名詞と叙述関係を結ばない現在分詞は 19 世紀後半以降，倍増している．

　2 つ目は (4) の swiftly のような，現在分詞による名詞前位修飾構造に現れる動詞修飾の様態副詞が増加したことである．彼らの調査によれば，このような動詞修飾の様態副詞は 18 世紀末に初めて当該の構造に現れその後，増加している．

(4)　The mere fact of being in a swiftly moving carriage which wayfarers had to avoid nimbly, maintained their spirits.

(Smet and Vancayzeele (2015: 151))

　以上が Smet and Vancayzeele (2015) の概略であるが，彼らの分析には問題がある．第 1 に，名詞を前位修飾する現在分詞の節化は 12 世紀後半には既に始まっていたことを示すデータをコーパス調査から得ることができた．これが正しければ，名詞を前位修飾する現在分詞の節化が 18 世紀から進んだとする彼らの主張は訂正されねばならない．第 2 に，名詞を前位修飾する現在分詞の節化に対し彼らは理論的な説明をほとんど与えていない．3 節ではまず 1 番目の問題に関するデータを示し，その後古英語から中英語にかけての現在分詞による名詞前位修飾構造の節化の過程を生成文法理論を用いて説明する．

## 3. 分析

筆者は歴史コーパスを用いて古英語から中英語までの現在分詞による名詞前位修飾構造の史的発達を調査した．調査に使用したコーパスは *The York-Toronto-Helsinki Parsed Corpus of Old English Prose* と *The Penn-Helsinki Parsed Corpus of Middle English, Second edition* である．調査の結果，名詞を前位修飾する現在分詞の節化は12世紀後半に始まったことを示すデータを得た．古英語と中英語の現在分詞による名詞前位修飾構造の分布は表1と表2にそれぞれ示される．[2]

表1：古英語における現在分詞による名詞前位修飾構造の分布

| | 古英語 | | |
|---|---|---|---|
| 動詞の種類 | 自動詞<br>（非対格動詞） | 自動詞<br>（非能格動詞） | 他動詞 |
| 生起数 | 14 | 5 | 0 |
| 割合 | 100% | | 0% |

表2：中英語における現在分詞による名詞前位修飾構造の分布[3]

| | 中英語 | | |
|---|---|---|---|
| 動詞の種類 | 自動詞<br>（非対格動詞） | 自動詞<br>（非能格動詞） | 他動詞 |
| 生起数 | 170 | 48 | 24 |
| 割合 | 90% | | 10% |

古英語における非対格動詞，非能格動詞の現在分詞による名詞前位修飾の各

---

[2] 久泉（1987）は（i）の boiling のような主要部名詞の目的・用途を示す Ving 形は動名詞であるとして現在分詞と区別している．このような Ving 形は今回の調査では中英語に4例見つかった．本稿は久泉（1987）の分類に従いこの4例はいずれも動名詞と判断し議論の対象外とした．
 (i) a boiling pot             (CMCAPCHR,71.1173)

[3] 他動詞の現在分詞による名詞前位修飾構造は中英語に24例発見されたが，このうち10例は心理動詞の現在分詞による名詞前位修飾構造である．10例の内訳は（ia）のような目的語を経験者に取る心理動詞が4例，（ib）のような主語を経験者に取る心理動詞が6例である．目的語を経験者に取る心理動詞は他の動詞と異なる統語構造を持つとする分析があ

例を (5a, b) に示す．

(5) a. heora scinendan beorhtnesse
'her shining brightness' (cowulf,WHom_12:17.1164)
b. his libbendan lichaman
'his living body'
(cochronD,ChronD_[Classen-Harm]:979.16.1173)

そして中英語における非対格動詞，非能格動詞，他動詞の現在分詞による名詞前位修飾の例を (6a, b, c, d) に示す．(6c) は修飾される名詞が動詞の主語になる例，(6d) は動詞の目的語になる例である．

(6) a. a brynnyng fire
'a burning fire' (CMBRUT3,84.2544)
b. a lawhyng cher
'a laughing cheer' (CMKEMPE,95.2172)
c. a drawyng beest
'a drawing beast' (CMWYCSER,327.1805)
d. the grete forseande wysdome of god
'the great forcing wisdom of god' (CMJULNOR,60.272)

表1，2 から，他動詞の現在分詞による名詞前位修飾構造は古英語には存在せず中英語に現れたことが分かる．また自動詞に占める非能格動詞の割合は古英語で 26%，中英語で 22% で，非能格動詞の現在分詞による名詞前位修飾構造の割合は減少しているように見える．しかし中英語の資料を詳細に調べてみると，同一の非対格動詞が同じ文献で繰り返し使われていることが分かる．特に多いものは stink, burn, lie, fall, grow, spring, pass の7つである．同一の文献で4回以上使用されているものを挙げると，stink は

---

るが (Belletti and Rizzi (1988))，本稿ではそれらを区別せず全て他動詞に分類する．目的語を経験者に取る心理動詞の現在分詞の分析については稿を改めて議論したい．

(i) a. plesaund seruyse
'pleasing service' (CMROYAL,256.297)
b. a louyng miʒt
'a loving might' (CMCLOUD,19.99)

*Aelred of Rievaulx's De Institutione Inclusarum* (Ms. Vernon) で7回,*Ancrene Riwle* で11回, *The Parson's Tale* で5回それぞれ使用される. Burn は *Aelred of Rievaulx's De Institutione Inclusarum* (Ms. Vernon) で6回, *Mirk's Festial* で4回, *Richard Rolle, Epistles* (*Ego Dormio, The Commandment, The Form of Living*) で6回, *Vices and Virtues* で5回それぞれ使用される. Lie は *The Old Testament* (*Wycliffite*) で8回, fall は *Ancrene Riwle* で5回, grow は *In Die Innocencium* で4回, spring は *John of Trevisa's Polychronicon* で4回, pass は *Mandeville's Travels* で4回, それぞれ使用される. これらを考慮に入れると, 自動詞に占める非能格動詞の割合は古英語と中英語でほとんど変わらないか, あるいは中英語の方が若干高いことが予測される.

(6a)の非対格動詞の現在分詞による名詞前位修飾の例は12世紀後半に現れ, 特定の時期に偏ることなく中英語全体に分布する. 一方, (6b)の非能格動詞の現在分詞による名詞前位修飾の例も12世紀後半に現れるが, 48例中32例, つまり全体の67%が14世紀後半から15世紀に集中する. そして (6c, d) の他動詞の現在分詞による名詞前位修飾の例も12世紀後半に現れるが, やはり中英語前期には少なく24例中18例, つまり全体の75%が14世紀後半から15世紀に集中する.

したがって, 現在分詞による名詞前位修飾構造を構成する動詞は古英語から14世紀前半までは主に非対格動詞であり, 14世紀後半以降, 非能格動詞, 他動詞へ拡張したと考えられる. 以下では古英語から中英語における現在分詞による名詞前位修飾構造の拡張の過程を生成文法の枠組を用いて説明する.

Chomsky (2008) に従い, 完全な項構造を持つ動詞を $v^*$P, そうでない動詞を $v$P と仮定し, 非対格動詞, 非能格動詞, 他動詞の構造をそれぞれ (7a, b, c) と仮定する.[4]

---

[4] 非能格動詞は, (ia) に示すような同族目的語を伴う場合, (ib) に示すような one's way を伴う場合, そして (ic) に示すような再帰代名詞と結果述語を伴う場合等に限り目的語を選択する. しかし名詞を前位修飾する環境では非能格動詞はこれらの目的語を伴わないため, (7b) の構造で V は内項を持たない.

(i) a. John lives a happy life.
   b. Mary worked her way through a crowd.

(7) a.　[$_{vP}$ [$_{v'}$ $v$ [$_{VP}$ V DP]]]
　　b.　[$_{vP}$ Subj [$_{v'}$ $v$ [$_{VP}$ V]]]
　　c.　[$_{v*P}$ Subj [$_{v*'}$ $v*$ [$_{VP}$ V DP]]]

Visser (1966: 1108), 小野・中尾 (1980: 226, 227), Mitchell (1985: 16, 49, 410, 649) によると, 古英語の現在分詞は形容詞と同様に比較級や最上級の屈折を持ち, そして修飾する名詞と姓・数において一致を示した. さらに接頭辞の -un や接尾辞の -ly を付加することができた. これらの理由から, 古英語の現在分詞は動詞語幹に派生接辞である現在分詞接辞 -ende が付加した形容詞であったと考えられる. 古英語末期から中英語初期にかけ形容詞の屈折が消失するにつれ, -ende の接辞を持つ現在分詞の屈折も同様に消失する. この変化により, それまで派生接辞であった -ende は屈折接辞へ変化し, -ende の接辞を持つ現在分詞は動詞へ再分析された.

名詞を前位修飾する現在分詞にこの変化が起こったのは 12 世紀後半と考えられる. コーパス調査から得た名詞前位修飾現在分詞の屈折語尾を古英語と中英語で比較すると, 形容詞の弱変化の屈折接辞 -an で終わる現在分詞が古英語には見られるが中英語には一例も見られない. 名詞を前位修飾する現在分詞の中英語における初例は 1150 年から 1250 年の間に書かれた文献に集中することを考慮すると, 名詞を前位修飾する現在分詞の屈折は 12 世紀後半には消失していたと考えられる. 即ち 12 世紀後半には, 名詞を前位修飾する現在分詞は形容詞としての機能を失い動詞へ再分析されていた. このことから -ende は遅くとも 12 世紀後半には派生接辞から屈折接辞へ変化したと考えられる.[5]

これらの仮定に基づくと, (5a, b) のような古英語における現在分詞による名詞前位修飾構造は (8a) として表される. 中英語に入り 12 世紀後半に -ende の接辞を持つ現在分詞が動詞へ再分析されたことにより, (8a) は (8b,

---

　　c.　Nancy danced herself tired.

[5] Sugiura (2015) における現在分詞による名詞の後位修飾構造の史的発達の調査では, -ende が派生接辞から屈折接辞へ変化し -ende の語尾を持つ現在分詞が形容詞から動詞へ再分析された時期は 13 世紀とされている. したがって現在分詞による名詞を前位修飾する環境と後位修飾する環境とでは, -ende が派生接辞から屈折接辞へ変化した時期が異なることになる.

c, d, e) の構造に再分析された．動詞が (6a) のような非対格動詞なら (8b)，(6b) のような非能格動詞なら (8c) の構造を持つ．そして (6c) のような他動詞の主語が主要部の名詞となる場合は (8d) の構造を，(6d) のような他動詞の目的語が主要部の名詞となる場合は (8e) の構造を持つ．しかし 12 世紀後半から 14 世紀前半までは (8c) の非能格動詞と (8d, e) の他動詞の現在分詞による名詞前位修飾は少なく，14 世紀後半以降それは増加した．接辞については 14 世紀後半からは動名詞に由来する接辞である -ing が多く使われるようになり，現在分詞本来の接辞である -ende は衰退する．[6] (8b, c, d, e) において主要部の名詞は動詞句内で主題役割を付与された後，右方へ移動する．

(8) a. [$_{DP}$ D [$_{AP}$ V-*ende* ] [$_{NP}$ NP]]
 b. [$_{DP}$ D [$_{vP}$ $_{v'}$ $v$ [$_{VP}$ V-*ende*/-*ing* $t_i$]]] [$_{NP}$ NP$_i$]]
 c. [$_{DP}$ D [$_{vP}$ $t_i$ [$_{v'}$ $v$ [$_{VP}$ V-*ende*/-*ing* ]]] [$_{NP}$ NP$_i$]]
 d. [$_{DP}$ D [$_{v*P}$ $t_i$ [$_{v*'}$ $v*$ [$_{VP}$ V-*ende*/-*ing* ]]] [$_{NP}$ NP$_i$]][7]
 e. [$_{DP}$ D [$_{v*P}$ PRO [$_{v*'}$ $v*$ [$_{VP}$ V-*ende*/-*ing* $t_i$]]] [$_{NP}$ NP$_i$]]

古英語から中英語にかけての現在分詞による名詞前位修飾構造の変化は節化，または構造の拡張と言えるだろう．古英語ではそれは (8a) の構造であるため動詞の項は存在せず，主題役割の付与もない．12 世紀後半に (8a) が (8b, c, d, e) へ再分析されたとき，動詞は内項，または外項，あるいはその両方を選択し，それらに主題役割を付与するようになる．その後，14 世紀後半から (8c) の非能格動詞と (8d, e) の他動詞の現在分詞による名詞

---

[6] 中英語の名詞前位修飾の現在分詞 242 例のうち，100 例が -*ende* またはその異形の接辞を持ち，残りの 142 例が -*ing* またはその異形の接辞を持つ．前者と後者の割合は 14 世紀前半までは 86% 対 14% であったが，14 世紀後半以降は 14% 対 86% と逆転し -*ing* またはその異形の接辞が圧倒的に多くなる．

[7] (i) のような他動詞の主語が主要部名詞となる場合，目的語は通常，具現化されない．(i) は「何かを引いている牛馬」を表し，牛馬が引いているものは文脈から推測することになる．この場合，動詞の補部は統語的には具現化されない要素が占めると考えられる．ただし，現代英語で観察される a time-consuming device のような顕在的な目的語を伴う場合はこの限りではない．

 (i) ( = (6c))  a drawyng beest
  'a drawing beast'  (CMWYCSER,327.1805)

前位修飾が増加する．非能格動詞は外項に動作主や経験者を取る点で非対格動詞よりも節的と言えよう．他動詞，特に（8e）は動詞が外項と内項の両方を選択し両者に主題役割を付与する点で（8b, c, d）より節的と言えるだろう．これらの議論を踏まえると，名詞を前位修飾する現在分詞の節化は 18 世紀以降に起こったとする Smet and Vancayzeele (2015) の主張は訂正される必要があるだろう．

## 4. 結論

本稿では歴史コーパスを用いて古英語から中英語までの名詞を前位修飾する現在分詞の分布を調査しその史的発達の経路を示した．生成文法の枠組を用いて各時代の現在分詞による名詞前位修飾の統語構造を示し，その構造は拡張したと主張した．12 世紀後半に現在分詞接辞 *-ende* が派生接辞から屈折接辞へ変化したことにより，それまで形容詞として機能した現在分詞は動詞へ再分析された．名詞前位修飾構造において，動詞は内項，外項のいずれか，または両方を選択するようになり，また主題役割の付与も可能になった．14 世紀前半までは名詞を前位修飾する現在分詞を構成する動詞は主に非対格動詞であったが，14 世紀後半からは非能格動詞や他動詞が増加した．したがって現在分詞による名詞前位修飾構造は 12 世紀後半と 14 世紀後半の 2 度，節化，および構造の拡張を経験したと言える．以上が本稿の主張であるが以下では今後の課題を 2 点挙げ結びとしたい．

1 点目は，注 3 で言及した目的語を経験者に取る心理動詞の現在分詞による名詞前位修飾構造についてである．そのような動詞は外項を取らず，主語，目的語はいずれも内項とする分析があることから，(8d, e) とは別の構造を仮定する必要があるだろう．

2 点目は，現在分詞による名詞前位修飾構造における様態副詞の分布に関するものである．Smet and Vancayzeele (2015) は 2 節で触れたように，CLMETV を用い現在分詞による名詞前位修飾構造における *-ly* 接辞の動詞修飾様態副詞の分布を調査している．彼らによればそのような様態副詞は 18 世紀末に現れたとされるが，筆者が *Oxford English Dictionary* 電子版の引用例文検索機能を用いて行った調査によれば，それは (9) に示すように 16 世紀には存在していた．

(9) And looke how much The neerly touching touch
(c 1586 C'tess Pembroke Ps. ciii. vii)

このような動詞修飾様態副詞の分布を調査すれば，16世紀以降の現在分詞による名詞前位修飾構造の拡張，および節化の過程を明らかにすることができるだろう．

## 参考文献

Belletti, Adriana and Luigi Rizzi (1988) "Psych-Verbs and θ-Theory," *Natural Language and Linguistic Theory* 6, 291-352.

Bennis, Hans and Pim, Wehrmann (1990) "On the Categorial Status of Present Participles," *Linguistics in the Netherlands 1990*, ed. by Bok-Bennema Reinke and Peter Coopmans, 1-11, John Benjamins, Amsterdam.

Borer, Hagit (1990) "V + *ing*: It Walks like an Adjective, It Talks like an Adjective," *Linguistic Inquiry* 21, 95-103.

Brekke, Magnar (1988) "Experiencer Constraint," *Linguistic Inquiry* 19, 169-180.

Chomsky, Noam (2008) "On Phases, *Foundational Issues in Linguistic Theory: Essays in Honor of Jean-Roger Vergnaud*, ed. by Robert Freidin, Carlos P. Otero and Maria Luisa Zubizarreta, 133-166, MIT Press, Cambridge, MA.

久泉鶴雄 (1987)「他動詞から派生した前位修飾の "-ing" 形」『大妻女子大学文学部紀要』第19号，63-72.

Mitchell, Bruce (1985) *Old English Syntax*, Vol. 1, Clarendon Press, Oxford.

小野茂・中尾俊夫 (1980)『英語史 I』大修館書店，東京．

Smet, Hendrik De and Evelyn Vancayzeele (2015) "Like a Rolling Stone: the Changing use of English Premodifying Present Participles," *English Language and Linguistics* 19, 131-156.

Sugiura, Katsuya (2015) *A Synchronic and Diachronic Study of Gerundive and Participial Constructions in English*, Doctoral Dissertation, Nagoya University.

Vartiainen, Turo (2012) "Telicity and the Premodifying ing-Participle in English," *Language and Computers* 74, 217-233.

Visser, Frederikus, Theodorus (1963-1973) *An Historical Syntax of the English Language*, 4 Vols., E. J. Brill, Leiden.

## コーパス

Christian Mair, Albert Ludwigs-Universität Freiburg, and Geoffrey Leech (2007) *The Freiburg-LOB Corpus* (F-LOB) (POS-tagged version), University of Lancaster.

Kroch, Anthony and Ann Taylor (2000) *The Penn-Helsinki Parsed Corpus of Middle English, Second edition* (PPCME2), University of Pennsylvania, Pennsylvania.

Smet, Hendrik De (2005) *The Corpus of Late Modern English Texts* (CLMETV), University of Leuven, Leuven.

Taylor, Ann, Anthony Warner, Susan Pintzuk and Frank Beths (2003) *The York-Toronto-Helsinki Parsed Corpus of Old English Prose* (YCOE), University of York, York, Heslington.

## 辞　書

*The Oxford English Dictionary* (OED), 2nd ed. on CD-ROM, Oxford University Press, Oxford.

# come/go doing に関する通時的考察*

宋　蔚

## 1. はじめに

　本稿は come/go doing 構文の歴史変遷に関して論じる．come/go doing 構文の用法は一般的に大きく二つに分類される．一つ目の用法は，(1) と (2) のように，come/go doing は「～して行く／来る，～しながら行く／来る」の意味を表し，この場合の doing は付帯状況を表す現在分詞であり，自動詞が用いられる．

(1)　The children *came running* into the room.
(2)　She *went sobbing* up the stairs.

もう一つの用法では，doing に探索・野外活動・娯楽に関する動作動詞がきて目的を表す．例えば，(3) では，come looking for が「～を探しにやってくる」という意味を表すが，(4) では，go shopping が「買い物に行く」という意味を表す．

(3)　He *came looking for* me.
(4)　What if I can't *go shopping* during your regular hours?

目的の用法の場合には，(5) と (6) に示したように，come の後に移動の方向を表す副詞を伴うことが可能である．

(5)　One *comes* **up** *smiling* and ready for the next round.

---

＊ 本稿を校正するにあたり，愛知淑徳大学の玉田貴裕先生には，貴重なコメントを頂いた．尚，誤り・不備は全て筆者の責任である．

(6)　I *went* **in** *asking* the tough questions.

　本稿は come/go doing 構文の特徴を概観した上，歴史発達の視点から come/go doing 構文の分類と性質に説明を与える．

## 2.　史的事実

### 2.1.　文献による史的事実

　OED によると，come doing 構文は，come と後続する動名詞から成り立ち，目的あるいは職業を表す構文に由来する．近代英語[1] で見つかる例では多くの場合 on を意味する a を伴う．

(7)　He suspected I *came a birding*.　　(Evelyn, *Mem.* (1857) III. 141)
(8)　I never *came a-begging* for myself.　　(Tennyson, *Dora* 140)

また，「こちらの方へ」の移動（hitherward motion）を伴う動作は昔は後続する不定詞で表されるが，現在は現在分詞 doing を用いて表す．「こちらの方へ」の移動，すなわち come, を伴う動作はしばしば主要な概念を構成する．例を以下に示す．

(9)　The nag *came galloping* towards me.
　　　　　　　　　　　　　　(Swift, *Gulliver* (1869) 205/1)
(10)　The knights *come riding* two and two.
　　　　　　　　　　　　　　(Tennyson, *Lady of Shalott* <sub>II</sub>. iii)
(11)　The fog *came pouring* in at every chink and keyhole.
　　　　　　　　　　　　　　(Dickens, *Christmas Carol* i)

(12) と (13) に見られるように，go の後に動名詞の doing を用いた場合こちらの方から離れる移動の目的と動機を示す．この場合も go と doing の間に on を意味する a を伴うことがある．

---

[1]　英語史における標準的な区分は次の通りである：古英語 (OE)：(700-1100)，中英語 (ME)：(1100-1500)，初期近代英語 (EModE)：(1500-1700)，後期近代英語 (LModE)：(1700-1900)，現代英語 (PE)：(1900-)．

(12) Such an inconuenience, as might make him repent for *going a birding*.　　　　　　　　(Edmonds, *Observ. Cæsar's Comm.* 65)

(13) The King was certainly *going a hunting*.

(Macaulay, *Hist. Eng.* xxi. IV. 665)

(14) と (15) に示すように，現代英語には on を意味する a がよく省略される．

(14) I was resolved not to *go sneaking* to the lower professors.

(Goldsm., *Vic. W.* xx)

(15) I said that I was *going boar-hunting*.

(F. Warden, *Witch of Hills* I. iv. 76)

Visser (1963-1973) は come doing の頻度が英語史のすべての時期を通じて徐々に増加していたと示唆している．一方で come a doing は昔は稀ではなかったが，今は一部の方言でしか用いられない．come a doing の議論に関連して，Visser は Layamon の come an hiʒinge における hiʒinge は明らかに名詞であると指摘している．come an hiʒinge における an hiʒinge は in a hurry を意味する．また，Visser (1963-1973: 1888) は come doing と become doing を一つの項目にまとめて説明し，become doing の例を挙げている．

(16) Se wearþ of his rice adræfed & on Arge ... he *fleonde becom*.

(Ælfred, *Oros.* 40, 19)

(17) He *became mournynge* ... and ... peyset that he had god so mych y-frewid.

(Yonge, *Prose Version Secr. Secr.* (ed. Steele) 199, 31)

(18) Lowndes' manner *became withering*.

(Percy Wyndham Lewis, *Tarr* (Tauchn.) 39)

(19) The possibilities had suddenly become menacing and horrible.

(J. D. Carr, *The Mad Hatter Mystery* (Penguin) 190)

Visser (1963-1973) によると，go doing 構文は古英語後期に現れ，現在二つの用法を持つ．一つはスポーツや趣味，及び一時的に求められるあるい

は従事している活動を示す用法がある．e.g. go swimming, go fishing, go hunting, etc. もう一つの用法は職業を示す．e.g. go teaching, go nursing, go bricklaying, etc. しかし，全ての -ing で終わる職業が go と共起できるわけではない．例えば，*go printing, *go publishing は非文法的である．意味的に弱化した go を含む go doing と実動詞の go を含む go to do の違いは (20) の例によって明らかに示される．go to do はより強い目的性を持つ．

(20) "I didn't *go fishing*," he said. "*I went to see* Gulick instead."
(Myers, *Strange Glory* (Albatross) 68)

go doing は否定文にもよく現れる．この場合，go はフランス語の文法学者が 'copule cinétique' と呼ぶ機能を持つ．

(21) *Don't go saying* I never knew a mother.
(Dickens, *Our Mutual Friend* I, I, iii, 41)
(22) *Don't* you *go talking* to Mr. Hardy in the way you do.
(Mrs. H. Ward, *Marcella* I, 37)
(23) *Don't* you *go getting* blue in the face. It wouldn't suit you.
(Wodehouse, *Quick Service* (Penguin) 76)
(24) Now don't start looking depressed, and *don't* for God's sake, *go telling* Dr Dubois. (A. E. Ellis, *The Rack* (Penguin) 311)

## 2.2. コーパス調査による史的事実

本節では，*The York-Toronto-Helsinki Parsed Corpus of Old English Prose* (YCOE), *The Penn-Helsinki Parsed Corpus of Middle English, Second Edition* (PPCME2), *The Penn-Helsinki Parsed Corpus of Early Modern English* (PPCEME), *The Penn Parsed Corpus of Modern British English* (PPCMBE) を用いて，come doing と go doing の調査を行った．まず，doing は現在分詞である事例を検索し，古英語から後期近代英語までの現在分詞として現れている doing の生起数を調査した結果を Table 1，名詞として現れている doing の生起数を調査した結果を Table 2 に示す．

Table 1 コーパス調査の結果　come/go doing（doing は現在分詞）の生起数

| OE | | | | | OE$_{(-1150)}$ |
|---|---|---|---|---|---|
| Words Searched | | | | | 1,450,376 |
| *come doing* | | | | | 0 |
| *go doing* | | | | | 0 |
| ME | M1$_{(1150-1250)}$ | M2$_{(1250-1350)}$ | M3$_{(1350-1420)}$ | M4$_{(1420-1500)}$ | ME$_{(1150-1500)}$ |
| Words Searched | 258,090 | 146,603 | 485,988 | 265,284 | 1,155,965 |
| *come doing* | 6 | 0 | 9 | 18 | 33 |
| *go doing* | 2 | 0 | 1 | 1 | 4 |
| EModE | E1$_{(1500-1570)}$ | E2$_{(1570-1640)}$ | E3$_{(1640-1710)}$ | | EModE$_{(1500-1710)}$ |
| Words Searched | 576,195 | 652,799 | 565,016 | | 1,794,010 |
| *come doing* | 13 | 7 | 3 | | 23 |
| *go doing* | 2 | 2 | 1 | | 5 |
| LModE | L1$_{(1700-1769)}$ | L2$_{(1770-1839)}$ | L3$_{(1840-1914)}$ | | LModE$_{(1700-1914)}$ |
| Words Searched | 298,764 | 368,804 | 281,327 | | 948,895 |
| *come doing* | 8 | 4 | 9 | | 21 |
| *go doing* | 1 | 2 | 5 | | 8 |

Table 2 コーパス調査の結果　come/go doing（doing は名詞）の生起数

| OE | O1(-850) | O2(850-950) | O3(950-1050) | O4(1050-1150) | OE(-1150) |
|---|---|---|---|---|---|
| Words Searched | 2,006 | 518,320 | 667,742 | 3,283 | 1,450,376[2] |
| come (a) doing | 0 | 0 | 0 | 0 | 0 |
| go a doing | 0 | 0 | 5(5) | 0 | 5(5) |
| ME | M1(1150-1250) | M2(1250-1350) | M3(1350-1420) | M4(1420-1500) | ME(1150-1500) |
| Words Searched | 258,090 | 146,603 | 485,988 | 265,284 | 1,155,965 |
| come (a) doing | 0 | 0 | 2 | 0 | 2 |
| go a doing | 0 | 0 | 0 | 0 | 0 |
| EModE | E1(1500-1570) | E2(1570-1640) | E3(1640-1710) | | EModE(1500-1710) |
| Words Searched | 576,195 | 652,799 | 565,016 | | 1,794,010 |
| come (a) doing | 0 | 0 | 0[2]* | | 0[2] |
| go a doing | 3(1)* | 6(1) | 5 | | 14(2) |
| LModE | L1(1700-1769) | L2(1770-1839) | L3(1840-1914) | | LModE(1700-1914) |
| Words Searched | 298,764 | 368,804 | 281,327 | | 948,895 |
| come (a) doing | 0 | 0 | 0 | | 0 |
| go a doing | 0 | 1 | 0 | | 1 |

*[ ] 内の数字は come と a doing の間に介在要素がある事例の数である．
*( ) 内の数字は go on doing の事例の数であり，( ) の前の数字に含まれる．

---

[2] 期間が明確でないファイルを含めた単語数である．

## 3. 分析

本章では，come/go doing の発達は come/go doing（現在分詞）と come/go doing（名詞）に分かれて論じる．

### 3.1. come/go doing（現在分詞）

come/go doing（現在分詞）の構文は，「目的や出来事の順序を表す使い方」と「移動の様態を表す使い方」の2種類の用法に分けられる．目的や出来事の順序を表す用法では，(25) に示されるとおり，come の動作と eat and drink の動作の間に順序がある．従って，subordinating conjunction を示す sub (ordinate) P を仮定すると，(25) の構造は (26) となる．

(25) Mannes sunu com ætende &  dryncende.
     Man's son came eating  and drinking
     'The Son of Man came, and then he ate and drank.'

(O.E. Gosp., Mt. 11, 18)

(26)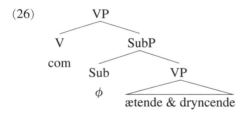

Hopper and Traugott (2003) は (27) に示す動詞における文法化のクラインを提案している．

(27)   full verb > auxiliary > verbal clitic > verbal affix.

(Hopper and Traugott (2003: 111))

さらに Kume (2009) は二重動詞構文 (double verb construction) の分析に基づき full verb と auxiliary の間に light verb という段階の存在を提案している．

(28)   full verb > light verb > auxiliary > verbal clitic > verbal affix.

(Kume (2009: 143))

Kume は二重動詞構文に現れる come/go を軽動詞と分析している．意味内容がほとんどないため，come/go doing の移動の様態を表す用法における come/go も light verb であると思われる．(29) は 15 世紀の例であるが，この例では rideng が come の様態を表している．ここでは動詞 come/go が現在分詞の VP を直接補部に取ると仮定する．従って，(29) の構造は (30) となる．

(29) So furth he *came rideng* ... Towarde the citee.
　　 So forth he came riding ... toward the city
(Generides 3557)

(30)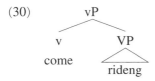

目的や出来事の順序を表す用法と移動の様態を表す用法は共に現在まで存続している．

## 3.2.　**come/go doing**（名詞）

Visser (1963–1973) などによれば，go fishing のようなフレーズの発達は go on/a fishing にさかのぼり，さらに go on/a fishing の発達は on fiscoð gán にさかのぼるため，fishing が名詞と考えるのは妥当であると思われる．Visser によると，go a doing における a は on の弱化された形，ないしは on と同様に形態素 an の異形態である．従って，(31) のような事例は (32) のような事例と同様な構造を持つと考えられる．

(31) Thenne the kynge and the quene *wente on huntynge*.
(Malory, *M. d'Arth.* (Sommer) 322, 26)
(32) We too will *goe a hunting* in the woods.
(Marlowe, *Dido* (Wks., ed. Tucker Brooke) 808)

(33) に示すように，Kume (2012) は have a N 構文における N が -tion/-ment 接尾辞を含む名詞と類似した構造を持つと主張している．

(33)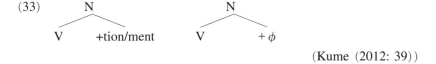

(Kume (2012: 39))

(33) を踏まえると，go doing（名詞）における doing の構造は (34) であると考えられる．

(34)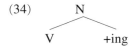

従って，go on/a doing は (35) の構造を持つと仮定する．

(35)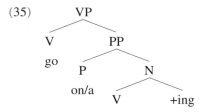

また，(36) にみられるように，have a N 構文の N に意味に基づく選択制限が課される．同様に go doing（名詞）における doing にも制限が課される．例えば，*go playing などは非文法的である一方，go bowling や go sightseeing など，スポーツや活動を表す名詞は認められる．

(36) *have an exercise, a pray, a study, a swear, a talk over, a work …
(Amagawa (1997: 75) cited in Kume (2012: 37)))

　go on doing は古英語と中英語によく見られたが，1500 以降徐々に消失し，go a doing になった．現代英語には，go a doing における a は通常省略され，イディオムの go a begging にのみ残る．go a begging は〈物が〉買い手がない，所有者がいない，〈地位・職が〉空いているという意味である．

　次に go doing（名詞）の構造について考察する．go doing（名詞）における go は make fun of や take heed of における make/take のように語彙的意味を持たないため，軽動詞である．従って，(37a) の構造は (37b) のよ

うになる．

(37) a. What if I can't *go shopping* during your regular hours? (= (4))
b.

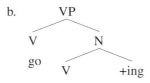

(38) のような come a doing は go a doing と同じ構造を持つと考える．come a doing は一部の方言を除いて現代の標準英語には現れない．

(38)　he com　an hiʒenge.
　　　he come in a hurry　　　　　　　　　　　　(Layamon 10694)

現代英語には come shopping のような表現が見られるが，come doing（現在分詞）程生産的でなく，go doing（名詞）の転用と思われる．

## 4. 結語

　本稿は，come/go doing 構文の歴史変遷について論じた．歴史コーパスを用いたデータに基づいて come/go doing 構文は，大きく「doing が現在分詞である構文」と「doing が名詞である構文」の2種類に分類される．さらに，「doing が現在分詞である構文」は「目的や出来事の順序を表す用法」と「移動の様態を表す用法」に分類されると主張し，それぞれの構文・用法の構造を考案した．go a doing から go doing に発展した理由，及び come doing（名詞）ではなく go doing（名詞）の方がイディオム化された理由については今後の課題とする．

### 参考文献

Amagawa, Toyoko (1997) "Have / Take + a(n) Meishi Kobun Nituite, (On Have / Take + a(n) Noun Constructions)," *Eigo Goho Bunpo Kenkyu*, 67-79.
Hopper, Paul and Elizabeth Traugott (2003) *Grammaticalization*, Cambridge University Press, Cambridge.

Huddleston, Rodney and Geoffrey K. Pullum (2002) *The Cambridge Grammar of the English Language*, Cambridge University Press, Cambridge.

Kume, Yusuke (2009) "On Double Verb Constructions in English: With Special Reference to Grammaticalization," *English Linguistics* 26, 132-149.

Kume, Yusuke (2012) "A Diachronic Approach to *Have a N* Constructions," *Linguistics and Philology* 31, 33-56.

Mitchell, Bruce (1985) *Old English Syntax*, Vol. 1, Clarendon Press, Oxford.

Quirk, Randolph, Sidney Greenbaum, Geoffrey Leech and Jan Svartvik (1985) *A Comprehensive Grammar of the English Language*, Longman, London and New York.

Swan, Michael (2005) *Practical English Usage*, 3rd ed., Oxford University Press, Oxford.

宇賀治正朋（2000）『英語史』開拓社，東京．

Visser, Fredericus Theodorus (1963-1973) *An Historical Syntax of the English Language*, 4 Vols., E. J. Brill, Leiden.

## コーパス

Kroch, Anthony, Beatrice Santorini and Lauren Delfs (2004) *The Penn-Helsinki Parsed Corpus of Early Modern English* (PPCEME), University of Pennsylvania, Philadelphia.

Kroch, Anthony, Beatrice Santorini and Ariel Diertani (2010) *The Penn Parsed Corpus of Modern British English* (PPCMBE), University of Pennsylvania, Philadelphia.

Kroch, Anthony and Ann Taylor (2000) *The Penn-Helsinki Parsed Corpus of Middle English*, Second edition (PPCME2), University of Pennsylvania, Pennsylvania.

Taylor, Ann, Anthony Warner, Susan Pintzuk and Frank Beths (2003) *The York-Toronto-Helsinki Parsed Corpus of Old English Prose* (YCOE), University of York, York.

## 辞　書

*The Oxford English Dictionary* (OED), 2nd ed. on CD-ROM, Oxford University Press, Oxford.

小西友七・南出康世（2001）『ジーニアス英和大辞典』大修館書店，東京．

# 英語史における OV 語順の消失
## ——不定詞節を中心に——*

田中　智之

## 1. はじめに

英語史における最も顕著で重要な統語変化の1つとして,「目的語・動詞」(以下 OV) 語順から「動詞・目的語」(以下 VO) 語順への変化が挙げられるが, 生成文法理論の枠組みにおいて多くの研究がなされてきた. その中でも特に 1990 年代以降の最近の研究において, この語順変化が古英語に始まり初期近代英語に完了した長期間にわたる漸進的な変化であることが報告されている (Pintzuk (1999), Wurff (1999), Moerenhout and Wurff (2005), Pintzuk and Taylor (2006)). これらの研究では主に定形節における OV から VO への語順変化が論じられており, 代名詞目的語と数量詞付き目的語を除けば, OV 語順が 14 世紀中に消失したことが実証されている. 一方, 不定詞節における語順変化はあまり注目されていないが, Wurff (1999), Moerenhout and Wurff (2005) によれば, 不定詞節は OV 語順が最後まで生き残った環境の1つであり, 目的語の種類に関わらず OV 語順が 16 世紀まで観察される. 以下に OV 語順を示す 15 世紀と 16 世紀の不定詞節の例を挙げる.

(1) a.　he dede Heydon endytyn of treson
　　　　he made Heydon indict 　of treason
　　　　　　　　　　　(Paston 137. 3-5 / Wurff (1999: 244))

---

* 本論文は日本英語学会第 28 回大会シンポジウム (2010 年 11 月 14 日, 於日本大学), および The 2013 International Conference on English Linguistics (2013 年 7 月 5 日, 於 Korea Military Academy) における口頭発表の一部に加筆修正を加えたものである. また, 本論文は科学研究費補助金 (基盤研究 (C) 課題番号 26370561) の研究成果の一部である.

b. I schal besech you these few wordys in wrytyng to accept, ...
       (Life and Letters, lxxi, 5-7 / Moerenhout and Wurff (2005: 90))

　本論文では，定形節における OV から VO への語順変化について線形化の観点から論じた Tanaka (2014a) を出発点とし，不定詞節における OV/VO 語順の歴史的発達について考察する．まず，上で述べた先行研究の観察の妥当性を検証するために，不定詞節における目的語と動詞の相対語順について歴史コーパスを用いて調査を行う．そして，不定詞節における OV 語順の衰退と消失においては，定形節にも影響を与えた 14 世紀における OV 基底語順の消失に加え，不定詞節の構造変化，具体的には，機能範疇 T と C の導入，PRO 主語の出現，および不定詞 vP のフェイズとしての確立が重要な役割を果たしたと主張する．

## 2. 定形節における OV 語順の消失

### 2.1. データ

　1 節で挙げた OV から VO への語順変化を扱った研究のうち，Pintzuk and Taylor (2006) は YCOE と PPCME2 を用いて，助動詞を伴う定形節における本動詞と目的語の相対語順について調査している．彼女らの調査結果と Tanaka (2014a) における PPCEME を用いた調査結果を合わせたのが表 1 であり，代名詞目的語と数量詞付き目的語以外の目的語に関する OV 語順の割合が示されている．

表 1：助動詞を伴う定形節における OV 語順の割合[1]

| EOE | LOE | M1 | M2 | M3 | M4 | E1 | E2 | E3 |
|---|---|---|---|---|---|---|---|---|
| **56.7%** | **50.4%** | **28.4%** | **3.1%** | **1.3%** | 0.7% | 0.9% | 0.2% | 0.03% |

Pintzuk (1999) に従って，頻度が 1% 未満の構造は非文法的であると仮定

---

[1] 3 つのコーパスの正式名称については，論文末尾を参照．各コーパスの時代区分は，EOE (O1(-850), O2(850-950)), LOE (O3(950-1050), O4(1050-1150)), M1(1150-1250), M2(1250-1350), M3(1350-1420), M4(1420-1500), E1(1500-1569), E2(1570-1639), E3(1640-1710) である．Pintzuk and Taylor (2006) は O1 と O2 を初期古英語 (EOE)，O3 と O4 を後期古英語 (LOE) にまとめている．

すると，OV 語順は M4，すなわち 15 世紀初頭までに非文法的になったことになるが，これは OV 語順が 14 世紀中に消失したとする 1 節で見た先行研究の観察と一致する．

## 2.2. 分析

Tanaka (2014a) は古英語における OV/VO 語順に関する Pintzuk and Taylor (2006) の分析を踏襲しつつ，Fox and Pesetsky (2005) が提唱する循環的線形化のシステムを導入することにより新たな分析を提案している．Fox and Pesetsky によれば，統語部門から音韻部門への写像においてフェイズ，すなわち vP と CP を単位として線形化が起こるが，各フェイズにおける線形化の情報が派生を通じて消されないため，それらの情報に語順の矛盾がない場合にのみ適格な派生となる．このシステムにおいては，Chomsky (2000) 等とは異なり，フェイズを越える移動は語順の矛盾を生じない限りにおいて，必ずしもエッジを経由する必要はないと仮定されている．

古英語における OV/VO 語順の派生に話題を戻すと，古英語が OV と VO 両方の基底語順を持つとする Pintzuk (1999) の二重基底部仮説 (Double Base Hypothesis) を採用し，目的語に左方移動と右方移動が適用される可能性を考慮すると，以下の 6 通りの語順パターンが考えられる．(2a-c) は OV 基底語順に基づく派生，(2d-f) は VO 基底語順に基づく派生である．ここでは，目的語が右方移動している (2c, f) の派生について詳しく論じないが，その移動が vP フェイズ内で適用される重名詞句転移 (Heavy NP Shift) と同じタイプの移動であるならば，語順の矛盾が生じないためこれらの派生は適格である．[2]

(2)  a.  SUBJ AUX [$_{vP}$ OBJ V]      d.  SUBJ AUX [$_{vP}$ V OBJ]
     b.  SUBJ AUX OBJ$_i$ [$_{vP}$ t$_i$ V]    e.  *SUBJ AUX OBJ$_i$ [$_{vP}$ V t$_i$]
     c.  SUBJ AUX [$_{vP}$ t$_i$ V OBJ$_i$]    f.  SUBJ AUX [$_{vP}$ V t$_i$ OBJ$_i$]

まず，OV 基底語順に基づく派生について考察するが，目的語が移動していない (2a) の派生は適格である．(2b) の派生では目的語に左方移動が適

---

[2] 重名詞句転移により目的語が VP に付加されるとする分析については，Rochemont and Culicover (1990) を参照．

用されているが，各フェイズにおける線形化の情報は以下のようになる．[3]

(3) a. vP: **OBJ** < **V**
    b. CP: SUBJ < AUX < **OBJ** < vP（= **V**）

(3) では vP フェイズにおいて目的語が動詞に先行するが，目的語が左方移動した CP フェイズにおいてその語順が保持されているので，この派生は適格である．目的語が副詞に先行する以下のような例がこの派生に対応する．

(4) Læcedemonie    hæfdon   Perse    oft    oferwunnenn
    Lacedaemonians had      Persians often overcome
    'the Lacedaemonians had often overcome the Persians'
                                    (Or 53. 10-11 / Pintzuk (2002: 293))

次に，VO 基底語順に基づく派生のうち，目的語が移動していない (2d) の派生は適格である．(2e) の派生では目的語に左方移動が適用されているが，各フェイズにおける線形化の情報は以下のようになる．

(5) a. vP: **V** < **OBJ**
    b. CP: SUBJ < AUX < **OBJ** < vP（= **V**）

(5) では vP フェイズにおいて動詞が目的語に先行するが，目的語が左方移動した CP フェイズにおいてその語順が逆転しているので，この派生は不適格である．Pintzuk and Taylor (2006) によれば，以下の構造形，すなわち目的語が動詞に先行し，動詞が代名詞や不変化詞に先行する語順が検出されないことから，(2e) の派生が不可能であることが実証される．つまり，代名詞や不変化詞のような軽い要素には右方移動が適用されないので，(6) のような構造形は VO 基底語順を持つことになるが，その構造形において目的語が動詞に先行することができないという事実は，VO 基底語順において目的語の左方移動が許されないことを示す．

---

[3] スカンジナビア語の目的語転移（Object Shift）に関する Fox and Pesetsky (2005) の分析に従い，古英語における目的語の左方移動はフェイズのエッジを経由しない A 移動であると仮定する．以下の (5) に示される (2e) の非文法性の説明は，Holmberg の一般化と呼ばれる目的語転移に対する制約に関する彼らの説明を古英語に拡張したものである．

(6) *SUBJ AUX OBJ$_i$ V pronoun/particle t$_i$

　以上の議論に基づき，中英語以降における OV 語順の消失について考察する．14 世紀中に OV 表層語順が衰退したことを表 1 で見たが，その結果 OV 基底語順を設定するための肯定証拠が不十分となったと考えられる．したがって，古英語から 2 つの基底語順が競合した結果，この時期に VO 基底語順に一本化されたことになるが，OV 基底語順が消失したことにより，(2a-c) の派生が不可能となった．したがって，残された派生は VO 表層語順を生成する (2d, f) のみとなり，OV 語順の消失が説明される．[4]

## 3. 不定詞節における OV 語順の消失

### 3.1. データ

　1 節で述べたように，Wurff (1999)，Moerenhout and Wurff (2005) によれば，不定詞節では OV 語順が 16 世紀まで保持されており，前節で論じた定形節とは異なる振る舞いを示す．この観察の妥当性を検証するために，YCOE, PPCME2, PPCEME を用いて，顕在的主語を欠く不定詞節，すなわちコントロール不定詞節における目的語と動詞の相対語順について調査を行った．その調査結果は表 2 に示されるが，A の数値は代名詞目的語と数量詞付き目的語以外の目的語に関する OV 語順の割合，B の数値は代名詞目的語のみを除いた場合の OV 語順の割合を示す．

表 2：コントロール不定詞節における OV 語順の割合

|   | EOE | LOE | M1 | M2 | M3 | M4 | E1 | E2 | E3 |
|---|---|---|---|---|---|---|---|---|---|
| A | 59.1% | 37.4% | 21.0% | 12.6% | 2.9% | 0.8% | 1.7% | 0.5% | 0.1% |
| B | 59.9% | 36.7% | 21.1% | 13.9% | 3.3% | 2.7% | 2.0% | 0.5% | 0.09% |

　表 1 と表 2 を比較することにより，不定詞節における OV/VO 語順の分

---

[4] ここでの議論から除外した数量詞付き目的語については，16 世紀まで OV 語順がある程度の頻度で観察される (Wurff (1999), Moerenhout and Wurff (2005))．この事実に関して，Tanaka (2014a) は循環的線形化のシステムに基づく分析を提案している．また，古英語における目的語移動の着地点については，田中 (2015) を参照．

布について興味深い事実を読み取ることができる．1つ目は，LOE と M1 を除けば，定形節よりも不定詞節の方が OV 語順の割合が全体的に高いことである．2つ目は，A の M4 を除けば，不定詞節では OV 語順が E1 まで 1% 以上の割合で観察されることであり，これは Wurff 等の見解と一致する．この調査で見つかった OV 語順の例を (7)，VO 語順の例を (8) に挙げるが，それぞれ a は古英語，b は中英語，c は初期近代英語の例である．

(7) a. him unacumendlic nære  þone cnapan  to gehælenne
　　　him impossible　　were not the　boy　　to heal
　　　'it would not be impossible for him to heal the boy'
　　　　　　　　　　　　　　(coaelive,ÆLS_[Martin]:954.6583: O3)
　　b. every man sholde greatly drede  werres  to bigynne
　　　every man should greatly dread wars　to begin
　　　　　　　　　　　　　　(CMCTMELI,235.C1.695: M3)
　　c. I am come to you  a little matter  to breake
　　　　　　　　　　　　　　(UDALL-E1-P2,L813.75)

(8) a. Þa　ongunnon monige dæghwamlice efstan & scyndan to
　　　then began　many　daily　　　hurry　hasten　to
　　　gehyranne  Godes word
　　　hear　　　God's word
　　　'then many people began daily to hurry and hasten to hear the word of God'　　(cobede,Bede_1:15.62.14.581: O2)
　　b. god  wolde  usy　　　　　to yelde  dom
　　　God  would  be accustomed  to yield  doom
　　　　　　　　　　　　　　(CMAYENBI,113.2190: M2)
　　c. Charitie reioyceth to communicate  her goods  to other,
　　　　　　　　　　　　　　(SMITH-E2-H,B6R.88)

## 3.2. コントロール不定詞節の構造変化

本節では次節で提示される分析の基盤として，以下に示されるコントロール不定詞節の構造変化を提案する．すなわち，もともとコントロール不定詞

節は前置詞としての不定詞標識 to を主要部とする PP であったが，14 世紀に機能範疇 T と C を持つ新たな構造が導入され，16 世紀中にその構造に一本化されたと仮定する．

(9) a.　[PP to [vP v [VP V-*enne/en/e* …]]]　(OE–16c)
→ b.　[CP C [TP PRO_i [T to [vP t_i [v v [VP V …]]]]]]　(14c–)

まず，(9a) の構造を支持する証拠として，古英語において to が後続する動詞に与格を付与し，それが不定詞形態素の与格形 -enne として具現化されていたことが挙げられる．さらに，同じ範疇に属する構成素のみが等位接続可能であるとする標準的な仮定に従えば，PP とコントロール不定詞節が等位接続されている以下の例は，コントロール不定詞節の範疇が PP であったことを示す．

(10)　ut　eode [to his gebede] oððe [to leornianne mid his geferum]
　　　out　went　to his prayer　 or　　to study　　with his comrades
　　　'he went out to give his prayer or to study with his comrades'
　　　　　　　　　　　　　　　　　　　　　　(Bede 162. 7 / Jarad (1997: 51))

(9a) の構造は不定詞主語としての PRO を持たないが，これは機能範疇 T と C が存在しないことに関係がある．Chomsky (2008) 等の最近の極小主義理論によれば，主語は C から T への素性継承 (feature inheritance) の下，T との一致関係により格付与される．この考えに従えば，PRO は C からファイ素性を継承された T との一致関係によりゼロ格 (null Case) を付与されるが，T と C を含まない (9a) では PRO が認可されないため，不定詞節の外項がどのように具現化されるのかが問題となる．

この問題に対して，ここでは Tanaka (2007) に従い，古英語から 16 世紀まで存在していた不定詞形態素が格付与の下で外項として機能すると仮定することにより解決を試みる．[5] この仮定は，受動形態素は項であるという Baker et al. (1989) の仮説を不定詞形態素に拡張したものであるが，使役

---

　[5] 不定詞形態素の歴史的変遷について簡単に述べると，古英語では原形不定詞と共起する主格・対格形 -an と to 不定詞と共起する与格形 -enne が区別されていたが，中英語になると不定詞の種類に関わらず -en または -e に弱化し，最終的には 16 世紀中に消失した．

動詞が選択する顕在的主語を欠く原形不定詞節がその証拠となる．この構文における不定詞主語は恣意的であるか，文脈から復元可能な実体を表す．

(11) a. he let halgian þet mynster
 he let hallow the minster
 'he let hallow the minster'
   (O.E. Chron. an. 1094 / Visser (1969: 1356))
 b. [$_{vP}$ he [$_{v'}$ v [$_{VP}$ let [$_{vP}$ v [$_{VP}$ halg*ian* þet mynster]]]]]

Tanaka (2007) の仮定に従えば，(11a) の構造である (11b) において，斜体の不定詞形態素が v から素性継承された V (= let) との一致関係により対格を付与され，不定詞節の外項として機能する．したがって，原形不定詞節に顕在的主語が現れないことが説明される．[6]

以上の議論を踏まえて (9a) の構造に戻ると，そこでは不定詞形態素が to により与格を付与されるので，不定詞節の外項として機能する．中英語に不定詞形態素の与格形は消失したが，不定詞形態素自体は存続していたので，16 世紀までは (9a) の構造が利用可能であったと仮定する．

次に，中英語の 14 世紀になると，コントロール不定詞節が機能範疇 T と C を含む (9b) の構造を持つようになったことを示すいくつかの構文が見られるようになった．まず，Fischer (1992) によれば，完了不定詞は初期中英語に出現したが，出現当初の例は実現されなかった出来事を表すものが大部分であった．その後 14 世紀になると，主節述語よりも前に起こった出来事を表す，すなわち主節とは異なる時制解釈を持つ完了不定詞が生産的になったので，この時期に機能範疇 T が導入されたと考えられる．また，Visser (1966) のデータから判断すると，wh 句を伴う不定詞間接疑問文は 14 世紀頃から観察されるが，この時期にコントロール不定詞節が CP 構造を持つようになったことを示す．以下は提示されている最も古い例である．

(12) Heo nuste *wyder* to fle
 she knew not whether to fly
   (c1297 Rob. Glouc. Chron. 937 / Visser (1966: 977))

---

[6] (11a) に見られる構文は一部のイディオムを除き 16 世紀に消失したが (Visser (1969))，これは不定詞形態素の消失の帰結として説明される (Tanaka (2007))．

さらに，上で述べた最近の極小主義理論における PRO の認可との関係において，機能範疇 T と C の導入を支持する興味深い証拠として，14 世紀に出現した代不定詞（pro-infinitive）が挙げられる（Visser (1966), Gelderen (1993)）.

(13)　þey　wlde　nat　do　For　hym　þat　þey　were　ordeyned *to*
　　　they would not do for　him　that they were ordained to
　　　　　　　　　　　　　　　　　　(Handl S 6401-2 / Gelderen (1993: 42))

Emoto (2007) は代不定詞，すなわち不定詞節における vP の削除が，C から T に継承された silence 素性により認可されると主張し，CP が投射されるコントロール不定詞節においてのみ代不定詞が可能であるという事実を説明している．[7] これが正しいとすると，14 世紀にコントロール不定詞節が機能範疇 T と C を持つようになった結果，C から T へのファイ素性の継承により PRO にゼロ格が付与され，silence 素性の継承により vP の削除が認可されるようになったというように，T と C の導入という観点から，PRO の認可と代不定詞の出現を関連付けて説明することができる．

以上のコントロール不定詞節の構造変化をまとめると，不定詞形態素が存在していた古英語から 16 世紀までは，機能範疇を含まない (9a) の構造において，不定詞形態素が外項として機能していたので，PRO 主語は存在しなかった．その後，14 世紀に機能範疇 T と C を含む (9b) の構造が利用可能となり，C から T への素性継承の下，ゼロ格が付与される環境となったため，PRO 主語が出現した．そして，16 世紀における不定詞形態素の消失により (9a) の構造が利用不可能となり，(9b) の構造に一本化された．

### 3.3.　分析

前節で提案した構造変化に基づき，コントロール不定詞節における OV/VO 語順の派生について考察する．古英語から 16 世紀までは (9a) の構造

---

[7] 以下の対比に見られるように，代不定詞は例外的格標示構文では不可能である．
　(i) a. *John believes Mary to know French, and Peter believes Jane *to*.
　　　b. John was not sure he could leave, but he tried *to*.　　(Bošković (1997: 12))

が利用可能であったが，二重基底部仮説，および目的語の左方移動と右方移動の可能性を考慮すると，以下の6通りの語順パターンが考えられる．(14a-c) は OV 基底語順に基づく派生，(14d-f) は VO 基底語順に基づく派生である．定形節の場合と同様に，目的語が vP フェイズ内部で右方移動している (14c, f) の派生は適格であるが，ここでは詳しく論じない．

(14) a. *[$_{PP}$ to [$_{vP}$ OBJ V]]　　d. [$_{PP}$ to [$_{vP}$ V OBJ]]
　　 b. [$_{PP}$ OBJ$_i$ to [$_{vP}$ t$_i$ V]]　　e. [$_{PP}$ OBJ$_i$ to [$_{vP}$ V t$_i$]]
　　 c. [$_{PP}$ to [$_{vP}$ t$_i$ V OBJ$_i$]]　　f. [$_{PP}$ to [$_{vP}$ V t$_i$ OBJ$_i$]]

まず，OV 基底語順に基づく派生について考察する．前節で見たように，(9a) の構造では前置詞としての to が不定詞形態素に格付与するので，格付与に対する隣接性条件 (adjacency condition) により to と動詞の間に要素が介在することはできない．したがって，定形節の場合とは異なり，目的語が基底位置に留まっている (14a) の派生は不適格となる．定形節よりも不定詞節の方が LOE と M1 において OV 語順の割合が低いことを 3.1 節で見たが，これは OV 基底語順が優勢であったこれらの時期において，(14a) の派生が許されなかったことが理由として考えられる．一方，(14b) の派生では目的語の左方移動が適用されているが，定形節の場合と同様に適格である．

次に，VO 基底語順に基づく派生のうち，目的語が移動していない (14d) の派生は適格であるが，(14e) に示される目的語の左方移動が許されるのかが問題となる．前節で見たように，(9a) の構造では不定詞形態詞が外項として機能し，vP 指定部に外項が現れることはないので，受動文の場合と同様に外項が抑制されていると言うことができる．したがって，外項が受動形態素として具現化されている受動文の vP と同様に，(9a) の構造における不定詞の vP はフェイズを形成しないと仮定する．[8] これが正しいとすると，vP レベルでは線形化が起こらないので，(14e) のように目的語が動詞を越えて vP の外部に移動しても，語順の矛盾を生じることはなく適格な派生と

---

　[8] Tanaka (2009) はこの提案に基づき，古英語と中英語において不定詞節からのかき混ぜが可能であったという事実を説明している．同様の提案に基づく He is to blame. のような法受動文 (modal passive) の歴史的発達の分析については，Tanaka (2014b) を参照．

なる.この点において(2)で見た定形節とは異なるが,定形節よりも不定詞節の方がOV語順の割合が全体的に高いという3.1節の観察が説明される.

(14b, e)の分析によれば,目的語が不定詞標識toに先行する語順は,目的語の左方移動により派生されるが,これは目的語がtoだけでなく副詞にも先行する以下のような例により支持される.(15a, b, c)はそれぞれ古英語,中英語,初期近代英語の例である.

(15) a. he gebohte noht micelne dæl   þæs londes mynster
       he bought  not  much   portion the land's monastery
       þær to getimbrenne  æt sumum gesiiðe
       there to build      at some  gesith
       'he bought a small potion of land from a gesith to build a monastery there'       (cobede,Bede_4:4.274.8.2785: O2)
    b. hie ne behiet    hire maidenhad  æure mo   to healden
       they not promised her maidenhead ever more to hold
       hire lauerde gode
       her  lord    God        (CMVICES1,55.606: M1)
    c. I will take the charge This matter further to enlarge Within a tyme shorte       (STEVENSO-E1-P1,23.292)

さらに,以下のような例は非常に稀であるが,コントロール不定詞節では(14e)のようにVO基底語順において目的語の左方移動が可能であったことを示唆する.2.2節で論じたように,Pintzuk and Taylor (2006)によれば,代名詞や不変化詞のような軽い要素は右方移動されないので,それらの要素が動詞に後続する語順はVO基底語順となるが,(16)ではそのような構造を持つコントロール不定詞節において目的語が動詞に先行している.特に,(16b)はOV基底語順が消失した後の初期近代英語の例であるので,VO基底語順において目的語が左方移動していると考えざるを得ない.[9]

---

[9] (16a)はPCEECを用いた補助的な調査から得られた例である.

(16) a. prayeng ever almyzty God suych speed to graunt *zou*
    prayng ever almighty God such  speed to grant  you
    on zour moest ryal Journe
    on your most  royal journey       (ORIGIN1,5.001.13: M3)
  b. I fetch him hether, this matter to take *vp*
                                        (STEVENSO-E1-P2,51.292)

ここで (14) に立ち戻り，コントロール不定詞節における OV 語順の消失について考察する．2.2 節で論じたように，OV 基底語順が 14 世紀中に消失した結果，定形節において OV 表層語順が消失したが，この変化は不定詞節にも影響を与え，(14b, c) の派生が利用不可能となった．しかし，重要なことに，(14e) のように VO 基底語順において目的語が左方移動することができたので，(9a) の構造が存続していた 16 世紀までは，この派生により OV 表層語順が生成されていた．その後，16 世紀中に (9a) の構造が消失すると，(14) のすべての派生が利用不可能となった．

一方，前節で詳しく論じたように，14 世紀にコントロール不定詞節は機能範疇 T と C を含む (9b) の構造を持つようになり，C から T への素性継承の下，不定詞主語としての PRO が認可されるようになった．この構造では不定詞形態素ではなく PRO が外項として vP 指定部に現れるので，不定詞の vP がフェイズとしての位置付けを持つようになったと仮定する．以上を念頭に置いて，(9b) の構造に基づく以下の語順パターンについて考察する．OV 基底語順は 14 世紀中に消失したので，(17) では VO 基底語順に基づく派生のみを挙げる．

(17) a. [$_{CP}$ [$_{TP}$ PRO [$_T$ to [$_{vP}$ V OBJ]]]]
  b. *[$_{CP}$ (OBJ$_i$) [$_{TP}$ (OBJ$_i$) PRO (OBJ$_i$) [$_T$ to [$_{vP}$ V t$_i$]]]]
  c. [$_{CP}$ [$_{TP}$ PRO [$_T$ to [$_{vP}$ V t$_i$ OBJ$_i$]]]]

言うまでもなく，目的語が移動していない (17a) の派生，および目的語が vP 内部で右方移動している (17c) の派生は適格であり，現代英語まで利用可能である．これに対して，目的語が左方移動している (17b) の派生に関する線形化の情報は以下のようになるが，動詞が目的語に先行するという vP フェイズにおける語順が CP フェイズにおいて逆転しているので，

(17b) の派生は不適格となる．

(18) a.　vP: **V < OBJ**
　　　b.　CP: **OBJ** < to < vP（= **V**）

このように，(9b) の構造から OV 表層語順を派生することはできないので，(9a) の構造が利用不可能となった 16 世紀中に，コントロール不定詞節において OV 語順が消失したと説明される．

## 4.　結語

　本論文では，コントロール不定詞節における目的語と動詞の相対語順について歴史コーパスを用いた調査を行うとともに，定形節と比較しながら，OV 語順の消失に関して理論的説明を試みた．古英語から 16 世紀までのコントロール不定詞節は機能範疇 T と C，および PRO 主語を欠いており，不定詞の vP がフェイズとしての位置付けを持たなかった．したがって，14 世紀中に OV 基底語順が消失した後も，VO 基底語順において目的語の左方移動が可能であったので，16 世紀まで OV 語順が存続していた．その後，コントロール不定詞節が T と C，および PRO 主語を持つようになり，不定詞の vP がフェイズとしての位置付けを確立したことにより，目的語の左方移動が不可能になったので，この新たな構造に一本化された 16 世紀中に OV 語順が消失したのである．

## 参考文献

Baker, Mark, Kyle Johnson and Ian Roberts (1989) "Passive Arguments Raised," *Linguistic Inquiry* 20, 219-251.

Bošković, Željko (1997) *The Syntax of Nonfinite Complementation: An Economy Approach*, MIT Press, Cambridge, MA.

Chomsky, Noam (2000) "Minimalist Inquiries: The Framework," *Step by Step: Essays on Minimalist Syntax in Honor of Howard Lasnik*, ed. by Roger Martin, David Michaels and Juan Uriagereka, 89-155, MIT Press, Cambridge, MA.

Chomsky, Noam (2008) "On Phases," *Foundational Issues in Linguistic Theory: Essays in Honor of Jean-Roger Vergnaud*, ed. by Robert Freidin, Carlos Otero and Maria Zubizarreta, 133-166, MIT Press, Cambridge, MA.

Emoto, Hiroaki (2007) "The Theory of Ellipsis in a Single-Cycle System," *English Linguistics* 24, 319-334.

Fischer, Olga (1992) "Syntax," *The Cambridge History of the English Language: Vol. II (1066-1476)*, ed. by Norman Blake, 207-408, Cambridge University Press, Cambridge.

Fox, Danny and David Pesetsky (2005) "Cyclic Linearization of Syntactic Structure," *Theoretical Linguistics* 31, 1-45.

Gelderen, Elly van (1993) *The Rise of Functional Categories*, John Benjamins, Amsterdam.

Jarad, Najib (1997) *The Origin and Development of For-infinitives*, Doctoral dissertation, University of Wales, Bangor.

Moerenhout, Mike and Wim van der Wurff (2005) "Object-Verb Order in Early Sixteenth-Century Prose," *English Language and Linguistics* 9, 83-114.

Pintzuk, Susan (1999) *Phrase Structures in Competition: Variation and Change in Old English Word Order*, Garland, New York.

Pintzuk, Susan (2002) "Verb-Object Order in Old English: Variation as Grammatical Competition," *Syntactic Effects of Morphological Change*, ed. by David Lightfoot, 276-299, Oxford University Press, Oxford.

Pintzuk, Susan and Ann Taylor (2006) "The Loss of OV Order in the History of English," *The Handbook of the History of English*, ed. by Ans van Kemenade and Bettelou Los, 249-278, Blackwell, Oxford.

Rochemont, Michael and Peter Culicover (1990) *English Focus Constructions and the Theory of Grammar*, Cambridge University Press, Cambridge.

Tanaka, Tomoyuki (2007) "The Rise of Lexical Subjects in English Infinitives," *Journal of Comparative Germanic Linguistics* 10, 25-67.

Tanaka, Tomoyuki (2009) "Scrambling from Infinitival Clauses: A Case Study of Restructuring in the History of English," *Ivy Never Sere: The Fiftieth Anniversary Publication of The Society of English Literature and Linguistics, Nagoya University*, ed. by Mutsumu Takikawa, Masae Kawatsu and Tomoyuki Tanaka, 475-492, Otowa-Shobo Tsurumi Shoten, Tokyo.

Tanaka, Tomoyuki (2014a) "The Distribution of Verb-Object Order in the History of English: A Cyclic Linearization Approach," *Studies in Modern English: The Thirtieth Anniversary Publication of the Modern English Association*, ed. by Ken Nakagawa, 251-266, Eihosha, Tokyo.

Tanaka, Tomoyuki (2014b) "A Note on Modal Passives in Early English," *Studies in Modern English* 30, 71-77.

田中智之 (2015)「古英語における目的語移動と左周縁部」『名古屋大学文学部研究論

集：文学』61, 71-88.
Visser, Fredericus, Theodorus (1963-73) *An Historical Syntax of the English Language*, 4 Vols., E. J. Brill, Leiden.
Wurff, Wim van der (1999) "Objects and Verbs in Modern Icelandic and Fifteenth Century English: A Word Order Parallel and Its Causes," *Lingua* 109, 237-265.

## コーパス

Kroch, Anthony, Beatrice Santorini and Lauren Delfs (2004) *The Penn-Helsinki Parsed Corpus of Early Modern English* (PPCEME), University of Pennsylvania, Philadelphia.

Kroch, Anthony and Ann Taylor (2000) *The Penn-Helsinki Parsed Corpus of Middle English, Second edition* (PPCME2), University of Pennsylvania, Philadelphia.

Taylor, Ann, Arja Nurmi, Anthony Warner, Susan Pintzuk and Terttu Nevalainen (2006) *The York-Helsinki Parsed Corpus of Early English Correspondence* (PCEEC), University of York, York.

Taylor, Ann, Anthony Warner, Susan Pintzuk and Frank Beths (2003) *The York-Toronto-Helsinki Parsed Corpus of Old English Prose* (YCOE), University of York, York.

# 分裂文における焦点要素の歴史的発達

田中　祐太

## 1. 序論

　現代英語において分裂文は，(1) に例示されるように NP をはじめとして様々な範疇をその焦点要素として含むことができる．[1]

(1) a. It's the custard pie that I disliked.
　　b. It was to John that she spoke.
　　c. It is happy that we all most want to be.

(Delahunty (1984: 77))

　　d. It is only imperfectly that such things can be completed.

(Delahunty (1984: 79))

(1a-d) では，NP, PP, AP, AdvP がそれぞれ焦点要素として生起している．しかし，Patten (2012) に観察されるように，初期英語において分裂文の焦点要素に生起できる範疇には，現代英語におけるそれよりも制限が課せられていた．Ball (1991) はそもそも指定的解釈を持つ分裂文は古英語期には存在しなかったと主張している．しかし，2節で見るように Patten (2012) は古英語期にすでに分裂文は存在していたと主張している．
　本稿では，Gelderen (2008) の素性の経済性に基づいて連結動詞が持つ素性の変化により NP 以外の範疇が焦点要素として生起可能になったと提案する．また，提案される分析は現代英語の分裂文には二種類の派生が関わるという Reeve (2011) の分析を支持するものである．

---

[1] 本稿では特に断りがない限り，分裂文とは文頭の it, 連結動詞，新情報を示す焦点要素，旧情報を示す節（分裂節）で構成されており，指定的解釈を持つ分裂文を指す.

本稿は，以下のように構成されている．2節でPatten (2012) によって提示されたコーパス調査のデータを概観し，焦点要素の範疇の多様化がどのように進んだのかを観察する．3節では，二つの先行研究を概観し，問題点を指摘する．4節では，Gelderen (2008) により提案されている素性の経済に基づき，古英語期は，NPを補部にとる語彙動詞であった連結動詞が焦点標識としての機能を持つ機能範疇へと文法化したことによりNP以外の焦点要素が出現したと主張する．5節は結語である．

## 2. 史的事実

この節では，Patten (2012) によるコーパス調査によって観察された分裂文の焦点要素の範疇の変化を概観する．Patten (2012) は，史的コーパス (YCOE, PPCME2, PPCEME, PPCMBE) を用いて古英語から後期近代英語までの分裂文の焦点要素の範疇の変化を調査した．その結果は表1に示される．[2]

表1 The changing frequencies of it-clefts with a range of focal category

|        | NP | PP | AdvP | CP | Total |
|--------|----|----|------|----|----|
| OE     | 7  |    |      |    | 7  |
| ME *I*   | 2  | 1  |      |    | 3  |
| ME *II*  | 3  |    |      |    | 3  |
| ME *III* | 11 | 1  |      |    | 12 |
| ME *IV*  | 17 |    |      |    | 17 |
| E *I*    | 24 | 1  |      | 1  | 26 |
| E *II*   | 38 | 2  |      |    | 40 |
| E *III*  | 74 | 19 | 9    | 1  | 103 |
| MBE *I*  | 52 | 26 | 2    | 2  | 82 |
| MBE *II* | 42 | 54 | 7    | 2  | 105 |
| MBE *III*| 57 | 28 | 6    | 4  | 95 |

(cf. Patten (2012: 197))

---

[2] 表1の時代区分は次の通りである．OE (-1150), M *I* (1150-1250), M *II* (1250-1350), M *III* (1350-1420), M *IV* (1420-1500), E *I* (1500-1569), E *II* (1570-1639), E *III* (1640-1710), L *I* (1700-1769), L *II* (1770-1839), *III* (1840-1914).

古英語期全体で，分裂文自体7例しか観察されておらず，いずれも (2) に示されるように焦点要素は NP である．[3]

(2) ... þæt hit wære se hælend þe on ðam strande stod
    that it were the lord that on the strand stood
    '... that it were the lord who stood on the strand.'
    (ÆChom II, 17:164.118.3653 / Hosaka (2013: 204))

ME I になって初めて (3) に例示される PP の焦点を持つ分裂文が観察される．

(3) Me troweþ þat by þe prayers of þis holy mayde it is þat
    Me believes that by the prayers of this holy maid it is that
    place was nevere ȝit destroyed
    place was never yet destroyed
    'I think that it was by the prayers of this holy maiden that that place was never destroyed'
    (a 1387 CMPOLYCH, IV, 125. 860 /(Patten (2010: 230)))

その後も ME III・ME IV に1例，E II に2例ほど観察されている．他の範疇に関して言えば節（CP）焦点が E I に，AdvP 焦点が E III に初めて観察されている．したがってほぼこの時期に現代英語と同じ機能を持つ分裂文が確立したといえるだろう．

　まとめると，ME I の PP 焦点の出現から始まり，E III の AdvP 焦点の出現まで分裂文の焦点要素に現れる範疇は，次第にその種類を増やしていったと言える．

## 3. 先行研究

　この節では，分裂文の歴史的発達に関する二つの先行研究を概観し，その問題点を指摘する．

---

[3] 本稿では，便宜上 NP と DP の区別はしない．

### 3.1. Ball (1991)

　Ball (1991) は，古英語期には現代英語に見られる典型的な分裂文は存在しなかったと論じている．Ball は現代英語の分裂文は (4) に示す 3 つの構文が部分的に融合して出現したと提案している．

(4) a. Predicational/Identificational cleft
　　　þæt　　　wæs geocor sið　　　þæt　　　se
　　　DEM-n.n.s was grievous journey-m REL-n.s. DEM-m.n.s.
　　　hearmscaþa to Heorute ateah!
　　　despoiler　 to Heorot　took
　　　'That was a painful journey that the loathsome despoiler had made to Heorot.'
　　　　　　　(Beo 765b-66, cited Matsunami 1961:7 / Ball (1991: 135))
　b. Specificational NP-focus cleft
　　　myn　fæder ys þe　　　me wuldrað
　　　my　father　is　REL-COMP me praises
　　　'It is my father that glorifies me.'
　　　　　　　　　　　　　　　(Jn (WSA 8.54 / Ball (1991: 51))
　c. BE-Impersonal construction
　　　Hit wæs geara iu ðætte Gotan estan of Sciððia sceldas læddon
　　　'It was many years ago that the Goths led shields east out of Scythia.'
　　　　　　　　　　　(Met 1.1-2, cited in Ogura 1986: 55 /(Ball 1991: 93))

(4a-c) はそれぞれ叙述的分裂文，指定的 NP 焦点分裂文，非人称構文と呼ばれる．Ball は，PP/AdvP 焦点の出現は NP 焦点分裂文に非人称構文が融合した結果であると論じている．しかし，具体的にどのような点において 3 つの構文が融合されたかについての詳細な分析がなされていない．そもそも 2 節で見た通り古英語期にすでに分裂文は存在していた．非人称構文に関して言えば，その動詞は節補部を取る語彙動詞であり，PP/AdvP は選択的な付加詞であったと論じられている．以下に付加詞を伴わない非人称構文を示す．

(5)　forþ on hit byð　　　fulloft,　　þæt …
　　　For　　it happens quite often that
　　　"For it quite often happens that…"

(GD (c) 294.15 Hosaka (2013: 205))

そうであるなら PP/AdvP 焦点を持つ分裂文の起源が非人称構文であるという主張も問題である．というのも Patten のコーパス調査では PP 焦点は ME I にすでに観察されていたのに対して，AdvP 焦点はそれよりずっと後の E III に初めて出現する．PP/AdvP 焦点を持つ分裂文の起源が同じ非人称構文であるならこの違いを説明することはできない．

### 3.2. Hosaka (2013)

Hosaka (2013) もまた，Ball (1991) に従い PP/AdvP 焦点を持つ分裂文の起源は非人称構文であると主張している．そしてその変化の要因の1つを連結動詞の意味の漂白化による機能投射への再分析であると論じている．Hosaka は古英語期の分裂文として (6) を提案している．

(6)　[$_{FP}$ hit$^i$ [$_{F'}$ beon + F$_{<top>}$ [$_{VP}$ [$_{VP}$ [NP$_{ref}$ [$_{V'}$ C̶P̶$^i_{pred}$ b̶e̶o̶n̶]] CP$^i$]]]]

(cf. Hosaka (2013: 204))

(6) において分裂文の連結動詞は語彙動詞であり，焦点となる NP は項なので義務的に連結動詞の指定部に併合される．そして文頭の it と同一指標付けされた分裂節はその補部に併合され後に文末に外置される．一方，非人称構文の統語構造として (7) を提案している．

(7)　[$_{FP}$ hit$^i$ [$_{F'}$ beon + F$_{<top>}$ [$_{VP}$ [$_{VP}$ [AdvP/PP [$_{V'}$ C̶P̶$^i_{pred}$ b̶e̶o̶n̶/beon]] CP$^i$]]]]

(cf. Hosaka (2013: 205))

(7) においても語彙動詞は CP を補部に取っている．しかし AdP/PP は付加詞として選択的に動詞に付加される．その後，屈折の消失に伴う語順の固定化と語彙動詞であった連結動詞の機能投射への再分析により，(6) と (7) の構造はそれぞれ (8) と (9) に再分析された．

(8)　[$_{FP}$ it [$_{F'}$ was + F$_{<nom>}$ [$_{FP}$ the car [$_{F'}$ w̶a̶s̶ + F$_{<pred>}$ [$_{CP}$ that/which I wanted to buy]]]]]

(9) [$_{FP}$ it [$_{F'}$ was + F$_{<nom>}$ [$_{FP}$ in November [$_{F'}$ ~~was~~ + F$_{<pred>}$ [$_{CP}$ that/*which I bought the car]]]]]]　　　　　　　　(Hosaka (2013: 205))

　(8) と (9) において，焦点要素 NP と PP/AdvP は共に機能範疇 F$_{<pred>}$ の指定部に併合され，その補部分裂節が併合される．NP が焦点を受ければ分裂節は関係節となり，AdvP/PP が焦点を受ければ節的補部となる．しかしながら，この分析にも問題がある．Ball の分析と同様に PP 焦点と AdvP 焦点の出現時期のズレを説明できない．また，NP が焦点となれば分裂節は関係節であり，PP が焦点化されれば分裂節は節的補部になるという分析も恣意的である．さらに外置操作が一般的には選択的操作であるのにも関わらず，分裂文の派生においてのみ義務的になされるのも問題である．本稿では，NP 以外の焦点要素の出現に関して，語彙動詞であった連結動詞が機能投射へと再分析されるという点において Hosaka (2013) に従う．しかしながら，PP/AdvP 焦点の起源が非人称構文であるという分析には反対する．

## 4. 提案

### 4.1. van Gelderen (2008)

　Gelderen (2008) は，文法化の変化の過程を経済に基づいて素性の変化の観点から説明を与えている．(10) に示されるように意味素性よりも解釈可能な形式素性，そしてそれよりもさらに解釈不可能素性の方が経済的であると提案されている．

(10)　素性の経済性
　　　semantic　　→　　　[iF]　　→　　　[uF]
　　　　　　　　　　　　　　　(cf. Gelderen (2008: 299))

例えば，(10) の下では after の前置詞から補文標識の文法化は，(10) のように進んだと分析される．

(11) Preposition  →  Preposition  →  Complementizer
    [u-φ]              [u-φ]              [u-φ]
    [ACC]              [ACC]              [i-time/u-time]
    [time]             [i-time]

(cf. Gelderen (2008: 299))

(11) の素性構成おいて，古英語期は前置詞として機能していた after が意味素性として [time] を持っていたが，その後節に付加する副詞句として機能する段階で意味素性 [time] が解釈可能な形式素性 [i-time] へと再分析されたと分析される．そして最後に，補文標識として機能する段階で [i-time] が解釈不可能な形式素性 [u-time] と再分析されたと主張されている．

### 4.2. 連結動詞の再分析

この節では，Gelderen (2008) の素性の経済性に基づき，連結動詞の素性は (12) に示される変化を辿ったと提案する．

(12) 素性の経済性
    古英語              中英語
    [semantic] ─────→ [i-focus]
    中英語              初期近代英語〜現代英語
    [i-focus] ─────→ [u-focus]/[i-focus]

古英語期において，分裂文の連結動詞は語彙動詞であり何らかの意味素性 [semantic] を持っておりその補部に義務的に NP 項を選択していた．中英語になると，その意味素性が解釈可能な焦点素性 [i-focus] へと変化した．そしてさらに解釈不可能な素性 [u-focus] へと変化した．この素性の変化の結果，現代英語の分裂文は Reeve (2011) が主張するような 2 通りの派生が可能になり，NP 以外の焦点化が可能になったと主張する．

### 4.2.1. 古英語期の分裂文の統語構造

Emonds (1976) 以来，分裂文の焦点要素は典型的には NP と PP であると主張されてきた．そして，他の範疇も対比焦点が加われば分裂文の焦点要素として生起可能であると主張されてきた．Reeve (2011) は，この特徴に

基づき現代英語の分裂文には2種類の派生が関係していると提案している.
本稿では，古英語と中英語期において，2つのうちの片方の派生方法だけ可
能であったと主張する．Reeve (2011) は，NP/PP焦点を持つ分裂文の統語
構造は (13b) であると提案している.[4]

(13) a.　It was John that Mary saw.
　　　b.

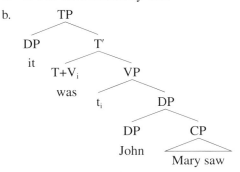

(cf. Reeve (2011: 152))

(13b) では，焦点要素である John は連結動詞の補部に基底生成される．そ
して分裂節である CP が John に付加されている．Reeve は，この CP は制
限関係節であり，空の演算子または wh 演算子と DP の照合により，両者
が関連付けられるとしている．本稿では古英語の分裂文の統語構造は連結動
詞のステータスを除いて，(14b) に示されるように (13b) と同じであった
と主張する.

(14) a.　… þæt hit wære se hælend þe on ðam strande stod
　　　　　　that it were the lord  that on the strand stood
　　　'… that it were the lord who stood on the strand.'
　　　　　　　　　　　　(ÆChom II, 17:164.118.3653 / Hosaka (2013: 204))

---

[4] 分裂文における文頭の it が指示的 (Percus (1997), Hedberg (2000), Reeve (2011)
を参照) であるか虚辞 (É. Kiss (1998) を参照) であるか先行研究で議論がなされているが
本稿ではどちらの立場に寄るかは明言しないでおく.

b.

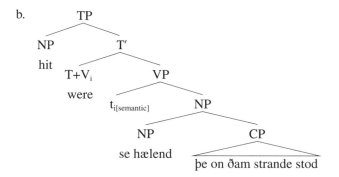

　(14b) は，連結動詞が何らかの意味素性 [semantic] を持っているという点においてのみ (13b) と異なる．これは，古英語期の連結動詞が義務的にNP 項を取る語彙動詞であったという Hosaka (2013) の主張を素性の点から捉え直したものである．
　これを考慮すると古英語には NP 焦点しか存在しなかったという事が自然に説明される．つまり，NP 項しか連結動詞の意味に関する選択制限を満たせなかったのである．

### 4.2.2. PP 焦点の出現

　中英語期に出現した PP 焦点を持つ分裂文の統語構造も連結動詞のステータスを除いて古英語期のものと同じであったと考える．2 節で見たとおり，PP は NP 以外の焦点要素の出現としては最も早く，ME $I$ である．そして現代英語の分裂文の焦点要素は典型的には NP と PP であるという事実は重要な意味を持っている．つまり，分裂文の焦点要素には名詞性の強い要素が生起しやすいという事である．Radford (1981) に従い，名詞性が強いという表現を形式的に [−V] と読み替える．素性の経済に基づき，(15) のように連結動詞が持つ意味素性 [semantic] が解釈可能な形式素性 [i-focus] に再分析されたと仮定する．その結果，語彙動詞であった連結動詞 V は，焦点標識 F としての機能を持つ機能投射へと再分析された．しかし，再分析を受けた後でも [−V] を補部に取るという制限だけは残ると考える．助動詞が以前の語彙動詞としての意味を少なからず持つ事を考慮すれば，[−V] を選択するという制限が残っていても不思議ではない．

(15)　古英語　　　　　中英語
　　　V　　　⟶　　F
　　　[semantic]　⟶　[i-focus]

ここで，なぜ PP 焦点とは異なり AdvP 焦点が出現しなかったかが説明される．AdvP は，NP や PP とは異なり [−V] を持たない．焦点標識へと再分析された連結動詞は依然としてその補部に対して範疇の制限 [−V] が課せられているとしたら AdvP 焦点が出現しなかった事が説明される．そしてこの制限は，現代英語にも残っているため分裂文の焦点要素は典型的にはNP と PP なのである．

### 4.2.3. その他の焦点要素の出現

最後に，焦点要素が NP/PP 以外の分裂文の統語構造について考察する．Patten の調査では CP 焦点と AdvP 焦点が初期近代英語に出現したことが観察されているが，本稿では AvdP を中心に議論を進める．[5] 中英語期から初期近代英語期にかけて連結動詞が持つ [i-focus] は，素性の経済性の下でさらに [u-focus] へと再分析されたと仮定する．

(16)　中英語　　　　　　初期近代英語〜現代英語
　　　F　　　⟶　　F
　　　[i-focus]　⟶　[u-focus]/[i-focus]

[u-focus] への素性の変化は，焦点の解釈を持つ要素なら基本的にはどんな範疇もその指定部に牽引できるようなった事を意味する．つまり，この変化により Reeve (2011) が提案する 2 つの派生の内のもう一つである繰上げ派生が可能になったといえる．[6] 繰上げ派生の分裂文の統語構造は，(17) のÉ. Kiss (1998) に提案されたものを採用する．[7]

---

[5] CP 焦点は節であり，節は名詞的である事を考えると 2 つの派生方法のうちどちらであったかは結論を出せない．

[6] Reeve (2011) において，焦点要素は連結動詞の指定部ではなく CP 指定部に移動する提案している．しかしながら，本稿では [u-focus] を持つのは連結動詞であるので連結動詞の指定部焦点要素は移動するとする．

[7] ただし，É. Kiss は文頭の it を虚辞であると主張している．

(17)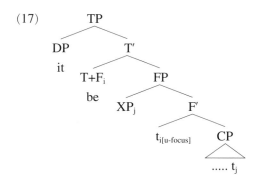

(cf. É. Kiss (1998: 258))

(17) において，焦点要素 XP は分裂節内部で基底生成され，連結動詞 F が持つ [u-focus] を満たすためにその指定部に移動する．Reeve によると繰り上げ派生の分裂文は義務的に対比焦点が加えられる．したがって繰り上げ派生しか許されない NP/PP 以外の焦点要素は義務的に対比焦点が与えられる．逆に言うと対比焦点が与えられない限り，焦点として現れない．

(16) において注意しなければならないのは [i-focus] が [u-focus] へと再分析されたとしても [i-focus] としての用法が残るということである．これは NP/PP は他の範疇と同様に繰り上げ派生が可能になったのに加えて，基低生成による派生も依然として可能であるという事を意味する．これは現代英語の NP/PP 焦点を持つ分裂文の特性とも合致しており，Reeve の分析を支持するものである．

最後に，本節での分析がある点においては Hosaka (2013) に従っているという事について述べておく．Hosaka (2013) は，分裂文の歴史的変化の要因の 1 つとして連結動詞が意味の漂白化により，機能投射へ再分析されたからであると論じている．そして，その再分析を助動詞の T への再分析と関連付けている．保坂 (2014) によると，will や can の本動詞としての用法は近代英語期まで残っていた．これはこの文法化が完了するまでに長い年月はかかった事を意味し，この点において分裂文の連結動詞と似ているといえる．

本節では，Gelderen (2008) の素性の経済の観点から分裂文に現れる連結動詞が持つ素性の変化により，PP やその他の範疇が焦点要素として生起可能になったと論じた．

## 5. 結語

　本稿では，分裂文の焦点要素に現れる範疇の種類の変化に対して，Gelderen (2008) で提案された素性の経済性に基づき，(18) のように連結動詞の素性が変化した結果であると主張した．

(18)　　古英語　　　　　中英語　　　　初期近代英語〜現代英語
　　　　V　　⟶　　F　　⟶　　F
　　　　[semantic]　⟶　[i-focus]　⟶　[u-focus]/[i-focus]

本稿の分析は，Hosaka (2013) が主張するように，助動詞の語彙動詞から T への再分析と連結動詞の語彙動詞から機能範疇への再分析を関連づけられる．また分裂文の派生が焦点基底生成派生と繰り上げ派生の2種類の派生が可能であるという Reeve (2011) の提案を支持する．しかしながら，残された問題も数多くある．その中でも特に他の連結動詞を伴う構文の詳細な分析が必要であろう．本稿では意味素性 [semantic] の具体的な意味に関しては言及しておらず，今後他の連結動詞を伴う構文からさらなる証拠を集めたい．

## 参考文献

Ball, Catherine N. (1991) *The Historical Development of the It-Cleft*, Doctoral dissertation, University of Pennsylvania.

Chomsky, Noam (1970) "Remarks on Nominalization," *Readings in English Transformational Grammar*, ed. by Roderick A. Jacobs and Peter S. Rosenbaum, 184–221, Ginn and Company, Waltham, MA.

Delahunty, Gerald P. (1984) "The Analysis of English Cleft Sentences," *Linguistic Analysis* 13, 63–113.

É. Kiss, Katalin (1998) "Identical Focus versus Informational Focus," *Language* 74, 245–273.

Emonds, Joseph (1976) *A Transformational Approach to English Syntax: Root, Structure-Preserving and Local Transformations*, Academic Press, New York.

Gelderen, Elly van (2008) "Where Did Late Merge Go? Grammaticalization as Feature Economy," *Studia Linguistica* 62, 287–300.

Hedberg, Nancy (2000) "On the Referential Status of Clefts," *Language* 76, 891–

920.

保坂道雄 (2014)『文法化する英語』開拓社, 東京.

Hosaka, Michio (2013) "A Diachronic Approach to Cleft Constructions in English," *Phases of the Hisotry of English: Election of Papers Read at SHELL (2012)*, ed. by Michio Hosaka, Michiko Ogura, Hironori Suzuki and Akinobu Tani, 197-210, Peter Lang, Frankfurt am Main.

Matsunami, Tamotsu (1961) "A Historical Consideration of the Disjunctive Formula: 'It is I That am to Blame'," *Studies in English Literature*, 1-15.

中川聡 (2013)「二重連結動詞の構文についての一考察」『豊田工業高等専門学校研究紀要』46, 131-142.

Ogura, Michiko (1986) *Old English 'Impersonals' Verbs and Expressions*, Rosenkilde and Bagger, Compenhagen.

Patten, Amanda L. (2010) "Grammaticalization and the It-Cleft Construction," *Gradience, Gradualness and Grammaticalization*, ed. by Eliza Closs Traugott and Graeme Trousdale, 221-243, John Benjamins, Amsterdam.

Patten, Amanda L. (2012) *The English IT-Cleft: A Constructional Account and a Diachronic Investigation*, De Gruyter Mouton, Belrin.

Percus, Orin (1997) "Prying Open the Cleft," *NELS* 27, 337-351.

Radford, Andrew (1981) *Transformational Syntax: A Student's Guide to Chomsky's Extended Standard Theory*, Cambridge University Press, Cambridge.

Reeve, Matthew (2011) "The Syntactic Structure of English Clefts," *Lingua* 121, 142-171.

## コーパス

Kroch, Anthony Beatrice Santorini and Lauren Delfs (2004) *The Penn-Helsinki Parsed Corpus of Early Modern English* (PPCEME), University of Pennsylvania, Philadelphia.

Kroch, Anthony, Beatrice Santorini and Ariel Diertani (2010) *The Penn Parsed Corpus of Modern British English* (PPCMBE), University of Pennsylvania, Philadelphia.

Kroch, Anthony and Ann Tayler (2000) *The Penn-Helsinki Parsed Corpus of Middle English, Second edition* (PPCME2), University of Pennsylvania, Philadelphia.

Taylor, Ann, Anthony Warner, Susan Pintzuk and Frank Beths (2003) *The York-Toronto-Helsinki Parsed Corpus of Old English Prose* (YCOE), University of York, Heslington.

# 英語史における現在分詞と動名詞の相互作用について

中川　聡

## 1. はじめに

英語における V-ing 形は現在分詞と動名詞に大別され，さまざまな構文に現われている．これらの構文のうち，本稿では現在分詞を伴う構文として分詞構文に，動名詞を伴う構文として動詞的動名詞構文に焦点を当てる．

現代英語ではこの両構文は外的分布や語彙的主語の格形態が異なる点で区別される．しかし，通時的観点から考察すると，それぞれの発達過程でお互いに密接な関わりを持っていたことが示唆される．

本稿では通時的に現在分詞と動名詞は相互に影響を及ぼし合いながら発達していることを例証し，その結果として分詞構文や動詞的動名詞構文の統語構造が変化したと主張する．

本稿の構成は以下の通りである．2節では中英語に観察された現在分詞と動名詞の相互作用について議論する．3節では近代英語に観察された現在分詞と動名詞の相互作用について議論する．4節で本稿のまとめとしての結論を述べる．

## 2. 中英語における現在分詞と動名詞の相互作用について

この節では後期中英語に観察された動詞的動名詞の発達過程に現在分詞が大きな影響を及ぼしたと論じている先行研究の分析を概観する．

現代英語では動名詞構文は名詞的動名詞構文と動詞的動名詞構文に区別される．前者は（1a）に示されるように，定冠詞を伴い，前置詞 of を介して目的語を選択するといった名詞的特性を持っているのに対し，後者は（1b）に示されるように，副詞を伴い，前置詞 of を介さずに目的語を選択すると

いった動詞的特性を持っている．

(1) a. His prompt answering of the question
　　b. Pat disapproved of me/my quietly leaving the room before anyone noticed.　　　　　　　　　　(Alexiadou (2013:127))

　通時的観点からこの2つの動名詞構文を観察した先行研究に宇賀治（2000）やKoma（1987）が挙げられる．宇賀治（2000）は名詞的動名詞は古英語から存在したが，動詞的動名詞は後期中英語に発達し，その発達には現在分詞が密接に関わっていたと述べている．具体的には古英語から存在した名詞的動名詞の接辞である-ung接辞や-ing接辞と動詞的特性を持つ現在分詞の接辞である-ende接辞が音韻的に融合し，-ing接辞として単一の音韻形態を持つようになり，その音韻的な融合過程で名詞的動名詞は現在分詞から動詞的特性を獲得した，ということである．

　さらにこの中英語の動詞的動名詞の発達に関連して，Koma（1987）は15世紀に書かれた*Paston Letters*を調査し，動詞的動名詞が発達した初期の外的分布を分析している．その調査結果は，動詞的動名詞の外的分布として最も多く観察されたのは前置詞の補部であり，特にinの補部に現れていたものが圧倒的に多かったということである．

　この調査結果に対してKoma（1987）は動詞的動名詞の発達には分詞構文の意味論が大きく影響していると分析している．すなわち，分詞構文はwhenやwhileに導かれる節として時間を表す意味に解釈されることがあり，その時間的解釈がinを主要部とする前置詞句の意味論と重なり，inの補部で動詞的動名詞が発達したと主張されている．

　分詞構文は現在分詞を中心として構成される副詞節であることを考慮すれば，Koma（1987）の分析も動詞的動名詞の発達に現在分詞が大きく影響を与えたということを示しているといえる．

　この後期中英語における動詞的動名詞の発達は統語的観点からは動名詞の内部構造の変化として捉えられる．すなわち古英語から存在していた名詞的動名詞に加えて（2）のような動詞的な統語構造を持つ動名詞が派生されるようになったと分析される．[1]

---

　[1] 3節で述べるように，本稿では節的な統語構造を持つ動詞的動名詞構文は近代英語以降

(2)　[_DP D [_vP v [_VP V-ing …]]]

　宇賀治（2000）や Koma（1987）の分析を踏まえると，(2) のような統語構造を持つ動詞的動名詞の発達は現在分詞からの統語的，意味論的な影響によって，引き起こされたと言える．言い換えれば，動詞的動名詞の発達は現在分詞と動名詞の相互作用の結果生じた統語構造の変化を伴っていると考えられる．

## 3. 近代英語における現在分詞と動名詞の相互作用について

　前節では中英語における現在分詞と動名詞の相互作用について概観したが，本節では近代英語における両者の相互作用が観察される事例として語彙的主語を伴う分詞構文の発達と，prevent に選択される動名詞を伴う補部の発達について論じる．

### 3.1. 主格独立分詞構文の通時的発達

　近代英語において現在分詞と動名詞の相互作用が観察された事例として，まず Nakagawa（2008, 2011）で論じられている (3) のような語彙的主語を伴う分詞構文である主格独立分詞構文の通時的発達が挙げられる．

(3)　a.　Elaine's winking at Roddy was fruitless, he being a confirmed bachelor.　　　　　　　　　　　　　(Reuland (1983: 101))
　　　b.　A wounded soldier was brought in, blood streaming down his face.　　　　　　　　　　　　　(Declerck (1991: 462))

(3) に示されるように分詞構文の語彙的主語には代名詞と名詞が現れるが，Nakagawa（2008, 2011）ではこのうち (3a) の代名詞主語が現れる主格独立分詞構文の通時的発達について論じられている．

　Nakagawa（2011）は PPCME2, PPCEME, CLMET の 3 つのコーパスを用いて，中英語から近代英語までの主格独立分詞構文の発生頻度を調査し

---

に発達したと分析する（宇賀治（2000）を参照）．したがって，中英語の動詞的動名詞構文は (2) のような T を含まない統語構造であると仮定する．

ている.² その調査結果は表1としてまとめられる.

表1：The frequency of nominative absolutes³　　　(per 500,000 words)

| M1 | M2 | M3 | M4 | E1 | E2 | E3 | L1 | L2 | L3 |
|---|---|---|---|---|---|---|---|---|---|
| 0 | 0 | 0 | 6 | 16 | 31 | 50 | 19 | 15 | 6 |

(Nakagawa (2011: 87))

表1より，主格独立分詞構文はM4の時期，すなわち15世紀に英語で観察され始め，L1の時期である18世紀以降その頻度が減少していることが示される.

Nakagawa (2011) は18世紀以降の主格独立分詞構文の頻度減少は主格独立分詞構文の統語構造の変化が18世紀に起こった結果であり，その統語構造の変化には節構造を伴う動詞的動名詞構文の発達が影響を与えたと分析している．ここで，この分析を概観する前に，非定形節である分詞構文における主格付与について Nakagawa (2011) でなされている理論的説明を見ていくことにする.

### 3.1.1. Nakagawa (2011) での統語分析

Nakagawa (2011) は Chomsky (2004, 2007, 2008) で提案されている C-T 構造形 (C-T configuration) に基づく主格付与の枠組みで，主格独立分詞構文における主格付与に対して理論的説明を与えている．Chomsky (2004, 2007, 2008) ではフェイズ主要部である C は解釈不可能な φ 素性を持って派生に入り，その素性が T に継承されると仮定されている.⁴

(4)　a.[$_{CP}$ C$_{[u\phi]}$ [$_{TP}$ T …]]

---

² PPCME2, PPCEME, CLMET はそれぞれ Penn-Helsinki Parsed Corpus of Middle English 2nd Edition, Penn-Helsinki Parsed Corpus of Early Modern English, The Corpus of Late Modern English を指す.

³ PPCME2, PPCEME, CLMET の3つのコーパスの時代区分は次の通りである．M1 (1150-1250), M2(1250-1350), M3(1350-1420), M4(1420-1500), E1(1500-1569), E2(1570-1639), E3(1640-1710), L1(1710-1780), L2(1780-1850), L3(1850-1920)

⁴ Chomsky (2004, 2007, 2008) ではフェイズ主要部である C は時制素性も持って派生に入り，その素性も T に継承されると提案されている．(4) では説明の都合上，時制素性の表記を割愛した.

b. [$_{CP}$ C [$_{TP}$ T$_{[u\phi]}$ …]]

その後，C から解釈不可能なφ素性を継承した T が主語 DP と Agree 関係に入ると提案されている．そして，この Agree 関係の結果として主語 DP の解釈不可能な格素性は主格の値を付与されることになる．

(5) a. [$_{CP}$ C [$_{TP}$ T$_{[u\phi]}$ [$_{vP}$ DP$_{[i\phi][uCase]}$ [v [$_{VP}$ …]]]]]
         Agree

 b. [$_{CP}$ C [$_{TP}$ DP$_{[i\phi][Nom]}$ [T$_{[u\phi]}$ [$_{vP}$ DP$_{[i\phi][uCase]}$ [v [$_{VP}$ …]]]]]

Nakagawa (2011) はこの C-T 構造形による主格付与を主格独立分詞構文に適用している．[5] すなわち，主格独立分詞構文は CP であり，(5) に示される過程を経てその主語に主格が付与されると分析されている．[6] また，Nakagawa (2011) は非定形節であるにもかかわらず，分詞構文において主格が主語 DP の格素性に値づけられる理由は分詞構文の C が定形性 (finiteness) を持っていることに起因すると述べている．ここで定形性は Raposo (1987) で分析されているポルトガル語の屈折不定詞のように非定形節でも屈折形態を持ち，その主語に主格が付与される事例に基づいて，以下のように定義されている．[7]

---

[5] 主格独立分詞構文の統語構造が CP であることは一般に [Spec,CP] を占めると仮定されている wh 句を伴う (i) のような事例が存在することから証拠づけられる．
 (i) And then were seven Felons that received Sentence of Death; *who being taken aside*, Mr.Udall was called the second time.
  (JUDALL-E2-P2,1,177.376/Nakagawa 2011:97))
このような事例は近代英語では比較的多く観察されたが，現代英語ではほぼすべての英語母語話者に非文法的と見なされている．この文法性の変化は 3.2 節で論じる主格独立分詞構文の統語構造の変化と密接に関わっていると考えられる．
[6] Tanaka (2005, 2006) においても C-T 構造形に基づいた非定形節の語彙的主語に対する主格付与の議論がなされている．
[7] ポルトガル語の屈折不定詞の事例は (i) に示されるものである．
 (i) Será difícil [eles approva*rem* a proposta].
   Will be difficult they to approve-Agr the proposal
   'It will be difficult for them to approve the proposal.'  (Raposo (1987: 95))

(6) ... finite C comes in (at least) two varieties: one bears both tense and $\phi$ features, and the other bears only $\phi$-features. Both types of finite C inherit $\phi$ features to T, and the C-T complex acts as a probe assigning nominative Case to a subject DP.

(Nakagawa (2011: 92–93))

すなわち，定形性を伴う C は時制素性と $\phi$ 素性のみを持つものと $\phi$ 素性のみを持つものの 2 つの変異形があるということである．このうち，主格独立部分詞構文は後者の $\phi$ 素性のみを持つ C を伴っており，それゆえ主語の格素性には主格が値づけられると分析されている．[8]

### 3.2. 動詞的動名詞構文の発達と主格独立分詞構文の発達

2 節で論じた後期中英語に発達し始めた動詞的動名詞は近代英語に入るとさらにその動詞的な特性を強めていった（宇賀治 (2000) を参照）．このことは (7a) の受動態の動名詞，(7b) の完了形の動名詞の出現によって示される．

(7) a. Wherein I spoke of most disastrous chances: ... Of being taken by the insolent foe.

(1604 Sh *OTH* 1.3.134–138/ 宇賀治 (2000: 279))

b. Which would be great impeachent to his age. In having known no travel in his youth.

(1594 Sh *TGV* 1.3.15–16/ibid.: 280)

これらの事例に加えて，17 世紀中頃になると，虚辞 there を主語に持つ動詞的動名詞も観察され始めた．[9]

(8) Here's the can, but as to there being anything good in it, it's as

---

[8] 英語の主格独立分詞構文には $\phi$ 素性の一致は形態的に具現されないが，ポルトガル語の方言では，その一致が形態的に具現されている主格独立分詞構文の事例が存在する．したがって，通言語的観点から Nakagawa (2011) は英語の主格独立分詞構文も $\phi$ 素性のみを持つ定形性を伴う C を有していると主張している．

[9] (8) は 19 世紀の事例だが，宇賀治 (2000) では虚辞 there を伴う動詞的動名詞は 17 世紀中頃から観察され始めたと述べられている．

dry as the weather, and as empty as you.

(1836 Dickens The Village Coquettes I.i.35-37/ ibid.: 273)

ここで，虚辞 there は節構造の主要部である T の EPP 素性を満たすために [Spec,TP] に併合されると仮定されていることを考慮すると（Chomsky (2000) を参照），(8) のような事例は 17 世紀中頃以降に節構造を伴う動詞的動名詞構文が発達したことを示していると考えられる．

このように動詞的動名詞構文が節構造を伴うにつれ，動詞的動名詞の主語の格形態にも変化が見られるようになった．宇賀治（2000）は中英語に動詞的動名詞が観察されてから現代英語に至るまで属格主語を伴うものが一般的であるが，通格主語を伴うものや目的格主語を伴うものも近代英語期に発達したと述べている．[10]

現代英語では対格主語を伴う動詞的動名詞構文は節構造を伴うと分析されている（Pires（2007）を参照）．(9) に示されるように現代英語でも虚辞 there を主語に持つ動詞的動名詞が出現するが，その場合に属格形で現れることはない．

(9) You may count on there(*'s) being a lot of trouble tonight.

(Pires (2007: 168))

この事例から節構造を伴う動詞的動名詞構文の主語には対格が付与されることが示される．

ここで，対格主語を伴う動詞的動名詞構文である Acc (usative)-ing の統語構造に関して，Pires（2007）では CP ではなく TP であると分析されている．

(10) a. Ann wants very much [for Mike to work at home].
　　 b. Ann wants very much [(*for) Mike working at home].
(11) a. Mark prefers [that Mary travel with him].
　　 b. Mark prefers [(*that) Mary/PRO traveling with him].

(ibid.: 173)

---

[10] 本稿では通格主語や目的格主語を対格主語と総称して以下の議論を進めていく．

(10), (11) が示すように Acc-ing には補文標識である that や for が生起しない．さらに，(12) のように Acc-ing には wh 句も生起しない．

(12) *I don't remember what him doing.　　　(Matsuoka (1994: 120))

通例 wh 句は [Spec,CP] を占めると仮定されているので，(12) は Acc-ing が CP ではないことを示しているといえる．(10)-(12) より，Acc-ing は C を伴わない節構造であることが導かれる．

　Nakagawa (2011) はこの Pires (2007) の分析に従い，Acc-ing の統語構造は TP であると仮定している．

(13)　[$_{TP}$ DP [$_{vP}$ [v [$_{VP}$ V-*ing* ...]]]]　　　(Nakagawa (2011: 100))

　以上の議論を踏まえて，Nakagawa (2011) は主格独立分詞構文の頻度が減少し始めた要因として Acc-ing の発達が関係していると分析している．Acc-ing が発達し始めた時期は 17 世紀中頃であるが，この時期は 3.1 節で概観した主格独立分詞構文の頻度が減少し始めた時期とほぼ同時期である．ここで，一旦動詞的動名詞構文が TP 構造として分析されるようになると，主格独立分詞構文との統語構造の違いは C が TP に併合されるか否かという点だけになる．

(14) a.　[$_{CP}$ C [$_{TP}$ DP[$_{vP}$ [v [$_{VP}$ V-*ing* ...]]]]]　　　（主格独立分詞構文）
　　 b.　[$_{TP}$ DP [$_{vP}$ [v [$_{VP}$ V-*ing* ...]]]]　　　(Acc-ing)
　　　　　　　　　　　　　　　　　　　　　　(Nakagawa (2011: 100))

しかし，C は主格独立分詞構文でも Acc-ing でも音韻的に空なので，両構文とも主語 DP に V-ing が後続する節構造，すなわち TP として分析されるようになったということである．このことは，言い換えれば主格独立分詞構文の統語構造が Acc-ing との類推の結果 CP から TP へ変化したということなる．

　この観点から 18 世紀以降に主格独立分詞構文の頻度が減少したという事実は，主格独立分詞構文が主格付与に必要な C-T 構造形を伴わなくなり，その結果として主語 DP に主格が付与されなくなったためと説明される．

　要約すると，Nakagawa (2011) の分析は，主格独立分詞構文の統語構造が 18 世紀以降に CP から TP へと変化し，その変化には Acc-ing の発達が

大いに影響を与えたということになる．このことは近代英語期における現在分詞と動名詞の相互作用が観察されたことを示す事例であると考えられる．

### 3.3. prevent に選択される動名詞補部の通時的発達

近代英語における現在分詞と動名詞の相互作用が観察される他の事例として prevent に選択される動名詞補部の通時的発達が挙げられる．現代英語では prevent は (15) に示される 3 つのタイプの動名詞を伴う補部を選択する．

(15) a. I prevented Andrew's leaving the house.
   b. They prevented language theory from influencing the student.
   c. They prevented language theory influencing the student.
   
   (Aarts (1990:149))

ここではこのうち (15c) の from を伴わない補部（以降 DP + V-ing 補部）に焦点を当てる．

DP + V-ing 補部において注目すべき言語事実は V-ing に先行する DP の受動化の容認可能性が変化しているということである．(16) に示されるように，現代英語では DP + V-ing 補部における DP の受動化は容認されない．

(16) *The sailor was prevented drowning the cat. (Aarts (1992: 103))

ところが，18 世紀には頻度は少ないながらも DP + V-ing 補部における DP が受動化を受けている事例が観察されていた．

(17) She had been prevented telling me her story.
   (1768 Sterne Sent. Journ. (1778) I.134(Amiens)/ OED 4th edition on CD-ROM)

Smet (2014) では (17) のような事例は動名詞ではない V-ing を伴う構文，すなわち現在分詞を伴う構文の影響を受けていた可能性が示唆されている．ここでは Smet (2014) の方針にしたがって，DP の受動化の容認可能性の変化についてさらに詳細な統語分析を進める．

動詞の補部に現在分詞が現れる典型的な事例に (18) のような知覚動詞を伴うものが挙げられる．

(18) I saw Carl reading Barriers. (Miller (2002: 253))

ここで (18) の DP + V-ing 補部における DP の受動化は (19) のように容認される.

(19) Carl was seen reading Barriers. (ibid.)

Miller (2002) は (19) のように受動化が容認される場合は DP + V-ing としての出来事 (「キャロルが Barriers を読んでいる」という出来事) ではなく, DP のみが知覚されている意味を表すと主張している. そして, DP のみを知覚対象とした現在分詞を伴う補部は目的語コントロール構造であるとし, (19) のような当該の DP が受動化された事例の統語構造を (20) のように分析している.

(20) She$_i$ was seen t$_i$ [$_{TP}$ PRO$_i$ writing a letter]. (ibid.: 252)

この Miller (2002) の分析を踏まえ, ここでは (17) のような近代英語で観察された DP の受動化が容認される DP + V-ing 補部も (20) と同じ統語構造を持つと分析する.[11]

(21) She$_i$ had been prevented t$_i$ [$_{TP}$ PRO$_i$ telling me her story].

(21) のような DP + V-ing 補部の DP の受動化が容認される prevent 構文の事例は Sellglen (2007) でなされた CLMET を用いた調査により 19 世紀中頃まで観察され, それ以降は観察されなくなっていることが明らかにされている. ここで, 当該の事例が観察された 18 世紀から 19 世紀中頃までは 3.2 節で論じた Acc-ing が発達過程にある時期と一致する.

これらの事実を踏まえ, ここでは prevent に選択される DP + V-ing 補部における DP の受動化の容認可能性の変化は DP + V-ing 補部の統語構造の変化であると分析する. すなわち, 19 世紀中頃までは prevent に後続する DP + V-ing 補部は see のような知覚動詞に選択される DP + V-ing 補部との類推により DP が動詞の直接目的語として選択され, 後続の V-ing の PRO 主語をコントロールする目的語コントロール構造として分析されたというこ

---

[11] Smet (2014), 中川 (2016) でも同様の分析がなされている.

とである．この場合には prevent の DP + V-ing 補部においても DP の受動化が容認されることになる．

このような観点から，19世紀中頃以降に，DP + V-ing 補部における DP の受動化が容認されなくなった理由は，DP + V-ing 補部が Acc-ing として分析されるようになったためと説明される．[12] 事実，(22) に示されるように Acc-ing においても V-ing に先行する主語 DP の受動化は容認されない．

(22) *It was resented happening to Bob.　　　(Matsuyama (1998: 51))

宇賀治 (2000) は Acc-ing は19世紀後半に特に発達したと述べている．したがって，19世紀後半になり，DP + V-ing 補部が Acc-ing としての統語構造を確立した結果，DP + V-ing 補部における DP の受動化を伴う事例も観察されなくなっていったと考えられる．

したがって，ここでは prevent の DP + V-ing 補部における DP の受動化の容認可能性の変化は (23) に示される統語構造の変化を伴っていると分析する．[13]

(23)　prevent DP$_i$ [$_{TP}$ PRO$_i$ V-ing] → prevent [$_{TP}$ DP V-ing]

この統語構造の変化も現在分詞と動名詞の相互作用の結果として引き起こされたと考えられる．

## 4. おわりに

本稿では動詞的動名詞構文と分詞構文の通時的発達における統語構造の変化を概観し，その変化は中英語期以降に観察された現在分詞と動名詞の相互作用の結果として起こったと主張した．

現代英語においても両者の相互作用が起こっていることを示唆する事例も

---

[12] DP + V-ing 補部は DP + from + V-ing 補部において from が音韻的に空となったものと分析する可能性も考えられる．しかし，Visser (1973) によれば，DP + from + V-ing 補部が初めて観察されたのは17世紀であるが，それ以前にすでに DP + V-ing 補部は観察されていた．ここでは通時的観点からの考察に基づいて，DP + V-ing 補部は DP + from + V-ing とは独立して発達したという立場をとる．

[13] 同様の見解が Smet (2014) でも述べられている．

観察される．例えば，Smet（2014）では see のような知覚動詞が属格を付与された DP と V-ing を伴う補部を選択している事例が挙げられている．通例，知覚動詞の補部では現在分詞が選択され，先行する DP には対格が付与されると分析されるので，属格形の DP が現れるということは知覚動詞が動名詞としての V-ing を伴う補部を選択していると考えられる．

このような事例が現代英語の統語論に基づいて派生されているのかについては今後さらに検討を要するが，現在分詞と動名詞の相互作用の結果として生じる統語構造の変化がこれからも起こりうることは興味深い言語事実であるように思われる．

## 参考文献

Aarts, Bass (1990) "Prevent-type Verbs in a GB Framework," *UCL Working Papers in Linguistics* 2, 147–164

Alexiadou, Artemis (2013) "Nominal vs. Verbal -ing Constructions and the Development of the English Progressive," *English Linguistics Research* 2, 126–140.

Chomsky, Noam (2000) "Minimalist Inquiries," *Step by Step: Essays on Minimalist Syntax in Honor of Howard Lasnik*, ed. by Roger Martin, David Michaels and Juan Uriagereca, 89–156, MIT Press, Cambridge, MA.

Chomsky, Noam (2004) "Beyond Explanatory Adequacy," *Structures and Beyond: The Cartography of Syntactic Structures* vol 3, ed. by Adriana Belletti, 104–131, Oxford University Press, Oxford.

Chomsky, Noam (2007) "Approaching UG from Below," *Interface + Recursion = Language?: Chomsky's Minimalism and the View from Syntax-semantics*, ed. by Uli Sauerland and Hans-Martin Gärtner, 1–29, Mouton de Gruyter, Berlin.

Chomsky, Noam (2008) "On Phases," *Foundational Issues in Linguistic Theory: Essays in Honor of Jean-Roger Vergnaud*, ed. by Robert Freidin, Carlos P. Otero and Maria Luisa Zubizarreta, 133–166, MIT Press, Cambridge, MA.

Declerck, Renaat (1991) *A Comprehensive Descriptive Grammar of English*, Tokyo, Kaitakusha.

Matsuoka, Mikinari (1994) "The Accusative -ing Construction and the Feature Checking Theory," *Tsukuba English Studies* 13, 117–146.

Matsuyama, Tetsuya (1998) "Two-Sided Behavior of Subject of Acc-ing Gerund," *Metropolitan Linguistics* 18, 50–64.

Nakagawa, Satoshi (2008) "On the Historical Development of Nominative Abso-

lutes in English,"『近代英語研究』24, 23-42.
Nakagawa, Satoshi (2011) "Synchronic and Diachronic Aspects of Nominative and Accusative Absolutes in English,"『言語研究』139, 85-109.
中川聡 (2016)「Prevent の補部における動詞的動名詞の歴史的発達」『豊田工業高等専門学校研究紀要』48, 125-134.
Koma, Osamu (1987) "On the Initial Locus of Syntactic Change: Verbal Gerund and its Historical Development," *English Linguistics* 4, 311-324.
Pires, Acrisio (2007) "The Derivation of Clausal Gerunds," *Syntax* 10, 165-203.
Raposo, Eduardo (1987) "Case Theory and Infl-to-Comp: The Inflected Infinitive in European Portuguese," *Linguistic Inquiry* 18, 85-109.
Reuland, Eric J (1983) "Governing -ing," *Linguistic Inquiry* 14, 101-136.
Smet, Hendrik De (2010) "English -ing Clauses and Their Problems: The Structure of Grammatical Categories," ms., Research Foundation Flanders, University of Leuven. <https://www.researchgate.net/publication/265812101>
Smet, Hendrik De (2014) "Constrained Confusion: The Gerund/Participle Distinction in Late Modern English," ms., Research Foundation Flanders, University of Leuven. <https://lirias.kuleuven.be/bitstream/123456789/ 371035/1/constrained_confusion_>
Tanaka, Tomoyuki (2005) "C,T and Case/ Agreement: A Unified Analysis of Finite and Nonfinite Clauses," *Journal of the School of Letters* 1, 91-105, Nagoya University.
Tanaka, Tomoyuki (2006) "On Case Licensing of Infinitival Subjects in Middle and Modern English,"『近代英語研究』22, 47-69.
宇賀治正朋 (2000)『英語史』開拓社, 東京.
Visser, Fredericus Theodorus (1963-1973) *An Historical Syntax of the English Language*, 4 Vols., E.J. Brill, Leiden.

コーパス

Kroch, Anthony and Ann Taylor (2000) *Penn-Helsinki Parsed Corpus of Middle English, Second edition* (PPCME2), University of Pennsylvania, Philadelphia.
Kroch, Anthony and Ann Taylor (2004) *Penn-Helsinki Parsed Corpus of Early Modern English* (PPCEME), University of Pennsylvania, Philadelphia.
Smet, Hendrik De (2005) *The Corpus of Late Modern English Texts* (CLMET). University of Leuven, Belgium.

## 辞　書

*The Oxford English Dictionary* (OED), 2nd ed. on CD-ROM, Oxford University Press, Oxford.

# tough 構文における受動不定詞の出現と消失について*

中川　直志

## 1. はじめに

to を伴う受動不定詞は一般に初期中英語期に出現したと言われる．

(1) he till hiss Faderr was Offredd for uss o rode, All alls he wære an lamb to ben offredd　　(*Orm.* (Jun)12644; Fischer (1991: 161))

その後，受動態不定詞は出現の文脈を広げ，現代英語においても一定の生産性を維持している．

(2) This is a mail to be sent to John.

一方，(3a) のようないわゆる tough 構文においては，一般に，受動不定詞が難易形容詞の補部節（tough 節）に現れることができない．

(3) a. John is easy to please.
　　b. *John is easy to be pleased.

この事実には，後期中英語期に一旦 tough 節に現れるようになった（Fischer et al. (2000: 276)）受動不定詞が，その後，初期近代英語期を境に衰退していったという歴史的経緯（Fischer (1991: 276)，千葉 (2015)）がある．(4) は中英語期の tough 構文における受動不定詞の例である．

(4) þe　blak　of þe　yȝe ... is ... hardest to be helid
　　The black of the eye　　is　　hardest to be healed

---

\* 本研究は科学研究費助成事業（課題番号 16K02783）からの助成を受けている．

'the black of the eye is hardest to cure'
(Trevisa *De Proprietatibus Rerum* 42a/b; Fischer et al. (2000:276))

Fischer（1991:176ff.）によると，形容詞の補部に受動不定詞が現れるようになったのは14世紀の終わり頃からであり，中英語期の終わりからルネサンス期にかけてその使用が増加するが，初期近代英語期以降衰退していったという．本稿においては，このような社会言語学的アプローチに対する検証はさておき，とりわけtough構文において受動不定詞が用いられなくなった理由について，tough構文並びに受動構文の統語構造の歴史的変遷から考察する．具体的にはtough節がその範疇を弱フェイズのvP以上に拡張せず，したがって，助動詞が具現できるような機能範疇をその内部に備えることができなかったため，受動構文におけるbe動詞がtough節内に具現位置を見出せなくなったことも，先述の社会言語学的示唆と符合すると主張する．

　本稿の構成は次の通りである．2節においては，tough節における受動不定詞の発達と消失について，その歴史的事実と，Fischer（1991）による分析を概観し，文法システムの観点からより本質的な説明がなされるべきであることを指摘する．3節においては，tough節の統語構造の歴史的変遷について，中川（2015, 2013, 2011）に基づき分析する．4節においては保坂（2014），中尾（1972）を基に，受動構文の歴史的発達，とりわけ，be動詞が助動詞として文法化していく過程を概観し，tough節の歴史的発達と，受動構文の歴史的発達の相互作用が，tough節における受動不定詞の出現と消失にどう関わる可能性があるのか考察する．5節は結論である．

## 2. tough節における受動不定詞の発達と消失

　受動不定詞は古英語においても観察されるがその多くは助動詞の後であり（Fischer（1991）），toを伴う受動不定詞の出現は初期中英語期以降であると一般に考えられている（田中（2013: 168））．Fischer（1991）によれば，現代英語において受動不定詞が用いられるケースであっても古英語においては能動不定詞が用いられていたという．(5)は古英語において能動不定詞が受動の意味で用いられている例である．

(5)  þas  þing  sint to donne
     these things are to do
     'these things must/ought to be done'

(Lch II (2) 22.1.8; Fischer (1991: 147))

これは形容詞補部位置における不定詞においても同様である．(6) は古英語の tough 構文である．

(6)  ælc ehtnys bið earfoðe to þolienne
     'each persecution will be hard to endure'

(ÆCHom II,42313.110; Fischer (1991: 154))

Fischer (1991: 174ff.) は古英語において to を伴う受動不定詞が発達しなかった理由を，能動不定詞であっても，文脈によって能動的解釈と受動的解釈の区別が可能であったからと考えている．そして，そのような区別が困難な文脈が現れるようになったことから，受動的解釈を明確にするため受動不定詞が用いられるようになったという．具体的には，形容詞の副詞的機能が強まった結果として，主節主語と形容詞の論理関係が弱まった文脈，つまり，形容詞が原級でなかったり ((4))，否定されている文脈において使用されるようになったのが，形容詞補部における受動不定詞の起源であると主張している．

(7)  it is unable to be unlaced

(?a1425(c1380) Chaucer *Bo* III pr.12,1101; Fischer (1991: 179))

その後，中英語期の終わりからルネサンス期において，受動不定詞は tough 構文において広く現れるようになる．その理由として Fischer (1991:177ff.) は，この時期に受動不定詞が "eager" タイプの形容詞に後続するようになったことを挙げている．eager タイプの形容詞は，その不定詞補部が意味的に受動である場合には形態的にも受動態でなければならないという特徴を持つ．

(8)  ... feyn to be dischargid of erþeli goodis

(Wycl.Sel.Wks I 246; van der Gaaf (1928: 133))

これに対して tough 節は本来 eager 構文ではなかったが，中英語期の終わりから初期近代英語期においてラテン語やフランス語から eager 構文にも tough 構文にも解釈可能な形容詞が多く借入された結果，古英語由来の tough 類形容詞であっても，不定詞補部の統語解釈が曖昧になり，tough 構文 ((9a)) にも eager 構文 (9b) にも用いられるようになったという．

(9) a. þer been oþer namys fowndyne yn the chronyclys, the which byn herdur [harder] to vundurstonde
      (a1475(a1477) Bokenham M Angl.16/15; Fischer (1991: 178))
   b. Here ȝe, rebel & hard [obstinate] to byleue
      ((a1382) W. Bible (1) (Bod 959) Num. 20.10; Fischer (1991: 178))

その結果，特に主語が有生である場合において，tough 節の解釈が能動か受動かで曖昧になる文脈が現れるようになり，その曖昧性を回避するために受動不定詞が一層用いられるようになったと主張している．

そして，tough 構文における受動不定詞は初期近代英語期以降衰退していくが，Fischer (1991: 179) はその理由を，この時期に tough 構文と eager 構文の区別が明確となった結果，tough 構文において受動不定詞が用いられる必要性がなくなったからであると主張している．

本稿においては Fischer (1991) の分析に対する直接的考察 (Anderson (2005), 千葉 (2015)) は行わないが，仮に Fischer (1991) の分析を受け入れるにしても，初期近代英語期以降に tough 節において受動不定詞が衰退して行った理由についてはさらなる考察が必要であると考える．というのも，tough 構文と eager 構文の区別が明確になった時点で，tough 構文において，受動不定詞を容認しないような統語的システムか確立されていたと考えるべきであるからである．

この点をもう少し具体的に考察してみよう．Fisher (1991: 179) 自身が認めるように，現代英語においても tough 構文においてあえて受動不定詞が用いられる場合がある．Fischer は (10) において主語が有生であることを強調するために受動不定詞が用いられているという．

(10) If men indeed had ever been so simple to be explained this world

were as easy to manage as a pasteboard theatre

(1904, Hewlett, *The Queen's Quair* 68; Visser (1963-73: 1467))

この事実は，tough 類形容詞の補部に受動不定詞が現れることが全く不可能ではないことを示す一方で，tough 構文における受動不定詞があくまで破格であることをも示している．また，インターネットで受動不定詞が用いられた tough 構文を検索すると，数多くの用例が見られる．(11) は "easy to be understood" を google で検索した際に現れた用例である．

(11) a. This math puzzle is very easy to be understood.
   b. The word of God is easy to be understood.

このような現象ついて，Maruta (2012) は受動不定詞を許す tough 類形容詞とそうでない形容詞を意味において区別するべきであると主張している．つまり，本稿が対象としている，これまで生成文法の歴史において広く論じられてきたタイプの tough 構文自体は，あくまで受動不定詞を容認しないと考えることができる．さらに，母語習得の過程で，tough 構文を eager 構文のように解釈する段階がある (Anderson (2005), 千葉 (2015)) ことが指摘されているが，それも大人の文法を獲得するまでに矯正されることから，少なくとも大人の文法において tough 構文における受動不定詞を排除するシステムが存在することが予想できる．

　要するに，tough 構文について，通常は，受動不定詞は容認されないという一般化が可能であると考えられ，それゆえに，「tough 構文と eager 構文の区別が明確になったので，tough 構文は受動不定詞を容認しないようになった」という説明は，文脈や意味や発達段階などによって tough 構文に受動不定詞が現れるようになった事実，また現代英語において tough 類形容詞の補部に受動不定詞が現れる可能性について予想できるものの，一般の tough 構文における受動不定詞の消失については，「tough 構文に一本化されたから受動態不定詞は不可能になった」と言っているに等しく，本質的に十分な説明とは言い切れない．重要なのは，一旦破格的に容認された受動不定詞が，どのような文法システムに従い，結局消失したのかということである．

　次節以降においては，上述のシステムについて tough 構文と受動構文の

統語構造を歴史的に分析しつつ考察する．まず次節においては，tough 節の構造の歴史的発達について，中川 (2015, 2013, 2011) を基に概観する．

## 3. tough 節の歴史的発達

tough 構文に受動不定詞が現れなくなったという歴史的事実と，tough 構文の統語構造には何らかの関係があるのであろうか，あるとすればそれは如何なるものなのか．本節においては，まず，tough 構文の統語構造とその歴史的変遷について分析する．

本稿にとって重要なのは，とりわけ，tough 構文に受動不定詞が現れなくなった時期，つまり初期近代英語期以降の tough 節の構造である．中川 (2015, 2013) はこの時期の tough 節の構造がすでに現代英語のそれと同じであると考えている．そこでまず，現代英語における tough 構文の構造を分析してから，そこに至る歴史を概観したい．

### 3.1. 現代英語における tough 構文の構造

中川 (2011) は，tough 構文における動詞句削除の現れ方に注目し，tough 節の構造について論じた．tough 節においては，to を残した動詞句削除が容認されない．

(12) *John is easy to please, but Bill is hard to.　　(Contreras (1993: 5))

動詞句削除一般に対する構造的条件 (13) に従うとすれば，(12) の事実は，tough 節の to が T にあって指定辞と一致しない（時制指示を持たない）か，そもそも T にないことを意味する．

(13) Functional heads can license ellipsis of their complement only when they undergo Spec-head agreement.　　(Bošković (1997: 12))

さらに，(14) が証明されれば，tough 節が T を含む必要も，PRO の位置として Spec, TP を保証する必要もなく，結果として，to が T ではなく v にあり，tough 節が弱フェイズの vP であることが示唆される．

(14) a. tough 節は独自の時制指示を持たない．

b. tough 節は外項を投射しない.

(14a) は tough 節内に時の副詞の具現が不可能であることから証明される. また, (14b) は, tough 節に主語が顕在化することはないこと, 主節主語が tough 節の主語に対応できないこと, 主節主語が tough 節内で動作主を導く by の目的語に対応することができないこと, 等から導かれる. さらに, tough 節に PRO を仮定しても, 先行詞が現れる時は必ず for NP の形式で現れるので, PRO を C 統御することはできない. このことは, tough 節に非顕在的主語として PRO を仮定する可能性をも排除する.

上記の分析において重要なのは, tough 節の統語範疇を弱フェイズの vP と仮定したことである. 弱 vP と仮定することによって, tough 節と主節の間に強フェイズは存在しないことになり, tough 節内の空所が主節主語によって直接認可されることが可能となる.

(15)　[$_{TP}$ John$_i$ [$_T$ is [$_{AP}$ easy [$_{vP}$ to [$_{VP}$ please (NP$_i$)]]]]]
　　　　　　　Identify (Agree)

従来, tough 構文の派生は, (1) に示すような空演算子移動を含むという分析が広く行われてきた. この分析において tough 節は CP と仮定される.

(16)　John$_i$ is easy [$_{CP}$ OP$_i$ [$_{C'}$[$_{IP}$ to please $t_i$]]]

しかし, この分析には tough 節に時制節や顕在的主語が現れることができないといった, tough 節内の空所が示す NP 痕跡的な特性が説明できないという問題があった. (15) に示した分析は, (17) に示すように, 不定詞節が重層になった際の空演算子移動を可能にするので, NP 痕跡的特性だけでなく, 不定詞節が重層になったり, tough 節内の空所が wh 痕跡的特性を示したりすることも, 空演算子移動分析と同様に説明可能である.

(17)　[$_{TP}$ John$_i$ [$_T$ is [$_{AP}$ easy [$_{vP}$ to [$_{VP}$ persuade [$_{CP}$ OP$_i$ [$_C$ [$_{TP}$ PRO [$_{T'}$
　　　　　　Identify (Agree)　　　　　　　　　　　Move
　　to help $t_i$]]]]]]]]]

(15) の構造が tough 構文における受動不定詞の消失にとって何を意味するのか．それを知るためには受動構文の歴史を振り返る必要があるが，その前に tough 節の構造の歴史的変遷を簡単に振り返っておきたい．それは，なぜ tough 構文が受動不定詞の進出を許すことができたのか，そしてどのように許したのか，という問題にも関わってくる．

### 3.2. tough 節の構造の歴史的変遷

本稿においては，中川（2015, 2013）の分析を総合し，古英語期の tough 節が (18) から (19) のような変遷をたどっていたと分析する．

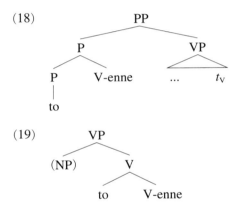

(18) から (19) への移行がいつどのように進行したかについて本稿では議論しないが，(18) は古英語において不定詞を導く to の前置詞的性格が元来強かったことを意味し，(19) は to の前置詞性が弱まった結果，P ならびに PP が VP に再分析されたことを意味している．(19) の構造が中英語期以降 vP にまで拡張したのが，前節で仮定した，現代英語でもそのままの tough 構文の構造である．

(18) ならびに (19) の妥当性に関する詳しい議論は中川（2013, 2015）に譲りつつ，(18) の構造が意味することを簡単に見ておきたい．(18) においては VP が主要部後行で，さらに不定詞が to が持つ接辞性を満たすため to に付加していると考えている．これは，古英語において分離不定詞や代不定詞が見られなかったことや，古英語において，対格目的語を伴う不定詞節内

では目的語が to 不定詞に先行する語順が一般的であった（小野・中尾（1980: 507））こと，等を踏まえたものである．((18) における対格目的語の位置については，取りあえず PP 指定辞位置とするが，ここでは議論しない．)

(20)　Moyses　forbead　swyn　to　etenne
　　　Moses　 forbade　pigs　 to　eat
　　　'Moses forbade the eating of pigs'
　　　　　　　　　　　　(ÆLS (Maccabees) 85; Fischer et al. (2000: 226))

(18) において重要なのは，VP の上位に vP を仮定しないことである．これが意味するのは，古英語の（tough 節を含む）不定詞節においては主語位置が投射されないということである．先に述べたように，古英語においては，不定詞全般で語彙的主語が現れることはなかったとされている．そもそも主語位置が投射されていないとすることによってこの事実が説明される．また，(18) と (19) において tough 節の構造に助動詞が現れ得るような機能範疇が仮定されていない点は，本稿の議論との関わりからも重要である．これが事実であるとすると，古英語の tough 節においては，助動詞を含むような構文は具現できないことが予想される．

　上記と前節における分析を総合すると，tough 節は PP，VP，そして vP へと範疇を拡大してきたという通時的分析が成り立つ．その一方で，tough 節には助動詞の具現を許すような機能範疇は現代英語に至るまで一貫して仮定されていない．このような分析が tough 節における受動構造の盛衰とどう関わる可能性があるのか．次節において，受動文の統語構造の変遷について概観した後，考察する．

## 4.　受動文の統語構造の変遷と tough 節における受動不定詞の消失

　tough 構文における受動不定詞は 14 世紀の終わりごろから出現し，初期近代英語期には衰退に向かっている．これは，tough 構文において受動不定詞が一定の生産性を有していたのが，およそ 1400 年代であったことを意味している．この時期に受動文の統語構造は如何なるものであったのであろうか．

　保坂 (2014) 等によると，古英語の受動文の形式は，一般に「状態」を意

味した beon に過去分詞が後続する形式,「動作」を意味した weorþan に過去分詞が後続する形式,そして be 動詞を伴わない屈折受動態の 3 形式であり,屈折受動態は初期中英語期までに消失したという.中英語期に入り,bēon タイプの受動態は状態受動から動作受動へと機能を拡張していき weorþan タイプの受動態は 12 世紀前半には消滅したという.その後,近代英語期に get/become タイプの受動態が動作受動を表す構造として確立するまで,状態受動にも動作受動にも beon タイプが唯一の形式として用いられた.これらの過程を図示したのが (21) である.

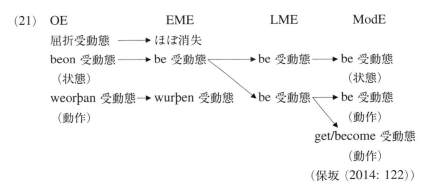

(保坂 (2014: 122))

　ここで注目したいのが,beon の範疇としての位置付けである.保坂 (2014: 121ff.) は,be + 過去分詞が元来,「～された状態で存在した」という意味を表し,be 動詞が存在を表す本動詞としての機能を保持していた可能性を示唆している.その後,古英語期までに,本動詞の be が,存在の意味を希薄化した連結詞となり,中英語期以降,受動態を明示する機能を持つ助動詞として文法化されたという.(22) は保坂 (2014: 123) が図示している be (on) タイプの受動態の文法化である.

(22)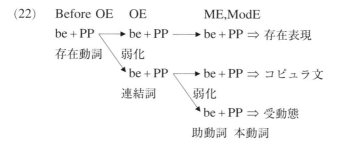

beが本動詞としての機能を弱め，助動詞として再分析された時期は，beonが受動文一般に採用され，また，get/become 受動態が現れる時期とおよそ重複する．この時期についてもう少し詳しく見てみたい．中尾 (1972: 264) は，weorþan（中英語期は wurthen）タイプの受動態が Northan 方言や East Midland 方言では初期中英語期までに消失したが，Southwestern 方言や Southeastern 方言では 1400 年ごろまで散発的に見られるという．また，受動構文に become が現れるのは 1500 年以後，get が現れるのは 17 世紀半ば以降であるという．中尾 (1972: 264) の観察を厳密に読むならば，動作受動を表すのに be タイプの受動構造しかなかったのはおよそ 1400 年代となり，これは，tough 節における受動不定詞が比較的生産的であった時期とほぼ重なる．

問題は 1400 年代における受動構文の be の統語的位置づけである．(23) は保坂 (2014: 124) が図示する be 受動態の構造変化である．

(23)　[$_{VP}$ NP [$_{V'}$ be [$_{AP}$ PP]]
　　　> [$_{CopP}$ NP [$_{Cop'}$ be [$_{AP}$ PP]]]
　　　> [$_{IP}$ NP [$_{I'}$ be [$_{VP}$ PP]]]

存在動詞としての位置付けは明らかに本動詞である．連結詞としての be も連結詞以外に動詞はないので本動詞である．be が「状態」にも「動作」にも使用できる助動詞として確立された段階，つまり現代英語の用法が確立された段階では，明らかに助動詞であり，それは V ではなく機能範疇 I に位置している．

wurthen タイプと意味に基づく役割分担をしていた時期はどうであろうか，この時期において be は受動構文一般のマーカーとして確立しておらず，

また「状態」とか「動作」といった概念が動詞の語彙的意味を分類する際に用いられることを踏まえれば，この時期の be がある程度文法化していたとしても，完全に文法化が完了していたとは考えにくい．また，受動構文が be タイプに一本化されていた 1400 年代も「状態」と「動作」の構文タイプとしての区別が話者に明確に意識されていなかった訳ではなく，それが，become や get の出現を招いたと考えるのが自然ではなかろうか．

つまり，1500 年ごろまでの be はある程度文法化が進んでいたものの，それは完全ではなく，語彙的意味も希薄化してはいるが保持され，本動詞的な統語解釈も不可能ではなかったと考えられる．これに対し，1500 年以降は，be の受動構文一般に対するマーカーとしての地位が確立したものと考えられる．これは 1500 年以降に現れた，become や get が本動詞としての位置付けを変えることがなく，be の動作受動としての機能を完全に取り戻すことがなかったことからも支持されると考えられる．

ここで，1500 頃を境に，受動構文の be と tough 節の関係がどのように変わったかが見えてくる．前節で述べたように，tough 節は助動詞が現れ得るような機能範疇を発達させて来なかった．したがって be が本動詞の位置に具現できる間は tough 節に受動不定詞が現れる可能性もあるが，be が助動詞として確立されると，それが位置すべき機能範疇を持たない tough 節に受動不定詞が現れる可能性は消滅する．つまり，tough 節に受動不定詞が現れなくなった時期と be が助動詞として確立する時期のおよその一致は tough 節を vP と分析することによって説明が可能となるのである．

これに関し興味深い事実がある．現代英語においても become/get 受動構文は tough 構文においても容易に観察される．下記は google において "are easy to become/get" を検索した際に観察されたものである．

(24) a. They are easy to become tobacco-addicted
  b. Why some author's themes are easy to get approved?

統計的にさらなる調査は必要であるが，(24) は助動詞 be を伴う受動構文よりも本動詞 get/become を伴う受動態が tough 構文に現れやすい可能性を示唆している．そして，これは本稿が仮定する tough 節の vP 分析にとって有利となる可能性がある．vP は助動詞を含む受動構文を許さない一方で，動詞に導かれる受動構文を拒む理由は基本的にはないからである．get/become 受動構文の主語をどのように派生し，認可するかが問題となるが，受動構文派生前の目的語位置で直接認可する，またとりわけ get については get の目的語として認可するといった方策が考えられよう．

　Fischer (1991) は tough 節が eager 構文と明確に区別された段階で，tough 節から受動不定詞が消え去ったと主張した．本稿の分析はその主張を否定するものではなく，それを統語理論上で捉え直したものとも言える．つまり，tough 節における受動不定詞の消失は，本来 tough 節が許してはならない構造，つまり，eager 構文では許されるような，完全に文法化した be 動詞を含む受動構文を，助動詞が具現可能な機能範疇を持たない vP が然るべく阻止したと捉えることができ，その基本的考え方は Fischer (1991) に通ずるものであると言える．

## 5. まとめ

　本稿においては，1400 年代を中心とする一時期に，tough 節に受動不定詞が出現し，消失した事実を，tough 節の統語構造の歴史的変遷に基づき分析した．tough 節が現代英語に至るまで，助動詞が具現できるような機能範疇を持ってこなかったという，中川 (2015, 2013) の分析は，上記の歴史的変遷と受動構造の歴史的発達を結びつけて説明することを可能にし，Fischer (1991) の社会言語学的視点を含む分析とも符合するものである．

### 参考文献

Anderson, Deborah L. (2005) *The Acquisition of Tough-Movement in English*, Doctoral dissertation, University of Cambridge.

Bošković, Željko (1997) *The Syntax of Nonfinite Complementation: An Economy Approach*, MIT Press, Cambridge, MA.

千葉修司 (2015)「ロッテのチョコはほんとうに溶かしにくいか――tough 構文の歴史・理論・習得について」近代英語協会第 32 回大会口頭発表．

Contreras, Helles (1993) "On Null Operator Structures," *Natural Language and Linguistic Theory* 11, 1-30.

Fischer, Olga (1991) "The Rise of the Passive Infinitive in English," *Historical English Syntax*, ed. by Dieter Kastovsky, 141-188, Mouton de Gruyter, Berlin.

Fischer, Olga, Ans van Kemenade, Willem Koopman, Wim van der Wurff (2000) *The Syntax of Early Englsh*, Cambridge University Press, Cambridge.

Gaaf, W. Van der (1928) "The Post-Adjectival Passive Infinitive," *English Studies* 10, 129-138.

保坂道雄 (2014)『文法化する英語』開拓社, 東京.

Maruta, Tadao (2012) "On Passivized Tough-infinitives in Current American English,"『東京理科大学紀要』第 44 号, 21-33.

中尾俊夫 (1972)『英語史 II』大修館書店, 東京.

中川直志 (2011)「Tough 構文に対する単文分析の可能性」『日本英文学会第 83 回大会 Proceedings』, 25-27.

中川直志 (2013)「tough 構文の構造と派生の歴史的変遷について」『言語変化:動機とメカニズム』, 中野弘三・田中智之(編), 191-206, 開拓社, 東京.

中川直志 (2015)「統語構造の拡張と縮小:その生産性」名古屋大学英文学会第 24 回大会口頭発表.

小野茂・中尾俊夫 (1980)『英語史 I』大修館書店, 東京.

田中智之 (2013)「不定詞標識 to の(脱)文法化について」『言語変化:動機とメカニズム』, 中野弘三・田中智之(編), 159-174, 開拓社, 東京.

Visser, Frederikus Theodorus (1963-73) *An Historical Syntax of the English Language*, 4 Vols., E. J. Brill, Leiden.

# 近・現代英語における焦点化副詞の用法の変遷
## —just を中心に—

中野　弘三

## 1. はじめに

　本稿で扱う焦点化副詞とは，それが修飾する語句に新情報としての焦点を当て，その語句に聞き手・読み手の注目を向けさせる働きをする副詞のことである．英語の焦点化副詞は，一般的には，次のように4種類に分類される．

(1) a. 追加的副詞 (additive)： also, as well, even, too, etc.
　　b. 特定的副詞 (specificatory)： exactly, just, precisely, right, etc.
　　c. 限定的副詞 (restrictive, exclusive)： but, just, merely, only, simply, etc.
　　d. 強意的副詞 (intensifying, emphatic)： just, really, right, truly, very, etc.

(1)で注目すべきは just で，他の焦点化副詞と比較して多義であり，3つの類にまたがった用法を持っている上，現代英語での使用頻度も群を抜いて多い．

　just は14世紀にフランス語から借用され，英語の焦点化副詞としては but, only, right などと比較して歴史が浅く，また元は "exactly, precisely"（まさに，ちょうど）の意を表す「特定的副詞」(specificatory) としてのみ用いられていた．興味深いのは，焦点化副詞の中では後発の just が (2) に示した特異な特徴を持つに至っている点である．

(2) i) 競合する他の焦点化副詞をおさえて，現代英語（特に口語）において最も使用頻度の高い表現となっている．

ii) （1）に示したように，特定的用法から限定的用法および強意的用法を発達させ，さらに軽視（depreciation）や丁寧さ（politeness）といった語用論的意味を発達させた，焦点化副詞の中で最も多義な語である．

本稿では，just と類似の用法を持つ他の焦点化副詞の近・現代英語における使用状況を観察し，焦点化副詞間の競合関係を見ることによって，just がどのような経過を経てその多義性を獲得し，現代英語において焦点化副詞の主役的役割を果たすに至ったかを考察する．

## 2. 近・現代英語期における焦点化副詞の使用状況

### 2.1. 焦点化副詞の使用頻度の比較

　just を中心とした焦点化副詞の使用状況の歴史的変遷を調べる場合，just は口語的性質の強い表現であるため，口語の資料を集めるのが理想的であるが，当然のことながら，何世紀も前の口語資料の収集は不可能である．従って，次善の策として，使われる表現が文語より口語に近い戯曲（ドラマ）を資料として用いることにした．筆者が焦点化副詞調査用に作った簡易戯曲コーパスはシェイクスピアの作品にはじまり現代戯曲に至る 20 編からなるもので，このコーパスに基づく調査結果が以下に掲げる表 1 である．[1]

　表 1 の 2 重線の左側の列は，選んだ近・現代英語期における 20 の戯曲での just の使用状況の変遷を示している．左端の列の数字は各戯曲での just の使用頻度を示しており，括弧内の数字は just が形容詞として用いられている回数を表す．「総語数」の列は各作品の語数全体を，％ は総語数における just の使用回数の割合を表す（括弧内の形容詞用法は除外している）．

　表 1 の左 3 列が示す重要なことは，近・現代英語期では，時代の経過とともに just の使用頻度は徐々に増加していくものの，急激に増加し出した

---

[1] 利用したのは電子テキストで，①から⑰までは Project Gutenberg が提供するものを，⑱，⑲，⑳の 3 編の現代戯曲だけは The EServer Drama Collection というドラマ専門に扱うサイトの電子テキストを利用した．また，コンコーダンス・ソフトとしては AntConc を使用した．なお，資料を補足する目的で *The Oxford English Dictionary* 2nd Edition on CD-ROM Version 4.0（2009）を利用した．

のは 20 世紀以降だということである．注目すべきは左から 3 列目の % の列で，この列の数値は just が何語中何回用いられているかを示すもので，例えば② *Much Ado about Nothing* の数値 0.03 は 1000 語中 just の使用回数は 0.3 回用いられていることを示している．これに対し，21 世紀の作品⑳ *The Night Watchman* の 0.64 という数値は，1000 語中 6.4 回用いられることを示しており，2 者を比較すると，just の使用頻度は現代英語では初期近代英語期より 20 倍以上に増加していることが分かる．表 1 の 2 重線右側の各行の数値は，当該の作品での just 以外の焦点化副詞の使用頻度を示すものである．16 世紀末のシェイクスピア作品から 19 世紀末の作品までは only の使用頻度のほうが just のそれを凌駕しているが，20 世紀以降になると使用頻度が逆転し始め，20 世紀後半になると just の使用頻度が only のそれを大幅に上回るようになる（⑱⑲⑳を参照）．

表 1：〈戯曲（16 世紀〜21 世紀）中の just ほかの焦点化副詞の使用頻度比較〉

| 戯曲名（[　]内は作者） | just | 総語数 | % | only | merely | exactly | right |
|---|---|---|---|---|---|---|---|
| ① Romeo and Juliet (1595) [W. Shakespeare] | 2 | 27,101 | 0.007 | 9 | 0 | 0 | 4 |
| ② Much Ado about Nothing (1599) [W. Shakespeare] | 6 (4) | 23,009 | 0.03 | 19 | 1 | 0 | 2 |
| ③ Volpone (1607) [B. Jonson] | 1 (4) | 30,213 | 0.003 | 34 | 1 | 0 | 0 |
| ④ The Alchemist (1612) [B. Jonson] | 7 (3) | 30,647 | 0.02 | 16 | 0 | 0 | 3 |
| ⑤ All for Love (1678) [J. Dryden] | 15 (9) | 22,628 | 0.07 | 20 | 0 | 0 | 0 |
| ⑥ Venice Preserved (1682) [T. Otway] | 4 (4) | 15,011 | 0.03 | 10 | 0 | 0 | 1 |
| ⑦ The Double-Dealer (1694) [W. Congreve] | 16 (1) | 28,410 | 0.06 | 41 | 0 | 0 | 1 |
| ⑧ Love for Love (1695) [W. Congreve] | 23 (1) | 33,863 | 0.07 | 39 | 0 | 0 | 1 |
| ⑨ The Busie Body (1709) [Susanna Centlivre] | 12 | 24,395 | 0.05 | 21 | 0 | 1 | 2 |

| 戯曲名（[ ]内は作者） | just | 総語数 | % | only | merely | exactly | right |
|---|---|---|---|---|---|---|---|
| ⑩ The Toy Shop (1735) & The King and the Miller of Mansfield (1737) [R. Dodsley] | 15 (2) | 12,905 | 0.12 | 19 | 0 | 2 | 1 |
| ⑪ She Stoops to Conquer (1773) [O. Goldsmith] | 15 (3) | 23,925 | 0.06 | 35 | 1 | 1 | 1 |
| ⑫ The Rivals (1775) [R.B. Shridan] | 25 (1) | 28,693 | 0.09 | 30 | 0 | 1 | 2 |
| ⑬ The Notorious Mrs. Ebbsmith (1895) [Arthur Wing Pinero] | 20 | 26,590 | 0.08 | 27 | 2 | 2 | 2 |
| ⑭ An Ideal Husband (1895) [Oscar Wilde] | 32 | 31,461 | 0.10 | 57 | 9 | 2 | 2 |
| ⑮ Dolly Reforming Herself (1908) [Henry Arthur Jones] | 45 | 26,157 | 0.17 | 24 | 2 | 10 | 2 |
| ⑯ Pygmalion (1912) [G.B. Shaw] | 31 | 28,347 | 0.11 | 35 | 0 | 3 | 10 |
| ⑰ I'll Leave It to You (1920) [Noel Coward] | 55 | 23,282 | 0.24 | 65 | 2 | 6 | 2 |
| ⑱ Dangerous Angles (1993) [S.S. Sickles] | 17 | 5,416 | 0.31 | 6 | 0 | 0 | 3 |
| ⑲ The Hypnotists (1993) [J.R. Parenti] | 35 | 6,334 | 0.55 | 7 | 0 | 1 | 12 |
| ⑳ The Night Watchman (2002) [R. Cussen] | 64 | 10,065 | 0.64 | 8 | 0 | 1 | 9 |

ただ，上の比較は焦点化副詞の機能を無視したもので，十分に意味のある比較とは言えない．焦点化副詞使用状況の変遷の有意義な調査のためには，同一概念（意味）を表す表現同士を比較するという，命名論的（onomasiological）な観点からの調査が必要である．ここで，後の議論にも必要になるので，焦点化副詞の意味特性をまとめておくと，次の (3), (4) のようになる．

　(3)　**焦点化副詞**とは：文中のある表現に焦点を当てて，その表現が表す

モノまたは事柄と範列関係（paradigmatic relation）にあるモノまたは事柄と対比させる機能を持つ．

(注) 範列関係：ある文脈中の要素 A と，その文脈には現れないが A の代わりに現れ得る要素 B・C・D …との間にある関係．また，範列関係ある要素全体の集合を「範列」(paradigm) という．

(例) a. It was a warm day, if not *exactly* hot. （OALD）
　　　　［範列：温度形容詞が表す様々な温度］
　　b. I can write *only* hiragana. ［範列：文字の種類］
　　c. The car ran *right* out of fuel. （CALD）
　　　　［範列：ガス欠の度合い］

(4) **焦点化副詞の意味特性**（議論に関係しない「追加的副詞」は除く）:
　a. **特定的副詞**：範列の中から特定の要素を選んで，それが文が述べるモノや事柄に間違いなく一致することを表す．
　b. **限定的副詞**：焦点化された要素のみが文の述べるモノや事柄に該当し，範列内の他の要素は該当しない，という排他的な (exclusive) 意味を表す．さらに，範列の要素間に「大小」，「高低」の序列が存在する場合には，限定的副詞が焦点化する要素が序列の最下位であった場合「最小／最低」を意味するところから，「～にすぎない」(no more than, only) という価値判断を含む軽視的 (depreciatory) 意味を表すことになる（軽視的意味ついて詳しくは後述）．
　c. **強意的副詞**：何らかの度合いまたは序列（＝範列）の最高値を表す表現に焦点を当て，度合い（序列）が「まさに表現通りである」，すなわち「最高値」であることを表す．例えば，(例 c) の right は「ガス欠の度合いが最高値である」ことを意味し，out of fuel の表す事態が「まさに」表現通りで，「完全にガス欠である」と表現の意味を強調する．

さて，表 1 に示した 5 つの焦点化副詞の意味機能を (4) の分類に照らしてまとめてみると，次の (5) のようになる．

(5) 歴史を通じて，exactly は特定的副詞としてのみ用いられ，only, merely は限定的副詞としてのみ用いられる．right は特定的と強意

的の2用法に用いられ，そして just は歴史的変遷を経て特定的，限定的，強意的の3用法に用いられるに至った．

(5) の事実を踏まえると，表1での just と only の数値は単純には比較できないことは明らかである．何故なら，限定的用法にのみ用いられる only と異なり，just は限定的用法以外に，特定的用法と強意的用法に用いられるからである．しかも，just は最初からずっとこれら3用法を持っていたわけではなく，フランス語からの借用当初は，上で述べたように，'exactly, precisely' の意の特定的用法でのみ使用されていたが，後に発達の過程で限定的用法，強意的用法を獲得した．just がどの時期に限定的用法と強意的用法を獲得したのかは，正確に特定することは難しいが，およそのところは歴史的資料から推測できるように思われる．

## 2.2. just と only の比較

特定的用法のみに用いられていた just が限定的用法を獲得したのは17世紀後半と考えられる．*OED* での限定的用法の初出例は1665年となっており，筆者の戯曲コーパスに基づく調査でも，この用法の例で最も早い時期に表れたのは1694年の *The Double Dealer* の中の次の2例だった．なお，*OED* の解説では，(6) に見るように，この用法の just にはしばしば but や only が付随するとある．

(6) a. If I desired him to do any more than speak a good word *only just* for me; gads-bud, only for poor Sir Paul, I'm an Anabaptist, or a Jew, or what you please to call me.
   (*The Double-Dealer* (1694), Act 4, Scene 10)
   b. No, my dear; I'm *but just* awake.　　(ibid., Act 5, Scene 21)

したがって，17世紀後半までは，just は限定用法のみの only と競合する副詞ではなかったと考えられる．この頃まで just が競合していたのはむしろ特定的副詞の exactly や right であったのだが，表1で見る限り，exactly や right の使用頻度は少なくとも20世紀以前は非常に低い．さらに，20世紀以降も，作品⑮から⑳に見るように，使用頻度が増えはするものの，just の頻度が急速に増加するのと比べると，その使用頻度は少ないと言える．こ

のように，今日に至るどの時代においても，特定的副詞として主役を果たすのは just であると言えそうである．

一方で，限定的副詞としては，表1が示す限りにおいては，20世紀以前のどの時代においても頻繁に用いられたのは only である．ただし，⑱から⑳に見られるように，just と only の使用頻度の差が非常に大きくなる（現代口語英語で書かれた）20世紀後半以降の作品では，限定的副詞の主役は明らかに just に移る．

強意的副詞に関しては，just は right と競合するが，歴史的には right の方が古くから存在する．just が強意的に用いられはじめたのは18世紀であり，OED (s.v. just 6) においても，強意的用法の just の初出例は1726年で，特定的用法や限定的用法と比べて出現が遅い．これに対し，right は中英語期から副詞や形容詞を修飾する強意的副詞として使われており，表1の①のシェイクスピア作品でも right が強意的副詞として形容詞を修飾している例が3例見いだせる．

(7) a. *Right* glad I am he was not at this fray.

　　　　　　　　　　　　(*Romeo and Juliet* (1595), Act 1, Scene 1)

b. Rom. A *right* good markman! And she's fair I love.
Ben. A *right* fair mark, fair coz, is soonest hit.

　　　　　　　　　　　(*ibid.*, Act 1, Scene 1) ［いずれも right = very］

このように強意的副詞としては right の方が古い歴史を持っており，just と right が実際に競合するようになるのは現代英語になってからと思われる．just の強意的用法について詳しくは以下第3.4節で述べる．

## 3. just の意味変化（拡張）

### 3.1. just の多様な意味

副詞 just は「正当な，適正な，正確な」を意味する（元はフランス語からの借用語の）形容詞 just に由来するもので，本来の意味は（日本語の「まさに，間違いなく，ちょうど」に相当する）"exactly, precisely" の意であり，今日でもこの意味が just の基本的な意味である．

(8) a. William was *just* five months and eleven days old. (*MED*)
　　b. It's *just* twenty-three minutes past five. (*ibid.*)
　　c. Thank you so much. It was *just* what I want. (*ibid.*)

この意味の just は数量，年齢，時刻などの数値を「ちょうど〜」と特定したり，モノ，場所などが「まさに〜（に当たる）」と特定する機能を果たすので，Lee (1987, 1991) はこの意味を "specificatory meaning"（特定的意味）と呼ぶ．さらに，この意味の just は，完了形や進行形の基準時を修飾して「ちょうど今／その時）〜が発生する」というふうに，事態発生の時を表すのに用いられる一方で，just now（今しがた，たった今）のように now と結合して事態が「まさに，ちょうど発生したばかり」であることを表す．

(9) a. I can't come now. I'm *just* putting the children to bed. (*MED*)
　　　今は行けません．ちょうど子供たちを寝かせ付けているところですから
　　b. He left home *just* now.（彼は今しがた出かけた）

just の語義拡張の歴史では，形容詞 just から引き継いだこの specificatory（特定的）な意味が最も古い語義であり，just が持つこれ以外の語義はすべて発達の過程で派生的に生じたものであると考えられる．just の語義の最も詳しい分析を行っている Lee (1987, 1991) では，現代英語の just には，specificatory 以外に次の 2)〜4) の 3 種類の語義があるとする．

(10) 1) specificatory（特定的意味）
　　　2) restrictive（限定的意味）
　　　3) emphatic（強意的意味）
　　　4) depreciatory（軽視的意味）
(11) 限定的意味：'only, merely'（だけ，しかない）の意．
　　a. I decided to learn Japanese *just* for fun. (*OALD*)
　　b. There is *just* one method that might work. (*ibid.*)
(12) 強意的意味：形容詞や動詞を修飾して状態や行為を強調する．
　　a. The food was *just* wonderful. (*OALD*)
　　b. I *just* love being in the mountains. (*LDOCE*)
(13) 軽視的意味：修飾する（焦点化する）対象を「ただの／ほんの〜」と

表現して，その重要性や価値を話し手が軽く見ていることを表す．
- a. It's nothing serious—*just* a small cut. (*LDOCE*)
(ただのかすり傷)
- b. It was *just* a silly mistake. (*MED*)
(ただの愚かな間違い)
- c. Can you wait *just* a few minutes? (*LDOCE*)
(ほんの2,3分)

なお，軽視的意味を表す just は，聞き手に精神的ないしは肉体的負担をかける内容の発言で用いられると，(13) に見るように，「発言内容／依頼内容は大したことではない」ことを表し，聞き手に負担をかけまいとする消極的ポライトネス表現としての機能を果たす．また，just は，(14) におけるように，〈依頼〉や〈命令〉のような行為指示型の発話行為や特殊な構文で用いられると，丁寧さや控えめといった対人関係的 (interpersonal) な語用論的意味を表す．

(14) 行為指示型発話行為において：丁寧あるいは控えめな依頼を表す
- a. *Just* follow the directions on the box.
(ただ箱に書いてある指示に従えばいいのです)
- b. Could you *just* help me with this box, please? (*OALD*)
(ちょっとこの箱を運ぶのを手伝ってもらえないでしょうか)

このように just は非常に多義ではあるものの，その多義性の根源にあるものは，上述のように，特定的意味であると考えられる．副詞 just は，justly と同様，形容詞 just に由来し，特定的意味は形容詞 just から引き継いだものだからである．因みに，justly は現在でも形容詞から引き継いだ「正しく，公正に，正確に」の意でしか用いられず，just のような多義性は持たない．では，副詞 just はなぜこのように多様な語義を持つに至ったのだろうか．just に関する歴史的資料を踏まえた通時的な観点から，just の意味拡張の過程を考えてみよう．

### 3.2. just の語義の拡張

just の多義性の共時的な研究はある程度存在するが，通時的な研究は極め

て少ないのが現状である．Molina and Romano (2012) はその数少ない通時的研究の一つで，この論文では just の語義拡張を次の (15) のような表にまとめている．

(15)

| ADJECTIVE | Manner | early 15th century |
|---|---|---|
| SCALAR ADVERB | Specificatory — Manner | early 15th century |
| | Specificatory — Measurement and location | 16th century |
| | Specificatory — Time | 17th century |
| | Restrictive | early 18th century |
| SUBJECTIFIED PRAGMATIC MARKER | Downtoning | 18th century |
| | Emphatic | 18th century |
| | Marker of politeness | 20th century |
| | Marker of agreement | 20th century |

表 2：Table I: Diachronic rise of major nuances in English JUST
[Clara Molina and Manuela Romano (2012: 22) より]

この表の内容は，著者達が独自の資料調査を行った結果得られたものではなく，OED と若干の先行研究に基づいて得られた情報をまとめたものと述べている．表 2 の真ん中の列に示された just の語義の分類は，丁寧さ標識 (marker of politeness)，同意標識 (marker of agreement) という語用論的意味以外は，上の (10) に示した分類にほぼ一致している．なお，表 2 では軽視的意味 (depreciatory) という用語の代わりに「緩和的意味」(downtoning) という用語が使われている．

　Molina and Romano (2012) は，表 2 に見るように，just の語義の各々がどの時代に出現したかは述べているが，各々の語義がどのような経過を経て出現したのか，また語義間の関係がどうであるのか，についてあまり明確に述べていない．just の語義間の関係および語義の発達の経路に関しては，筆者は中野 (2013) で次の図 1 に示した発達経路が考えられると論じた．なお，この図 1 が示すことは，表 2 で Molina and Romano (2012) が主張する語義の出現年代と矛盾しない．

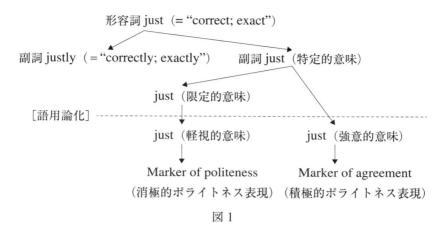

図 1

just に対し図 1 に示した意味拡張の経路を想定する根拠について詳しい議論は中野（2013）で行っているので，以下ではその議論を踏まえて just の意味拡張について簡略に述べる．

### 3.3. 特定的意味から限定的意味へ

副詞 just の当初の意味は特定的意味であり，筆者が調べた戯曲の資料（表1）のうち，少なくとも 17 世紀末までに書かれた作品①〜⑧に出現する just の例は，すべて特定的意味で用いられている．例えば 17 世紀末の Congreve 作 *Love for Love* で用いられている 23 例の just は特定的意味を表すものに限られている．同戯曲から一部例を示すと（16）のようである．

(16) a. … these poets and philosophers whom you naturally hate, for *just* such another reason (Act 1, Scene1)
 b. They have quarrelled, *just* as we could wish. (Act 3, Scene 8)
 c. So was Valentine this morning; and looked *just* so. (Act 3, Scene 11)
 d. Why, he talked very sensibly *just* now. (Act 4, Scene 19)
 e. Ay, sir; she's *just* going to the place of appointment. (Act5, Scene 3)

なお，just の特定的意味は大体日本語の「ちょうど」に相当し，筆者が調べ

た限りでは，*Love for Love* を含めて 17 世紀末までの戯曲においては，特定的意味の just が現れる文脈はある程度パタン化しており，just はほとんどの場合次のような形式を取って現れる．

(17) 1) 'just + such/as/so 〜' の形式で：「ちょうど〜のように」と様態の一致を表す．　　　　　　　　　　　　　　［a, b, c の例参照］
　　 2) 進行形／完了形とともに用いられたり，just now の形式で時間を表す：「ちょうど今，今しがた」の意を表す．［d, e の例参照］

　一方，just が限定的意味で使われ始めるのは，上で見た特定的意味に比べて，時期的にかなり遅れる．これは，すでに第 2 節で述べたように，限定的意味を専門に表す表現として古くから only/but が存在するためではないかと考えられる．[2] 表 1 に見るように，17 世紀末までの作品①〜⑨においては，⑥を除いて，同一作品中での just と only/but の使用頻度にかなりの差があり（but については注 1 参照），このことから，この時期までは限定的意味を表す表現として only/but より just を選ぶ状況になっていない，つまり，限定的意味が just にまだ定着していないことが推測できる（もっとも，*OED* での限定的意味の just の初出例は 1665 年となっており，表 1 に掲げた⑦の作品中にも，第 2 節の (6) に挙げた限定的意味を表すと思われる例が若干は見出される）．

　限定的意味を表す only との関係で注目すべきことは，表 1 の⑱〜⑳に掲げた現代口語英語で書かれた戯曲においては just と only の使用頻度の差が非常に大きいことである（因みに，注 2 に示したように，副詞 but も使用頻度は 0 である）．この大きな差は，現代口語英語では，限定的意味（および，それから派生した軽視的意味）を表すのに，only より just を選ぶ傾向が非常に強くなっていることを示すものと見てよいであろう．

---

[2] but は（焦点化）副詞以外に接続詞や前置詞としての用法があり，用例の数が極めて多く，資料から（焦点化）副詞だけを選別するのに多大な時間を要した．そのため 20 編の戯曲全体にわたる but の使用頻度調査を行う時間的余裕がなく，表 1 に使用頻度数を記載することが出来なかった．ただし，表 1 に掲げた作品のうち 17 世紀末までの 5 作品と 20 世紀以降の 5 作品に関しては副詞 but の一応の調査を行った．調査により判明した副詞 but の使用頻度は①—28，②—24，③—37，④—33，⑤—25 である一方，⑯〜⑳の 5 作品での使用頻度はいずれも 0 であった．

### 3.4. 軽視的意味と強意的意味の出現

　中野（2013）で述べたように，軽視的意味は限定的意味から，強意的意味は特定的意味から派生すると考えられるが，強意的意味・軽視的意味の just と特定的意味・限定的意味の just の間には発話の場での伝達機能の違いがあり，それを図1では点線で示した．

　現代英語で最もよく用いられるのは軽視的 just，および強意的 just である．[3] 限定的用法から派生した軽視的用法の現代英語における使用頻度の増大の背景には，言語使用者の尺度認識の急速な拡張があるものと思われる．軽視的意味には限定的意味から受け継いだ「～だけ／しかない」という排他性が含まれるので，軽視的 just の使用は必ず対話当事者（話し手と聞き手）の何らかの尺度（序列）認識を前提とする．

(18) a. Could I *just* borrow your pen for a second?（ほんのちょっと間）
　　　 b. Can you lend me *just* one thousand yen?（千円だけ）
　　　 c. I *just* dropped by to see how you were getting on.　　(*LDOCE*)
　　　　（ちょっとお寄りしただけ）
　　　 d. I don't feel unwell, I *just* feel seedy.　　　　　　(Lee (1987))
　　　　（ただ気分がすぐれないだけ）

(18) における just が軽視的意味を持つには，それが焦点化する表現に関わる範列の構成要素間に対話当事者がある種の序列を含む尺度を認めていなければならない．この場合の尺度は，数量の客観的，科学的尺度だけでなく，対話当事者に共通の知識に基づいた主観的で常識的な尺度も存在する．(18a) や (18b) での焦点化要素（時間や値段）には客観的な大小の序列が認められる一方で，(18c) や (18d) での焦点化要素は動詞や形容詞によって表される行為や状態であることに注意する必要がある．(18c, d) での焦点化要素の序列は

(19) a. 訪問という行為に想定される序列：visit＞come/go to see＞drop by/in

---

[3] Aijmer (1996: 157) の The London-Lund Corpus of Spoken English に基づく現代口語英語の調査によると，収集した just の用例604例中427（約70％）が軽視的用法と強意的用法とのことである．

b. 体調不良という状態に想定される序列：ill/sick/unwell＞not very well＞seedy

のように，"正式な訪問＞普通の訪問＞ついでの軽い訪問"や"病気である＞身体の具合があまりよくない＞気分がすぐれない"といった，厳密な科学的根拠ではなく，常識的で主観的な判断に基づく序列である．(18c) の just は，訪問に関わる序列最下位の drop by を焦点化しているところから，聞き手に「ついでにちょっと立ち寄っただけ」と伝えて，訪問による聞き手の心理的負担を軽くする機能を持つ．同様に，(18d) の just も体調不良に関する序列の最下位である seedy を焦点化要素とし，聞き手に「ちょっと気分がすぐれないだけ」と伝え，聞き手に心配をかけまいとする話し手の配慮を示す表現である．どちらの just も聞き手に対する配慮を表す対人関係的モダリティ表現である．このように，just の焦点化要素の範囲が時間や数値を表す表現から行為や状態を表す動詞や形容詞へ拡張したことは，軽視的用法の just の使用が急速に増大した大きな要因ではないかと考えられる．

一方，強意的意味も，軽視的意味と同様，just が述語（形容詞，動詞）を焦点化することができるようになった段階で生じる．*OED* (s.v. just 6) によると，強意的用法の just の初出例は 1726 年で，特定的用法や限定的用法と比べて出現が遅いのは軽視的用法と類似している．強意的用法の典型的な例は just が (20) に示した形容詞／動詞を焦点化する場合であり，(21) がその実例である．

(20) amazing, frightening , unbelievable, wonderful のような「極度の形容詞」(extreme adjective) と呼ばれる形容詞や，adore, love, hate, can't stand, infuriate のような強い感情を表す動詞

(21) a. She's great, *just* wonderful.
　　　　　　　　　　　　　　　　　(*The Night Watchman* (2002), Scene 4)
　　b. We *just* love Hawaii.
　　c. He *just* infuriated everyone.　　　　　　　(Lee (1991))

強意的意味は just の本来の意味である特定的意味 "exactly, correctly"（まさに，間違いなく）からの派生であることは，「言語のメタ機能」を考慮に入れると，明らかである．She is just wonderful.（彼女はまさに素晴らしい）

は

(22) She is correctly described as wonderful (or It is correct to describe her as wonderful).

とパラフレーズできるように，この場合の just は，「(彼女を) wonderful と表現して正しい，適切である」と，彼女の人柄を "wonderful" と表現することの正しさ（適切さ）を強調する機能を持つと言える．He just infuriated everyone.（彼はみんなをまさに激怒させた）の場合も同様で，彼がみんなにしたことはまさに "infuriate" と表現するのにふさわしかった，というふうに，just は表現の適切さを強調するものである．just のこの機能は言語表現の適切さに言及するものであるのでメタ言語機能と言える．強意的用法が特定的用法からの派生であるとすると，強意的用法の出現が特定的用法に比べてずっと遅れるのは，just がこのメタ言語的機能を獲得するのに時間を要したためではないかと考えられる．

## 4. まとめ

　以上で行った本稿での考察は次のようにまとめることができる．
　1) 17 世紀末ころまでは just は特定的用法のみに用いられ，限定的意味を表す焦点化副詞は主として only および but であった．そのため，just と only/but の使用頻度の間に大きな差があった．
　2) just の使用頻度は 17 世紀末以降徐々に増加しはじめ，only の使用頻度との差がだんだんと縮まり，20 世紀初頭以降は just と only の使用頻度が極めて接近し，20 世後半になると，⑱～⑳の作品に見るように，just の使用頻度が only のそれより圧倒的に多くなる．これは，just の用法が特定的用法以外に，限定的用法，さらにはそれらから生まれた軽視的用法，強意的用法など，様々な用法を獲得したためと思われる．just だけの各時代の使用頻度を比較しても，例えば，シェイクスピア時代と現代では 20 倍以上の差がある．
　3) just の使用頻度が飛躍的に高まった要因は just の語義の拡張であるが，重要なのは，当初の特定的意味→限定的意味，限定的意味→軽視的意味，特定的意味→強意的意味という語義の派生で，その派生の誘因は以下のように

まとめることができる：

**特定的意味 → 限定的意味の派生**：焦点化副詞 just が前提とする（暗示する）範列の構成員間の関係が排他的であるという認識が生まれることによって生じる．

**限定的意味 → 軽視的意味の派生**：限定的意味が表す「排他的関係」にある範列構成員の間に大小の序列的尺度が認められると，そこに尺度的推意が生じることから生まれる．

**特定的意味 → 強意的意味の派生**：just が形容詞や動詞などを焦点化する際に働くメタ言語機能により生み出される．

## 参考文献

Aijmer, Karin (1996) *English Discourse Particles*, John Benjamins, Amsterdam/Philadelphia.

Cohen, Gerald (1969) "How did the English Word Just Acquire Its Different Meanings?" *CLS* 15, 25-29.

Lee, David A. (1987) "The Semantics of *Just*," *Journal of Pragmatics* 11, 377-398.

Lee, David A. (1991) "Categories in the Description of *Just*," *Lingua* 83, 43-66.

Molina, Clara and Manuela Romano (2012) "JUST Revisited: Panchronic and Contrastive Insights," *International Journal of English Studies* 12 (1), 17-36.

中野弘三 (2013)「Just の多義性の由来を探る」『言語変化——動機とメカニズム』，中野弘三・田中智之(編)，271-286, 開拓社，東京．

友澤宏隆 (2010)「限定の含意：副詞 just の意味と談話機能」『言語文化』47, 75-93, Hitobubasi University Repository.

Traugott, Elizabeth Closs and Richard B. Dasher (2002) *Regularity in Semantic Change*, Cambridge University Press, Cambridge.

Wierzbicka, Anna (2003) *Cross-cultural Pragmatics: The Semantics of Human Interaction*, 2nd ed., Mouton de Gruyter, Berlin/New York.

## 辞　書

*Cambridge Advanced Learner's Dictionary* (*CALD*), Cambridge University Press, 2003.

*Longman Dictionary of Contemporary English* (*LDOCE*), 5th ed., Pearson Education, 2009.

*Macmillan English Dictionary for Advanced Learners* (*MED*), 2nd ed., Macmillan Publishers Limited, 2007.

*Oxford Advanced Learner's Dictionary* (*OALD*), 8th ed., Oxford University Press, 2010.

*The Oxford English Dictionary* (*OED*), 2nd ed. on CD-ROM Version 4.0, Oxford University Press, 2009.

# I know not why
——後期近代英語における残留動詞移動——*

## 縄田　裕幸

## 1. 序

　Emonds (1978), Pollock (1989) による先駆的研究以来，定形節において動詞語幹（V）と屈折辞（Infl）を融合するための方法として V が Infl に上昇する「動詞移動 (verb raising)」と Infl が V に下降する「接辞下降 (affix hopping)」の二種類が利用可能であるという考えが広く受け入れられている．また (1) のように否定辞と副詞が Infl と V の間を占めるという仮定のもと，ある言語において動詞移動と接辞下降のどちらの選択肢が採用されているかは定形動詞と否定辞・副詞の位置関係によって判断されてきた．

　(1)　[IP　Subj.　Infl　(Neg/Adv)　[VP　V]]

例えば，定形動詞が否定辞・副詞に先行するフランス語は動詞移動タイプの言語であり，定形動詞がこれらに後続する現代英語は接辞下降タイプである．なお，極小主義の標準的なモデルにしたがい，以下の議論では主要部移動は統語部門で，接辞下降は音韻部門で，それぞれ適用されると仮定する（ただし 4.2 節を参照）．どちらの方策を採用するかは普遍文法（UG）におけるパラメタとして位置付けられ，ある言語の母語話者は言語獲得の際に「動詞移動」または「接辞下降」いずれかの値を選択すると考えられる．

　また，Rohrbacher (1994), Vikner (1997), Bobaljik (2002) らによる比較統語論研究により，動詞上昇の存否に動詞屈折接辞の豊かさが関係していることが明らかになってきた．すなわち，フランス語のように動詞屈折が

---

　* 本研究は日本学術振興会からの科学研究費補助金（基盤研究 (C), 課題番号 26370568）による成果の一部である．

豊かであれば当該パラメタの値として動詞移動が選択され，現代英語のように屈折が乏しければ接辞下降の値が選択される．動詞の形態的特徴と統語的動詞移動に因果関係を認めるこの仮説を「豊かな一致の仮説（Rich Agreement Hypothesis: RAH）」と呼ぶ．

　英語の通時的発達に目を転じると，中英語（Middle English: ME）までは否定文において定形動詞が否定辞 not に先行していたが，初期近代英語（Early Modern English: EModE）に助動詞 do が発達したことで本動詞が否定辞に後続する do not V 語順が増加した（Ellegård (1953))．このことから，英語は EModE において動詞移動タイプの言語から接辞下降タイプの言語へと変化したと考えられてきた（Roberts (1993))．また，同じ時期に動詞の 2 人称単数を表す一致形態素 -st が消失していることから，RAH の妥当性を通時的に例証しているようにも思われる．しかし，後期近代英語（Late Modern English: LModE）になっても know, believe, care, doubt などの一部の動詞は動詞移動の消失に抵抗し，否定文において not の前に置かれることがしばしばあった．以下，LModE におけるこれらの動詞の移動現象を「残留動詞移動（residual verb movement）」と呼ぶこことにする．

　残留動詞移動は RAH，より一般的には動詞移動の有無を UG のパラメタとして扱うあらゆる接近法にとって一見したところ問題となる現象である．まず，動詞屈折接辞が衰退した LModE において動詞を Infl 位置へと移動させた要因が何であったのかが不明である．また，Chomsky (1995) 以来の標準的な極小主義の枠組みでは，あるパラメタの値は機能範疇の素性によって決定されると仮定されている（機能範疇パラメタ仮説）．この仮説のもとでは，ある言語において動詞複合体を形成するための方法は屈折辞として具現化される機能範疇の特性によってのみ決定され，その影響は当該屈折辞と融合するすべての動詞に及ぶはずなので，know のような一部の語彙項目を選択的に動詞移動の対象とすることは原理的に不可能である．

　英語の動詞移動消失に関する従来の研究では動詞と否定辞の位置関係が注目されることが多かったが，Haeberli and Ihsane (2016) は定形動詞・副詞の位置関係が変化した時期と定形動詞・否定辞の位置関係が変化した時期にずれがあることを実証的に明らかにしている．そこで，本稿では残留動詞移動を示す代表的動詞として know を取り上げ，否定辞・副詞との相対的位置関係を EModE のタグ付きコーパス Penn-Helsinki Parsed Corpus of

Early Modern English (PPCEME) と LModE のタグ付きコーパス Penn Parsed Corpus of Modern British English (PPCMBE) の調査から明らかにすることによって，上記の問題に対する解決策を提示することを試みる．具体的には，動詞移動には豊かな屈折辞によって駆動されるものと否定接辞によって駆動されるものの二種類があり，前者に比べて後者の方が長く残存したことによって残留動詞移動がもたらされたと主張する．

以下，まず 2 節では Pollock (1989) によって提唱された否定と副詞の句構造を導入する．次に 3 節でコーパス調査によって得られたデータを概観して問題を提起する．そして 4 節では動詞移動の駆動因に関する本稿の提案を示し，それに基づいて副詞を含む文と否定辞を含む文の派生を分析する．最後に 5 節では本稿の提案がもたらす理論的な帰結について触れる．

## 2. 否定と副詞の句構造：Pollock (1989)

はじめに，定形動詞・否定辞・VP 副詞の三者の位置関係についての標準的な仮説を導入する．以下に示すように，フランス語の定形節において本動詞は否定辞 pas と VP 副詞にともに先行する．

(2) a. Pierre ne *mange pas*.
   Pierre NE eats   not          (Pollock (1989: 393))
 b. Jean *embrasse souvent* Marie.
   Jean kisses   often   Marie.        (ibid.: 367)

それに対し，非定形節では本動詞は VP 副詞に先行するが否定辞 pas には後続する．

(3) a. Ne *pas sembler* heureux est une condition pour écrire
   NE not seem.INF happy  is  a  condition for  write.INF
   des  romans.
   DET novels
   'Not to seem happy is a prerequisite for writing novels.'
                                (ibid.: 374)

b. *Parler    à peine* l'italien après cinq ans   d'étude dénote
   speak.INF hardly Italian  after five years of.study indicates
   un   manque de don pour les   langues.
   DET lack    of gift  for   DET languages
   'To hardly speak Italian after five years of study shows a lack of gift for languages.' (ibid.: 378)

これらの事実に基づいて，Pollock (1989) は屈折辞 Infl を時制辞（tense: T），否定辞（negation: Neg），一致辞（agreement: Agr）に細分化した (4) のような句構造を提案した（Pollock (1989) は時制辞を Infl と表記しているが，ここでは最近の表記法に倣って T とする）．

(4)　[TP T [NegP pas [AgrP Agr [VP Adv V ]]]]
　　　　　　　定形のみ　　　定形・非定形

V から Agr までは定形・非定形に関わらずすべての本動詞が移動するのに対し，Agr から T までの移動は定形動詞のみが対象となる．その結果，定形節では V が連続循環的に T まで移動して否定辞 pas と VP 副詞にともに先行する語順 (2a, b) が派生される一方，非定形節では V は Agr までの短距離主要部移動を受け，(3a, b) のように非定形動詞が VP 副詞には先行するが否定辞には後続する語順が生じる．

　ところで，(4) の句構造は共時的にも通時的にも動詞・否定辞・VP 副詞三者の語順に関して一定の予測をする．共時的には，否定辞が VP 副詞よりも高い位置にあることから，もしもある動詞が否定辞に先行するならば，必然的に VP 副詞にも先行するはずである．また，通時的変化において動詞移動が上位機能範疇への移動から下位機能範疇への移動へと段階的に消失したのであれば，まずは否定辞を越える移動が消失し，その次に副詞を越える移動が消失したはずである．はたして英語の通時的変化においてこれらの予想は正しいであろうか．次節では，コーパスの調査からこの点を検証する．

## 3. 近代英語における know と否定辞・副詞の語順

### 3.1. know と否定辞の語順

はじめに動詞 know と否定辞 not の語順が近代英語（Modern English: ModE）においてどのように変遷したかを確認しよう．PPCEME と PPC-MBE を用いて know が not に先行する語順（know > not）と否定文に助動詞が現れることによって not が know に先行する語順（not > know）の生起数を調査した．その結果をまとめたのが次の表である．

表 1：近代英語における know と not の相対的位置

|  | EModE | LModE |
|---|---|---|
| know > not | 242 (68%) | 116 (38%) |
| not > know | 113 (32%) | 186 (62%) |

EModE と LModE で know > not 語順と not > know 語順の比率がほぼ逆転しており，否定文における動詞上昇がこの時期に大きく減少したことが分かる．しかし同時に LModE においても依然として know > not 語順が 4 割近くを占めており，動詞が not を越えて移動できたことを示唆している．この LModE における know > not 語順が，いわゆる残留動詞移動である．

残留動詞移動が生じた構文に偏りがないことを確かめるため，PPCMBE から検出された know not 語順の具体例を以下に示す．[1]

(5) a. He saith, I *know not*.　　　　　(ERV-NEW-1881, 9, 1J.798)
 b. Ah! but you *know not* the humiliating avowal I have to make?
            (BROUGHAM-1861, 28.1030)
 c. And I *knew* him *not*:　　　　(ERV-NEW-1881, 1, 20J.63)
 d. Again, the world's refinement is based upon Christianity, even though the world *knows not* of it.

               (PUSEY-186X, 283.66)

---

[1] 用例の出典は PPCMBE による表記法にしたがってテキストの略称と用例 ID によって示す．各テキストの詳細情報については https://www.ling.upenn.edu/hist-corpora/PPCMBE-RELEASE-1/index.html を参照のこと．

e. I *know not* what I shall have from his Hands,

(DAVYS-1716, 50.898)

f. but there standeth one amidst you, whom ye *know not*;

(NEWCOME-NEW-1796, 1, 20J.54)

g. Whether this was a Defiance or Challenge, we *know not*;

(DEFOE-1719, 193.12)

これらのうち (5a) は自動詞用法であり，(5b) は NP 補部が後続する用法である．また目的語が代名詞のときには (5c) のように動詞と not の間に置かれた．(5d) では PP が not に後続している．また (5e) のように節補部が know not に後続する例もよく見られる．さらに (5f, g) のように know の NP 補部あるいは節補部が関係節化や話題化によって移動を受けている例も観察される．これらの例から，LModE においても know not 語順は決して慣用表現に限定されていたわけではなく，文法的に生産的な形式であったと結論づけることができる．

### 3.2. know と副詞の語順

次に know と副詞の語順を確認しよう．PPCEME と PPCMBE において know と VP 副詞の語順を調査した結果をまとめたのが次の表である．[2]

表2：近代英語における know と VP 副詞の相対的位置

|           | EModE    | LModE   |
|-----------|----------|---------|
| know > adv | 11(18%) | 2(7%)   |
| adv > know | 49(82%) | 25(93%) |

全体的に，VP 副詞が know に先行する語順 (adv > know) の方がその逆の語順 (know > adv) よりも圧倒的に頻度が高いことが分かる．このことは，ModE の早い時期にはすでに VP 副詞と know の相対的位置関係に関して

---

[2] ここで集計の対象とした副詞には以下のものが含まれる：already, best, better, certainly, clearly, circumstantially, commonly, ever, exactly, falsely, hardly, never, often, partly, properly, quite, really, scarce(ly), sensibly, sufficiently, well など．たとえ副詞が定形動詞に後続していても，それが現代英語でも許される語順である場合は (cf. I know the man well.) 当該の副詞が VP または vP に右方付加しているとみなして集計から除外した．

現代英語と同じパタンが確立していたことを示している．

EModE および LMod における adv > know 語順の具体例を (6), (7) に挙げる．

(6) EModE
    a. I *neuer knew* a woman so doate vpon a man;

                                  (SHAKESP-E2-H, 46.C1.332)

    b. God and mine owne conscience *clerely knoweth*, that no man may truely noumber and recken me.

                                  (MROPER-E1-P1, 519.79)

(7) LModE
    a. and the speaker *often knew* little of law, though he knew enough to argue a legal question,   (LONG-1866, 2, 94.468)

    b. I fancy you *hardly know* your selves, when you are in jest, and when in Earnest.           (DAVYS-1716, 41.587)

3.1 節での know と not の語順と併せて考えると，know の動詞移動消失は次のような過程をたどったことが分かる．まず EModE の早い時期に動詞が副詞を越える移動が消失し，LModE になると not を越える移動も減少した．しかし know > not 語順は引き続き一定の生産性を維持し，残留動詞移動現象が生じた．これは，まず否定辞を越える移動が消失してその後に副詞を越える移動が消失したはずであるという，2 節で紹介した Pollock (1989) の句構造から導かれる予想とは矛盾する結果である．

具体的には，ModE における動詞移動の消失に関して以下の三つの問いに答える必要がある．

(8) a. 否定辞と副詞の変化のずれ：なぜ否定辞を越える動詞移動が副詞を越える動詞移動よりも長く残ったのか．
    b. 否定文における動詞移動の随意性：ModE を通して know > not 語順と not > know 語順が併存して観察されるのはなぜか．
    c. 残留動詞移動の語彙特異性：know など一部特定の動詞が LModE まで否定文の動詞移動を保持し続けたのはなぜか．

次節では，動詞移動を動詞屈折接辞に起因するものと否定接辞に起因するも

のに峻別することで，これらの問題を解決することを試みる．

## 4. 提案と分析

### 4.1. 屈折接辞に起因する動詞移動とその消失

はじめに，動詞語幹と屈折辞を融合する際の一般的なアルゴリズムを以下のように仮定しよう．(i) 統語構造 [$_{XP}$ X [$_{YP}$ Y ... [$_{VP}$ V]]] に含まれる複数の主要部 X, Y, ... V からなる動詞複合体を作る過程において，語幹 V 以外の機能範疇はすべて接辞特性（以下 affix と表記）を持っていなければならない．(ii) 語幹 V から機能範疇 Y までを含む複合体は統語部門における主要部移動によって形成される．(iii) 最上位の機能範疇 X と Y を融合する際には，可能な限り音韻部門における接辞下降が利用される．これらのうち，(i) は動詞屈折形を形成するためのすべての規則適用（主要部移動あるいは接辞下降）がその駆動因を持っていなければならないことを意味している．また (ii) は統語的主要部移動が連続循環的に適用可能であるのに対して接辞下降は一回の適用しか許されないこと（Radford (2009)）から，(iii) は音韻部門の操作が統語部門の操作より経済的であること（Bobaljik (1995)）から，それぞれ導くことができる．

これらを仮定した上で，動詞屈折が豊かであった時代とそれが衰退した時代の動詞複合体形成のプロセスを概観しよう．ここでは，Vikner (1997), Bobaljik (2002) にしたがい，過去形で 2 人称単数一致形態素 -st が保持されていた 16 世紀半ばまでを英語史上の「豊かな一致の時代」，それが消失して以降を「貧しい一致の時代」とみなす．また Nawata (2009) にしたがい，動詞の一致素性（以下 φ と表記）は豊かな一致の時代には定性辞 (finite: Fin) によって，貧しい一致の時代には時制辞 T によって，それぞれ担われていたと仮定する．そうすると，それぞれの時代における動詞複合体形成の過程は (9a, b) のようになる．以下，実線矢印は統語部門での操作を表し，破線矢印は音韻部門での操作を表す．また分散形態論 (Distributed Morphology) の枠組みにしたがい，動詞語幹を v + Root で表す（Halle and Marants (1993)）．

(9) a. 16世紀半ばまで：

　　　[$_{FinP}$ Fin$_{[\phi:\text{ affix}]}$ [$_{TP}$ Subj. T$_{[\text{tense: affix}]}$ [$_{vP}$ Adv v + Root]]]

b. 16世紀半ば以降：

　　　[$_{FinP}$ Fin [$_{TP}$ Subj. T$_{[\phi,\text{ tense: affix}]}$ [$_{vP}$ Adv v + Root]]]

動詞屈折が豊かであった16世紀半ばまでは，v + Root は T の時制接辞および Fin の一致接辞と融合しなければならなかった．そこで上記 (ii), (iii) の仮定より，v + Root はまず統語部門で T まで移動し，その後音韻部門で Fin が T に接辞下降することで動詞複合体が形成された ( = (9a))．v + Root が T に上昇することで副詞が定形動詞に後続する語順が派生された．しかし16世紀半ば以降，豊かな一致が衰退して T が時制と一致の素性をともに担うようになると，T が音韻部門で v + Root に接辞下降することで事足りるようになった．そうすると定形動詞は vP 内に留まることになるので，vP に付加しているいわゆる VP 副詞が定形動詞に先行する現代英語タイプの語順が派生されるようになった ( = (9b))．

### 4.2. 否定接辞に起因する動詞移動

　次に否定文の派生を考えてみよう．(10) に示すように，ME 期には定形動詞が接辞的否定辞 ne と副詞的否定辞 not に挟まれた ne V not 語順が標準的な否定の形式であった．

(10) 　This Absolon *ne roghte nat* a bene
　　　　This Absalom NE cared not a bean

　　　　　　　　　　　　　　　　　(c1395 *The Miller's Tale* 664)

Fischer et al. (2000) などにしたがい，接辞的否定辞 ne が NegP 主要部に，副詞的否定辞 not が NegP 指定部に，それぞれ基底生成されたと仮定する．また動詞に前接辞化する ne は動詞屈折接辞と同じ [affix] 素性を持っていたと想定するのが自然であると思われる．4.1節で導入した動詞移動のアルゴリズム (i)–(iii) にしたがうと，(10) の動詞複合体形成に関連する派生は以下のように示される．

(11)　[$_{FinP}$ Fin$_{[\phi: affix]}$ [$_{TP}$ Subj. T$_{[tense: affix]}$ [$_{NegP}$ not -ne$_{[neg: affix]}$ [$_{vP}$ v + Root]]]]

NegとTがともに [affix] 素性を持っているため，語幹 v + Root は統語部門においてTまで連続循環的に主要部移動し，音韻部門で Fin がTの動詞複合体 ne-v-Root-T に接辞下降によって付加する．

　接辞的否定辞 ne は ME 末までに消失し，かわって 15 世紀から動詞の否定形は ne を伴わない V not 語順で表されるようになった(Jespersen (1917, 1940))．依然として V が not に先行していることから，ne が消失した後も V は引き続き T まで主要部移動していたと考えられる．そこで本稿では Neg の素性指定に関して次のように提案する．

(12)　否定接辞 ne の消失後，機能範疇 Neg に [affix] 素性が随意的に付与された．

これは，Neg がある種のゼロ接辞として機能していたことを意味している．Neg に [affix] 素性が指定された場合，否定文の動詞複合体は (11) と同じように形成される．

(13)　16 世紀半ばまで：[neg: affix] あり
　　　[$_{FinP}$ Fin$_{[\phi: affix]}$ [$_{TP}$ Subj. T$_{[tense: affix]}$ [$_{NegP}$ not Neg$_{[neg: affix]}$ [$_{vP}$ v + Root]]]]

Neg は音韻的に空であるが，[affix] 素性が駆動因となることで連続循環的動詞移動の中継点として機能する．

　またここで注目したいのは，接辞的否定辞 ne の消失と軌を一にするように迂言的助動詞 do が 15 世紀から否定文で随意的に用いられるようになったという事実である (Ellegård (1953))．すなわち，ne の消失後は V not 語順が標準的な否定の形式であったが，迂言的 do を用いる形式もほぼ同時に出現し，ModE になるとその頻度を徐々に高めていった．本稿の枠組みでは，do not V 語順は Neg に [affix] 素性が指定されていない場合に得られる形式として捉えることができる．

(14)　16世紀半ばまで：[neg: affix] なし
　　　[FinP Fin[φ: affix] [TP Subj T[tense: affix] [NegP not Neg [vP v + Root]]]]
　　　　　　　　　　　　　　　　　　　do 支持

　上で仮定したように主要部移動のすべてのステップがその駆動因を持っていなければならないとすると，(14) において v + Root は Neg に上昇することができない．他方で v + Root が Neg を越えて T に上昇すると，「主要部移動制約 (Head Movement Constraint)」に違反してしまう．そこで，法助動詞または have/be が含まれない場合には，当該の派生を救うために音韻部門において T への do 支持が適用され，その複合体に Fin が接辞下降する．

　接辞的否定辞 ne の消失，およびそれに伴う Neg への [affix] 素性の随意的付与は，動詞屈折接辞の衰退—具体的には過去形における 2 人称単数一致形態素 -st の消失—とは独立した変化である点に注意されたい．したがって 16 世紀半ばにおける Fin から T への一致素性の推移後も Neg には [affix] 素性が随意的に付与され続けたと考えられる．16 世紀半ば以降に Neg がこの素性を伴わない場合の派生は，Fin から T への接辞下降が適用されない点を除いて上の (14) と同様である．

(15)　16世紀半ば以降：[neg: affix] なし
　　　[FinP Fin [TP Subj. T[φ, tense: affix] [NegP not Neg [vP v + Root]]]]
　　　　　　　　　　　　　　do 支持

v + Root は主要部移動の駆動因がないために Neg まで上昇することができず，派生を救うために音韻部門において do 支持が適用される．

　次に，16 世紀半ば以降で Neg が [affix] 素性を含む否定文の派生は (16) のように表される．

(16)　16世紀半ば以降：[neg: affix] あり
　　　[FinP Fin [TP Subj. T[φ, tense: affix] [NegP not Neg[neg: affix] [vP v + Root]]]]

v + Root は Neg の [affix] 素性が駆動因となって Neg に上昇する．ここで，前節で導入した条件 (iii)「最上位の機能範疇 X をその補部の主要部 Y と

融合する際には，可能な限り音韻部門における接辞下降を利用せよ」に応じて接辞下降を適用すると，T が Neg に接辞下降して助動詞を用いない not > V 語順が派生されるはずである．しかしこの否定の形式は ModE において決して生産的ではなく，事実を正しく捉えることができない．そこで V が NegP 主要部に留まることを阻止する以下の PF フィルターを設ける．

(17)　二重詰め NegP フィルター
　　　　*[$_{\text{NegP}}$ not V]

これは NegP の指定部と主要部がともに語彙的要素によって占められることを禁止するもので，Chomsky and Lasnik (1997) が提案した「二重詰め COMP フィルター (doubly-filled COMP filter)」の NegP 版といえる．このフィルター自体は記述的なものであり，原理的な説明は今後の研究を待たねばならないが，本稿の目的のためにはさしあたり十分であろう．これにより助動詞を用いない not > V 語順が阻止される．

　それでは，16 世紀半ば以降の V > not 語順はどのように派生されたのであろうか (3.1 節を参照)．ここまで主要部移動が常に統語部門で生じると想定していたが，音韻部門でも主要部移動が存在すると考えれば，Neg が [affix] 素性を持つ派生を救うための最終手段として利用することができる．

(18)　16 世紀半ば以降：[neg: affix] あり

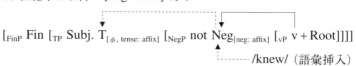

[$_{\text{FinP}}$ Fin [$_{\text{TP}}$ Subj. T$_{[\phi, \text{tense: affix}]}$ [$_{\text{NegP}}$ not Neg$_{[\text{neg: affix}]}$ [$_{v\text{P}}$ v + Root]]]]
　　　　　　　　　　　　　　　　　　　　　　　　　　　　　　　　/knew/ (語彙挿入)

ここで v + Root は Neg に主要部移動した後に音韻部門で T の時制素性の値を参照して語彙挿入を受け，その後さらに二重詰め NegP フィルターの違反を回避するために T へと主要部移動している．これにより V > not 語順が得られる．実線で示した統語的主要部移動の段階では語幹に語彙挿入が行われていないので，この操作は v + Root という形式を持つ全ての動詞に適用される (1 節の議論を参照)．しかし破線の PF 主要部移動の段階では Neg 位置において動詞の音韻素性が付与されているので，その情報に基づ

いて know などの動詞に選択的に当該操作を適用することも可能となる.[3]

## 5. まとめと帰結

　ここで，3節の (8) で提起した3つの問題に立ち返ってみよう．まず，否定辞 not が VP 副詞よりも上位に位置しているにも関わらず V > not 語順が V > adv 語順よりも長く残存していたという (8a) の問題に関しては，これらの語順が異なる要因によって派生されていた——具体的には，肯定文で VP 副詞を越える動詞移動が豊かな一致に起因するのに対し，否定辞 not を越える動詞移動が Neg の [affix] 素性に依存していた——とすることで解消される．また，V > not 語順と not > V 語順が長期にわたって併存していたという (8b) の問題については，Neg の [affix] 素性が随意的であり，この素性が派生に含まれる場合に V > not 語順が得られ，含まれない場合には not > V 語順が得られたとすることで説明できる．さらに know などの動詞が他の動詞に比べて V > not 語順を長く保持したという (8c) の問題に関しては，PF での主要部移動が音韻的に条件付けられたものであると考えれば，少なくとも理論上の矛盾は回避できる．ただし，なぜ他ならぬこれらの動詞が LModE まで PF での主要部移動を受けることができたのかについては，今後の課題としたい．

　最後にここでの分析によってもたらされる理論的帰結を二点述べて本稿を閉じたい．第一に本稿の提案の下では，英語では ne が消失した ME 末期から know などの動詞が残留動詞移動を示した LModE までの長きにわたって，Neg が [affix] 素性を持つ場合にゼロ接辞として機能し続けていたことになる．この間に迂言的助動詞 do が発達して V not 型否定文から do not V 型否定文へと徐々に移行していったわけであるが，否定文における do 支持の拡大と確立は言語獲得時にある素性（ここでは [neg: affix]）が習得されるか否かというパラメタ設定の問題ではなく，当該の素性がどの程度の頻

---

　[3] 目的語代名詞が動詞と not の間に介在する (5c) のような "I know him not" タイプの語順を派生させる構造としては (i) 目的語代名詞が NegP に付加している，(ii) TP と NegP の間に AgrP に類する投射があり (2節 (4) を参照)，目的語代名詞がその指定部を占めている，(iii) 目的語代名詞が動詞に編入してともに主要部移動を受けている，といった可能性が考えられるが，本稿では未決の問題としておく．

度で Neg に付与されるかという言語使用の問題ということになる．否定文における do 支持の量的拡大についてここで立ち入る余裕はないが，EModE における法助動詞の発達 (Roberts (1993))，疑問文における do の先行的発達 (Ellegård (1953))，そして豊かな一致の消失による adv > V 語順の確立などが総合的に作用して do not V 型否定文が好まれるようになっていったと思われる．

　第二に，過去の RAH 研究においては豊かな一致が動詞移動の必要十分条件であるとする「強い RAH」を唱える論者 (Rohrbacher (1994), Vikner (1997), Koeneman and Zeijlstra (2014) など) と，豊かな一致が動詞移動の十分条件にすぎないとする「弱い RAH」を主張する論者 (Bobaljik (2002), Haeberli and Ihsane (2016)) がいる．このうち前者の立場をとる Vikner (1997) は，過去形において 2 人称単数の一致形態素 -st が消失した 16 世紀半ばに動詞移動も衰退したと述べている．もし本稿が主張するように否定文における動詞移動が別の要因によるものであるとすると，少なくとも英語においては V > not 語順の存否は RAH に関する議論とは無関係ということになる．そして RAH の射程を VP 副詞との語順関係に限定する限りにおいて，本稿の分析は強い RAH の立場を支持するものである．

## 参考文献

Bobaljik, Jonathan David (1995) *Morphosyntax: The Syntax of Verbal Inflection*, Doctoral dissertation, MIT.
Bobaljik, Jonathan David (2002) "Realizing Germanic Inflection: Why Morphology Does Not Drive Syntax," *The Journal of Comparative Germanic Linguistics* 6, 129–167.
Chomsky, Noam (1995) *The Minimalist Program*, MIT Press, Cambridge, MA.
Chomsky, Noam and Howard Lasnik (1977) "Filters and Control," *Linguistic Inquiry* 8, 425–504.
Ellegård, Alvar (1953) *The Auxiliary* Do*: The Establishment and Regulation of Its Use in English*, Almquist & Wiksell, Stockholm.
Emonds, Joseph (1978) "The Verbal Complex V'-V in French," *Linguistic Inquiry* 9, 151–175.
Fischer, Olga, Ans van Kemenade, Willem Koopman, and Wim van der Wurff (2000) *The Syntax of Early English*, Cambridge University Press, Cambridge.

Haeberli, Eric and Tabea Ihsane (2016) "Revisiting the Loss of Verb Movement in the History of English," *Natural Language and Linguistic Theory* 34, 497-542.

Halle, Morris and Alec Marantz (1993) "Distributed Morphology and the Pieces of Inflection," *The View from Building 20: Essays in Linguistics in Honor of Sylvain Bromberger*, 111-176, MIT Press, Cambridge, MA.

Jespersen, Otto (1917) *Negation in English and Other Languages*, A. F. Høst, Copenhagen.

Jespersen, Otto (1940 [1970]) *A Modern English Grammar on Historical Principles*, Part V, Allen & Unwin, London.

Koeneman, Olaf and Hedde Zeijlstra (2014) "The Rich Agreement Hypothesis Rehabilitated," *Linguistic Inquiry* 45, 571-615.

Nawata, Hiroyuki (2009) "Clausal Architecture and Inflectional Paradigm: The Case of V2 in the History of English," *English Linguistics* 26, 247-283.

Pollock, Jean-Yves (1989) "Verb Movement, Universal Grammar, and the Structure of IP," *Linguistic Inquiry* 20, 365-424.

Radford, Andrew (2009) *Analysing English Sentences: A Minimalist Approach*, Cambridge University Press, Cambridge.

Roberts, Ian (1993) *Verbs and Diachronic Syntax: A Comparative History of English and French*, Kluwer, Dordrecht.

Rohrbacher, Bernhard Wolfgang (1999) *Morphology-Driven Syntax: A Theory of V to I Raising and Pro-Drop*, John Benjamins, Amsterdam.

Vikner, Sten (1997) "$V^0$-to-$I^0$ Movement and Inflection for Person in All Tenses," *The New Comparative Syntax*, ed. by Liliane Haegeman, 189-213, Longman, London.

コーパス

Kroch, Anthony, Beatrice Santorini, and Lauren Delfs (2004) *The Penn-Helsinki Parsed Corpus of Early Modern English* (PPCEME), University of Pennsylvania, Philadelphia.

Kroch, Anthony, Beatrice Santorini, and Ariel Diertani (2010) *The Penn Parsed Corpus of Modern British English* (PPCMBE), University of Pennsylvania, Philadelphia.

# 英語史における名詞修飾の分離過去分詞句について

バイ　チゴチ

## 1. はじめに

初期英語において，(1a) に示されるように，名詞を修飾する過去分詞句内の過去分詞とそれが取る前置詞句 (PP) が名詞の両側に分離された構造が可能であった（その実際の例文が (1b) である）．Visser (1963) のデータと歴史コーパスによるデータを基に，本稿では (1) のような分詞句（以降 SPP (Split Past Participial Phrase) と呼ぶ）に対して考察を行い，その統語的構造と派生を明らかにすることを試みる．

(1) a.　Past participle + NP + PP$_{\text{past participle}}$
　　b.　Ælfred, Bede (Miller) 362. 15. swa swa hie þæt *sende wite from Gode Sceppende*…　　　　　(Visser (1963: 1246))

現代英語では，(2a) に示されるように，SPP は許されない．(2b) に示されるように，現代英語の分詞は必ずそれが取る前置詞句とともに修飾される名詞に後置し，かつ，その前置詞句に先行しなければならない．

(2) a.　*the sent punishment by God
　　b.　the punishment sent by God

本稿では，まず，2 節で歴史コーパスの考察から，SPP は古英語初期に専らラテン語の翻訳書に現れ，その後，古英語後期と中英語期に，ラテン語翻訳ではないテキストにも拡張したが，近代英語期に消失したということを示す．次に，3 節で SPP は名詞の後ろに基底生成された分詞が前置詞句を残し，単独で名詞の前へ移動した結果であるという統語分析を行う．最後に，4 節で本稿の議論をまとめる．

## 2. SPP のデータ考察

### 2.1. Visser (1963)

　初期英語の SPP を扱う先行文献は，Visser (1963) に限られる．しかし，Visser (1963：§1142) でも，幾つかの具体例が提示されているだけであり，詳細な考察は行われず，理論的説明も与えられていない．それらの具体例すべてが (3)-(6) に挙げられる．そのうち 4 例が古英語から，3 例が中英語から，4 例が初期近代英語から，そして残りの 1 例が後期近代英語からの事例である．

　古英語の事例：

(3) a. Ælfred, Bede (Miller) 362. 15. swa swa hie *þæt sende wite from Gode Sceppende* …
　　'the punishment sent by Father God'

b. Ælfric, Hom, ii, 290. 15. *gecorenra manna to þam ecan life*.
　　'man who was chosen to have an eternal life'

c. Wulfstan, se deð swa. þe his *gehalgodan swale mid þam full-wihte* besmit mid tham
　　'soul purified with the baptism'

d. Letter of Alex, the Great to Aristotle, 44. 4. ðu *unoferswyðda Alexander in gefeohtum*
　　'Alexander that is not conquered in battles'

　中英語の事例：

(4) a. c1400 A Deuout Treatyse Called The Tree, 99. 3. It is right nedfulle þat such *new trew tornid soules fro synne* haue an enemy forto withstond.
　　'soul torn by sin'

b. c1438 Bk, Marg. Kempe 150. 28. A *wel growndyd man in scripture*…
　　'well grounded man in scripture'

c. c1445 Pecock, Donet 7. 27. A *litil learned man in carpentrie* kanne and …

'little-learned man in carpentry'

初期近代英語の事例：
(5) a. 1561 Norton & Sackville, Gorboduc I, ii, 363. That mynyng fraude shall finde no way to crepe Into their ***fensed eares with graue aduise***.
b. 1593 Shakesp., Rich. II. III. ii. 8. As a ***long-parted mother with her child***.
c. 1607 Idem, Timon IV. ii. 13. A ***dedicated beggar to the air***.
d. 1611 Idem, Cymb. III, iv. 106. the ***perturb'd court, For my being absent***.

後期近代英語の事例：
(6) a. 1894 Mrs. H. Ward, Marcella II. X. 252. The ruffian has been a ***marked man by the keepers and police*** … for the last year or more.

重要なことに，これらの事例において，名詞に後置する前置詞句を取っているのは，名詞ではなく，むしろ名詞の前位にある過去分詞である．このことは，分詞と前置詞句が一つの構成素として基底生成されたということを示唆し，分離分詞句を例証する．これらの事例のもう一つの重要な特徴は，その方言分布が極所的なことである．古英語の事例すべてがラテン語からウェストサクソン方言に翻訳されたテキストから来ている．中英語の3例のうち，2例が東イングランドの方言で書かれたテキストから来ており，残りの1例の出典が不明である．また，初期近代英語の事例のうち，1例が南イングランドから，そして残りの3例すべてがイングランド中部方言を話したシェイクスピアの作品から来ている．近代英語後期において1例のみ見つかったが，それはイングランドで教育を受けたオーストラリア人の小説家である Augusta Arnold の作品から来ている．

## 2.2. 歴史コーパスに基づく考察

本考察に当たって，使用するコーパスは The York-Toronto-Helsinki Parsed Corpus of Old English Prose（YCOE），The Penn-Helsinki Parsed Corpus of Middle English, 第二版（PPCME2），The Penn-Helsinki Parsed

Corpus of Early Modern English (PPCEME) と The Penn Parsed Corpus of Modern British English (PPCMBE) である．これらのコーパスから，全部で 25 例を発見した．そのうち，10 例が古英語初期から，10 例が古英語後期から，3 例が中英語初期から，そして残りの 2 例が中英語後期から来ており，近代英語コーパスである PPCEME と PPCMBE からは 1 例も発見されなかった．[1] これらすべての事例は (7)-(10) に挙げられている．

古英語の事例：

(7) a. oðÞe Þa *gesettan Cristes scep in middum wulfum* hwylcum heorde he fleonde forlete.

'Christ's sheep settled in middle of wolves'

(cobede,Bede_2:6.114.18.1082)

b. Þæt he his feondum swiðe arode & Þa *gefremedan teonan fram him*,

'wrong committed by him'    (cobede,Bede_3:16.226.34.2328)

c. swa swa hie Þæt *sende wite from Gode* Sceppende Þurh ...

'the punishment sent by Father God'

(cobede,Bede_4:28.362.10.3634)

d. ... mid *swiðe geswenctan horse for ærninge*.

'horse that was afflicted much in running'

(cogregdC,GD_1_[C]:4.38.27.436)

e. Soðlice ic seo & ongyte in Þam *forð gelæddan wætere of Þam stane*,

'water led out of the stone'

(cogregdC,GD_2_[C]:8.120.13.1431)

f. ... com sum cniht mid *swiðe geswencedum horse for ærninge*

---

[1] 本稿では英語史の時代区分について以下の通りとする．初期古英語 (Early Old English (EOE))：-950；後期古英語 (Late Old English (LOE))：950-1150；初期中英語 (Early Middle English (EME))：1150-1350；後期中英語 (Late Middle English (LME))：1350-1500；初期近代英語 (Early Modern English (EModE))：1500-1700；後期近代英語 (Late Modern English (LModE))：1700-1900；現代英語 (Present-day English (PDE))：1900-．

to Iuliane …
'horse that was afflicted much in running'
(cogregdH,GD_1_[H]:4.38.26.398)

g. gebærn to ahsan & swefl & **gebærned sealt & pic to ahsan** & swa oster scella
'salt that has been burnt into ashes'
(colaece,Lch_II_[1]:8.2.5.599)

h. & ***awylled linsæd on meolce*** supe mid,
'linseed boiled on milk' (colaece,Lch_II_[3]:11.1.1.3634)

i. sele him etan gewyrtodne henfugel & ***gesodenne cawel on godum broðe***,
'colewort cooked into good broth'
(colaece,Lch_II_[3]:12.1.1.3640)

k. Eft is heofena rice gelic ***asendum nette on þa sæ*** & of ælcum fisccynne gadrigendum.
'a net sent to the sea' (cowsgosp,Mt_[WSCp]:13.47.898)

中英語の事例：

(8) a. and hi sylfe worhton him ***agotenne god of golde*** nu iu,
'god made by pouring gold' (coaelhom, ÆHom_21:47.3103)

b. … Þæt sum $oðer munuc hwilon, ***swiþe geþogen mann on mihte & on gearum***,
'a man who strongly grew up with might and …'
(coaelhom, ÆHom_28:83.4051)

c. ða clypodon hi ealle, kyrrieleyson, ***up ahafenum handum wið heofonas weard***.
'hands that are raised for heavens' help'
(coaelive, ÆLS_[Basil]:450.772)

d. … he wæs he wurðode æfre God ***up awendum handbredum wiþ þæs heofones weard***.
'palms (of hand) that are turned for the heaven's help'
(coaelive, ÆLS_[Oswald]:114.5449)

e. and stod him tomiddes ***upastrehtum handum to heofonum***

'hands that are stretched towards heaven'
(coaelive, ÆLS_[Thomas]:210.7672)
- f. æfter þam fers and **gesealdre bletsunge fram þam abbode**,
'blessings made by the abbot' (cobenrul,BenR:11.35.15.484)
- g. Se weg is seo **fortredene heorte fram yflum geðohtum**.
'a heart treaded by bad thought'
(cocathom2, ÆCHom_II,_6:54.65.1102)
- h. ... ða towerdan gelaðunge **gecorenra manna. to ðam ecan life**;
'a man who is chosen to have an eternal life'
(cocathom2, ÆCHom_II,_17:166.160.3691)
- i. on stiðre hæran **upahafenum eagum. and handum to heofenum**.
'eyes and hands that are raised towards heaven'
(cocathom2, ÆCHom_II,_39.1:296.296.6757)
- k. Heofona rice is gelic **gehyddum goldhorde on þam æcere**;
'treasure picked up in the land'
(cowsgosp,Mt_[WSCp]:13.44.889)

初期中英語の事例：
(9) a. Creator Spiritus, wið **$upaheuene echnen ant honden toward heouene**,
'eyes and hands that are raised towards heaven'
(CMANCRIW,I.54.129)
- b. ant sende **iselede iwrites wid his ahne kine-ring** ʒeont al his kineriche.
'sealed writings against his Kingship' (CMKATHE,25.95)
- c. & bliðe wið þeos bone ber on heh **iheuen up honden towart heouene**.
'hands that are raised towards heaven' (CMMARGA,88.529)

後期中英語の事例：
(10) a. evyn as the newe knyghtys of the Bathe wente whythe **furryde hoodys with menyver**.
'hoods furred with Menever' (CMGREGOR,165.878)

b. and the glorie of ***chosen men to blisse***,
  'men who are chosen to be blessed'　（CMPURVEY,I,38.1757）

　これらの事例すべてがSPPの事例であると言える．なぜなら，意味から判断すると，これらの事例における前置詞句が，主要部の名詞ではなく，むしろ名詞の前位にある過去分詞の存在に依存しているからである．同じことがVisser（1963）の事例にも言える．
　次は，これらの事例の方言分布について見たい．初期古英語の事例すべてがラテン語を翻訳したテキストから来ている．一方，後期古英語の事例のうち，8例がウェストサクソン方言で書かれたテキストから来ているが，これらのテキストはラテン語のオリジナルを翻訳したものではない．初期中英語の3例すべても，ラテン語の影響を受けていないイングランド西中部方言で書かれたテキストから，そして後期中英語の2例は，南部方言で書かれたテキストから来ている．

## 2.3. データ考察のまとめ

　歴史コーパスに基づく考察から得られた事例すべてがVisser（1963）に提示された事例とほとんど同じ方言分布を示しているのは明らかである．表1と表2はこれらすべての事例の分布をまとめたものである．

表1. 英語史におけるSPPの分布

| 時期 | EOE | LOE | EME | LME | EModE | LModE |
|---|---|---|---|---|---|---|
| ラテン語からの翻訳書であるテキスト | 11 | 5 | 0 | 0 | 0 | 0 |
| ラテン語からの翻訳書ではないテキスト | 0 | 8 | 3 | 5 | 4 | 1 |
| 合計 | 11 | 13 | 3 | 5 | 4 | 1 |

表 2. 英語史における SPP の方言分布

|              | EOE | LOE |     | EME | LME | EModE | LModE |
|--------------|-----|-----|-----|-----|-----|-------|-------|
| West Saxon   | 11  | 13  | 南部 | 0   | 2   | 1     | 0     |
| Mercian      | 0   | 0   | 西中部 | 3   | 0   | 0     | 0     |
| Kentish      | 0   | 0   | 東中部 | 0   | 2   | 3     | 0     |
| Northumbrian | 0   | 0   | 北部 | 0   | 0   | 0     | 0     |

表 1 と 2 から，SPP の起源は英語ではなく，ラテン語であることが分かる．それは多くのラテン語のテキストが南部のウェストサクソン方言に翻訳されたことに繋がり，SPP は最初にウェストサクソン方言に導入されたということになる．[2] しかし，古英語後期から SPP はラテン語の影響を受けていない方言に拡張し始め，中英語期に南部から中部へ拡張した．その後，SPP は減少し始め，近代英語後期に消失した．

## 3. SPP の統語的派生

本節では，SPP に対して，統語的分析を行う．生成文法の理論を採用し，SPP において，(12) に示されるように，過去分詞と前置詞句が最初に一つの構成素を形成し，元々名詞に後続するが，分詞が名詞の前へ移動し，表層語順が得られると仮定する．[3]

---

[2] 古英語における SPP の例の多くはウェストサクソン方言からのものであるのは，そもそも現在残されている古英語の資料の多くがウェストサクソン方言で書かれたものであるからかもしれない．

[3] SPP の統語派生に関して，議論の余地があるかもしれない．もし Fleisher (2008) の hard-nut 構文に対する分析がここで適用されれば，SPP は主要部終端フェルターにより前置詞句が名詞の前位から後ろへ移動した結果であるということになる．または，Pysz (2009: Ch.5) によれば，古英語の分離形容詞句構文（彼の Adj＋N＋Compl$_{Adj}$ 構文），例えば，*manigfeald onlic wundor þysum* 'many wonders similar to this' は基底構造の Adj＋Compl$_{Adj}$＋N から派生され，Compl$_{Adj}$ が上位に上がり，その後残りの部分が残留移動を受け，より上位に上がることで表層の分離構造が得られる．しかし，これらの分析にそれぞれの問題点がある．紙面の限りがあるので，本稿ではこれらの分析の詳細を概観せず，SPP は分詞が名詞の後ろに基底生成され，名詞前位に移動した結果であるという立場を取る．

(12) [$_{NP}$ Part$_1$ [N] [$_{PartP}$ t$_1$ PP]] [4]

次は，(12) の構造における分詞の繰り上がる動機について論じる．本稿では，分詞の移動は作用域のためであると主張する．詳細は以下の通りである．よく知られているように，名詞を修飾する形容詞は名詞の前と後ろいずれにも現れることが可能である．前に現れる場合，それは限定的解釈を受け，後ろに現れる場合，叙述的解釈を受ける．Larson (1998) の観察によれば，(13) で例証されるように，名詞前位修飾の形容詞は，相対的に一時的状態を表すこともできるし，永続的属性を表すこともできる．(13a) に示されるように，名詞を前位修飾する場合，形容詞 visible は多義的である．つまり，一時的状態を表す visible$^{(1)}$ の解釈と永続的属性を表す visible$^{(2)}$ の解釈いずれも可能である．一方で，興味深いことに，(13b) に示されるように，名詞後置修飾の visible は，一時的状態しか表すことができず，visible$^{(1)}$ の解釈のみが可能である．

(13) a. visible$^{(1)/(2)}$ stars (cf. the stars are visible$^{(2)}$ because of their formation from magnitude; they are visible$^{(1)}$ tonight because they are no clouds in the sky. E.g., *visible$^{(1)}$ visible$^{(2)}$ stars*.)
   b. stars visible$^{(1)}$ (cf. the starts are visible$^{(1)}$ because we can see them at the moment.)

---

[4] このような移動は一見移動に課される一様性条件 (Uniformity Condition (Nunes (1998: 161), Matushansky (2006: 72))) に違反するように思われるかもしれない．しかし，この一様性条件は，同じ主要部の拡張投射においてのみ適用する．つまり，一様性条件は，二つの主要部の拡張投射を超える移動を禁止しない．(12) において，過去分詞は分詞句の主要部であるが，そこから移動した場合，移動先は他の主要部の拡張投射内にある．このような移動は，一様性条件に必ず従わなければならない V-to-T 移動や N-to-D 移動と異なることに注意してください．上記の一様性条件が適用できないもう一つの構文がある．それは自由関係節である．例えば，*I read what$_i$ you read t$_i$* において，what は最初に動詞の補部として基底生成され，句レベルのものであるが，それを含む関係節を補部に取る主要部の位置に移動することができる（補部であった句が移動した後に主要部になる；関連する議論に関して，Donati and Cecchetto (2011) を参照せよ）．重要なことには，what は V の最大拡張投射である CP (Grimshaw (1997)) を超えて，自分が主要部となる DP の投射ないに入ることである．従って，上記のような一様性条件は，SPP や自由関係詞にあるような二つの主要部の拡張投射を越える移動を防げない．

(13a) と (13b) のいずれにおいても一時的状態を表す visible$^{(1)}$ の解釈が可能であるものの，実は両者の間に異なる点もある．つまり，前者において，visible$^{(1)}$ は限定的 (attributive) 解釈を持ち，後者においては，叙述的 (predicative) 解釈を持つ．ここで注意すべき点は，一時的／永続的の区別は，限定的／叙述的の区別と同じものではない．名詞前位修飾の形容詞は，一時的状態を表すか永続的属性を表すかに関わらず，すべてが限定的である (Alexiadou and Wilder (1998))．Larson は，名詞前位修飾の形容詞は一時的状態を表す場合，名詞の後ろに基底生成され，名詞の前へ移動したと述べている．そうであれば，ここで「なぜ移動するのか」という疑問が生じる．この疑問に関して重要なことに，限定形容詞と叙述形容詞は，修飾される名詞と作用域関係を持つという点で異なる．限定形容詞は修飾される名詞より広い作用域を取り，叙述形容詞はそうではないと言える．従って，名詞の後ろに基底生成された形容詞は，作用域を取るために名詞の前へ移動すると考えられる．

　この論点を精緻化する前に，限定形容詞と叙述形容詞の間の解釈上の区別に関する先行研究を概観する．Stavrou (1996) とその他 (Bolinger (1952, 1967), Higginbotham (1985), Alexiadou and Wilder (1998), Larson (1998, 2000), Fischer (2001) など) が観察したように，限定形容詞は修飾される名詞の意味の本質の部分を成し，その名詞の指示物を同定するのに必要である．対照的に，叙述形容詞は，すでに同定された指示物に新たな特性を加え，修飾される名詞の意味の本質の部分を成さない．[5] また，Higginbotham (1985) の観察によれば，(14a) に示されるように，big のような形容詞が限定的解釈を持つ場合にのみ，つまり，名詞を前位修飾する場合にのみ，名詞の属性の段階性が変わっていく．対照的に，(14b) にあるように，その形容詞が叙述位置にある場合，それの名詞に対する意味上の貢献がなくなる．

---

[5] Stavrou (1996) の原文は次の通りである．The attributive adjective constitutes an essential part of the sense (reference, in Bolinger's (1967) terms) of the noun, i.e. necessary for its identification, while the predicative adjective assigns a property to the already identified (referent of the) noun, and in this function it constitutes additional, not necessary, information. (Stavrou (1996: 80: fn.2))

(14) a. That is a big butterfly.
　　 b. That butterfly is big.　　　　　　(Higginbotham (1985: 563))

　限定形容詞と叙述形容詞の間にあるこの違いについて，Bolinger (1952) は次のように記述している．名詞前位修飾の形容詞はその名詞を'自分の意味範囲内に納める'が，対照的に，名詞後置修飾の形容詞はその名詞を'分離させる'．[6] この記述は (15) のように表示されることができる．(15) は，上で述べた作用域の効果を反映しており，名詞に対して前位修飾の形容詞と後置修飾の形容詞の作用域の度合いが異なるということを示している．これらのことを考慮に入れると，形容詞が名詞に対する作用域の効果（広い作用域）は，形容詞が義務的に名詞の前に置かれることで得られるということが分かる．

(15)
　　Adj　│　N　│　　　vs.　　Adj　│　N　│

(Bolinger (1952: 1121))

　上記のことから，形容詞は修飾される名詞の属性に貢献する場合，それが基底生成された位置に無関係に，表層構造において必ず名詞の前に現れなければならないということが言える．また，一時的状態を表す場合，名詞の後ろに基底生成され，そこから作用域を取る必要のある場合，必ず名詞の前に移動しなければならないと言える．従って，このことは SPP のために仮定された作用域を取るための移動操作の強い動機付けになる．
　次に，SPP の消失した原因に目を向ける．SPP の消失は，初期英語に例証された分離属格構文（split genitive）や分離等位接続構文（split coordination）などの分離構文の消失と関係するかもしれない．先ず，これらの構文が共通の特性を持っていることに注目してください．いずれの構文も名詞の両側に分離された要素の間に選択関係が存在しない．Allen (2008: 89ff) は，分離属格構文は等位関係を含み，分離等位接続構文において，いずれの等位

---

　[6] Bolinger (1952) の原文は次の通りである．Prenominal adjectives overshadow the whole of the following noun, while postnominal ones 'split' the noun (Bolinger (1952: 1121)).

項も他方の等位項によって選択されないと観察している．同様に，SPP においても，前置詞句が付加部の性質を持ち，名詞前位の動詞（過去分詞）に選択されていない．これらの構文における共通の特徴から，初期英語では選択関係を含まない分離構文すべてが消失しなければならなくなったという一般性が予測される．現代英語に関して言えば，Escribano (2005) で論じられたように，名詞の両側に分離された要素の間に必ず選択関係がなければならない．例えば，*a tired woman in the evening* のような構造において，前置詞句が名詞の前にある修飾要素によって選択されておらず，その構造が容認されないが，*a similar car to mine* のような構造において，前置詞句と名詞の前にある修飾要素の間に選択関係があるため，その構造が容認される．または so/such ... as 構文 (*such things as UFO*) や比較構文 (*a taller man than me*) や hard-nut 構文 (*a hard nut to crack*) においても同じことが言える．従って，現代英語におけるこの事実も，上で述べた初期英語の分離構文における変化に関する推測を支持するのであろう．但し，このような変化が起きた原因は，後の課題として残る．

## 4. 結語

本稿では，Visser (1963) のデータと歴史コーパスに基づく考察を通じて，SPP はラテン語から古英語に導入され，後にさまざまなラテン語の影響を受けない方言へ，または南部方言から中部方言へ拡張したが，近代英語期に消失したことを示した．SPP の統語派生に関して，名詞の後ろに基底生成された過去分詞は，作用域を取るために名詞の前へ移動した結果，その表層の分離構造が得られたと主張した．SPP が減少し，最終的に消失した原因は，当時の分離属格構文や分離等位接続構文の消失と繋がりがあることを示唆した．

## 参考文献

Alexiadou, Artemis and Chris Wilder (1998) "Adjectival Modification and Multiple Determiners," *Possessors, Predicates and Movement in the DP*, ed. by Artemis Alexiadou and Chris Wilder, 303-332, John Benjamins, Amsterdam.

Allen, Cynthia L (2008) *Genitives in Early English*, Oxford University Press, Oxford.

Bolinger, Dwight (1952) "Linear Modification," *Language* 67, 1117-1144. [Reprinted in *Syntactic Theory*, ed. by F. Householder, 31-51, Harmondsworth, Penguin.]

Bolinger, Dwight (1967) "Adjectives in English: Attribution and Predication," *Lingua* 18, 1-34.

Donati, Caterina and Carlo Cecchetto (2011) "Relabeling Heads: A Unified Account for Relativization Structures," *Linguistic inquiry* 42, 519-560.

Escribano, José Luis González (2005) "Discontinuous APs in English," *Linguistics* 43, 563-610.

Fischer, Olga (2001) "The Position of the Adjective in (Old) English from An Iconic Perspective," *The Motivated Sign: Iconicity in Language and Literature* 2, ed. by Fischer Olga and Nanny Max, 249-276, Benjamins, Amsterdam.

Fleisher, Nicholas (2008) "A Crack at a Hard Nut: Attributive-Adjective Modality and Infinitival Relatives," *Proceedings of the 26th West Coast Conference on Formal Linguistics*, ed. by Charles B. Chang and Hannah J. Haynie, 163-171.

Grimshaw, Jane (1997) "Projection, Heads, and Optimality," *Linguistic Inquiry* 28, 373-422.

Higginbotham, James (1985) "On Semantics," *Linguistic Inquiry* 16, 547-594.

Larson, Richard (1998) "Events and Modification in Nominals," *Proceedings from Semantics and Linguistic Theory VIII*, ed. by D. Strolovitch and A. Lawson Ithaca, 145-168, Cornell University, New York.

Larson, Richard (2000) "ACD in AP?" Paper presented at the 19th West Coast Conference on Formal Linguistics, UCLA.

Matushansky, Ora (2006) "Head Movement in Linguistic Theory," *Linguistic Inquiry* 37, 69-109.

Nunes, Jairo (1998) "Bare X-bar Theory and Structures Formed by Movement," *Linguistic Inquiry* 29, 160-167.

Pysz, Agnieszka (2009) *The Syntax of Prenominal and Postnominal Adjectives in Old English*, Cambridge Scholars Publishing, Cambridge.

Stavrou, Melita (1996) "Adjectives in Modern Greek: An Instance of Predication or An Old Issue Revisited," *Journal of Linguistics* 32, 79-112.

Visser, Fredericus Theodorus (1963-1973) *An Historical Syntax of the English Language*, 4 Vols., E.J. Brill, Leiden.

## コーパス

Kroch, Anthony and Ann, Taylor (2000) *The Penn-Helsinki Parsed Corpus of Middle English*, second edition (PPCME2), University of Pennsylvania, Pennsylvania.

Kroch, Anthony, Beatrice Santorini and Ariel Diertani (2010) *The Penn Parsed Corpus of Modern British English* (PPCMBE), University of Pennsylvania, Philadelphia.

Kroch, Anthony, Beatrice Santorini and Lauren Delfs (2004) *The Penn-Helsinki Parsed Corpus of Early Modern English* (PPCEME), University of Pennsylvania, Philadelphia.

Taylor, Ann, Anthony Warner, Susan Pintzuk and Frank Beths (2003) *The York-Toronto-Helsinki Parsed Corpus of Old English Prose* (YCOE), University of York, York.

# 他動詞虚辞構文の発達に関する統語的アプローチ

本多　尚子

## 1. 導入

現代英語では，there 構文に現れる動詞は（1）で示されるように存在・出現を表す自動詞にほぼ限られているが，14 世紀後半から 16 世紀初頭までは，（2）のような他動詞虚辞構文も許されていたことが知られている．[1]

(1) There is/appears a beautiful woman in the room.
(2) There may no man clepen it cowardye.
　　 There may no man call 　 it coward.
　　 (c1375-a1400 Chaucer, The Canterbury Tales The Knight's Tale
　　 (Fragment I), 2730: M3)　　　　　　　　　（宇賀治（2000: 326））

他動詞虚辞構文がなぜ 14 世紀後半に出現したのか，そしてなぜ 16 世紀初頭に消失したのかに関し，先行研究においても様々な分析がなされてきた．特に先行研究の多くでは，英語史全体を通じて there は一貫して「虚辞主語」であったと仮定し分析がなされている．しかしながら，Traugott（1992）や宇賀治（2000）など一部の先行研究においては，古英語の存在文において，現代英語とは異なり，there の出現が随意的であったとされているほか，中尾（1972）でも，古英語や初期中英語では，いわゆる虚辞だけでなく様々な場所や時の副詞が動詞に先行し主語が動詞に後続する事例が多く見られると

---

[1] 本研究では以下のような標準的な英語史の時代区分を仮定している．古英語期（Old English, OE）は 700 年から 1100 年まで，中英語期（Middle English, ME）は 1100 年から 1500 年まで，初期近代英語期（Early Modern English, EModE）は 1500 年から 1700 年まで，後期近代英語期（Late Modern English, LModE）は 1700 年から 1900 年まで，そして現代英語期（Present-day English, PE）は 1900 年以降である．

の指摘があるなど古英語期から中英語期にかけて there が虚辞「主語」として確立していたかどうかに疑問を呈する見方もある．本分析では，古英語から初期中英語にかけての虚辞主語 there の存在を支持するとされるデータを再検討し，当該の there がいわゆる虚辞主語ではなく，意味の漂白化を受けているもののあくまで副詞として機能していた可能性を指摘する．さらに，保坂 (2014) で提案される場所の副詞から虚辞主語 there への発達プロセスを基本的に踏襲し，本分析では，14 世紀後半に，後続する要素に新情報が現れることを暗示する標識，すなわち，CP 内要素としての there へと再分析され，さらに 16 世紀初頭に虚辞主語，すなわち IP 内要素としての there へと再分析されたと仮定し，他動詞虚辞構文は，CP 内要素として there が存在していた間のみ可能であった構文だと主張する．

　本論文の構成は以下の通りである．2 節では他動詞虚辞構文に関する通時的先行研究を概観し，問題点を指摘する．3 節では，古英語の þær (there) の位置づけに関し検討する．4 節では，他動詞虚辞構文の発達に関する新たな統語的アプローチを提案する．5 節は結論である．

## 2. 先行研究

　Ingham (2003) では，他動詞虚辞構文が否定主語を伴う場合が多いことに着目し，否定主語を伴う there 構文の通時的発達過程を dominant 主要部の C から T への変化と，Neg の指定部内に否定主語が留まれるか否かによって説明する．

　Ingham は 14 世紀中頃まで他動詞虚辞構文が出現しなかった理由を (3) を用いて説明している．(3) は古英語期から 14 世紀中頃までの there 構文の構造である．

(3)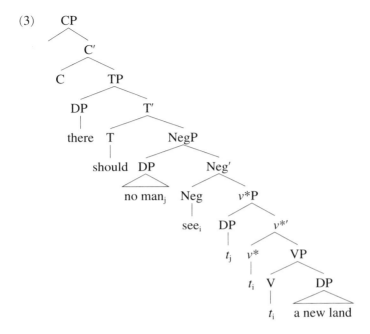

彼は，虚辞 there が T の指定部に，否定主語は $v^*$ の指定部に基底生成され，否定主語はさらに上の Neg の指定部位置まで移動するとしている．また，14 世紀中頃まで主格付与を行う dominant 主要部は C であったと仮定し，否定主語が主格付与を受けるためには T の指定部へと移動する必要があったと考える．しかしながら，T の指定部位置を虚辞の there が占めていたため，否定主語はその位置に移動出来ず派生はクラッシュし，その結果，14 世紀中頃まで他動詞虚辞構文は存在しなかったと説明される．

14 世紀中頃になると，主格付与を行う dominant 主要部は T に代わり，その結果，否定主語は，there が T の指定部を占める場合に限って，Neg の指定部で T より主格付与を受けることができるようになったと Ingham は仮定する．そして，この変化が (4) のような他動詞虚辞構文の派生を生み出したとしている．

(4)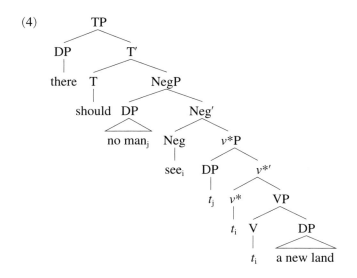

　Ingham (2003) の分析も，他動詞虚辞構文の出現を統語変化から説明しようと試みている点では評価されるべきだが，重要な問題が残されている．その問題とは，Ingham 自身が認めているが，彼の分析は，他動詞虚辞構文が 14 世紀半ばに出現したメカニズムは説明できているものの，その消失に関するメカニズムは一切説明できていないことである．また，なぜ 14 世紀中頃に dominant 主要部が C から T へ変化したのかの独立の動機付けも明示されていない．

　Ingham (2003) は虚辞 there が英語史を通じて T の指定部にあると仮定する根拠についても言及している．その際重要な証拠として挙げられているのは，補文標識 that を伴う従属節で当該 there が that に後続することである．すなわち，Ingham 自身は単一の CP を仮定しており，C 主要部を補文標識 that，T 主要部を定形動詞がそれぞれ占めているため，虚辞 there は T の指定部に基底生成されると分析する．しかしながら，Rizzi (1997) で仮定される (5) の分離 CP 仮説を採用するならば，虚辞 there は T の指定部よりもより高い位置，すなわち CP 領域内に生じていると分析することも理論上可能である．

(5) [ForceP Force [TopP Top [FocP Foc [TopP Top [FinP Fin [TP T …

例えば，補文標識 that は Force 主要部を，虚辞 there は Breivik (1991) で仮定される「dummy topic」として上位の Top (ic) の指定部を占めると仮定するならば，there 構文が従属節内にも生じるという事実は虚辞 there を T の指定部に基底生成させずとも十分説明可能である．ここで言う dummy topic とは，Topic-Comment 構造を前提として，後に Comment（新情報）が生じることを示す談話標識の一種であると考えられる．少なくとも Ingham (2003) が示す英語史全体を通じて there が T の指定部を占めるという証拠は十分なものであるとは言えない．従って，虚辞 there が英語史全体を通じて T の指定部を占める NP として機能していたか否かについては検討の余地がある．以下の3節では，英語史における þær (there) の統語的位置づけを再検討する．

## 3. 英語史における þær (there) の位置づけに関して

### 3.1. 古英語から初期中英語

一般に，現代英語においては虚辞 there と場所の副詞 there を統語的に区別する主な特徴として以下の3点，すなわち，虚辞 there のみが疑問文において be 動詞と助動詞主語倒置を起こす点，虚辞 there のみが付加疑問文の主語として機能できる点，そして虚辞 there のみが，動詞や前置詞の目的語として，(to) 不定詞や動名詞を後続し現れることができる点が挙げられる．しかしながら，The York-Toronto-Helsinki Parsed Corpus of Old English Prose（以下 YCOE）や The Penn-Helsinki Parsed Corpus of Middle English, Second edition（以下 PPCME2）を用いた自らのコーパス調査及び先行研究においても，古英語期から初期中英語期にかけて前述の特徴を持つ þær（= there）は観察されない．[2] また，古英語における þær が虚辞である

---

[2] 本研究で使用したコーパスは以下の4つであり，それぞれ正式名称は The York-Toronto-Helsinki Parsed Corpus of Old English Prose (YCOE), The Penn-Helsinki Parsed Corpus of Middle English, Second edition (PPCME2), The Penn-Helsinki Parsed Corpus of Early Modern English (PPCEME), The Penn Parsed Corpus of Modern British English (PPCMBE) である．また各コーパスの時代区分は，YCOE は O1(-850), O2 (850-950), O3(950-1050), O4(1050-1150) であり，PPCME2 は M1(1150-1250), M2(1250-1350), M3(1350-1420), M4(1420-1500) であり，PPCEME は E1(1500-

ことを示す別の証拠としてよく挙げられるのが，ほぼ同様の文脈における虚辞 it との交替が可能であることである．すなわち，具体的な指示物を持たない it と þær が交替可能であるならば，þær も具体的な指示物を持たない要素，虚辞であろうと推定されている．しかしながら，この推定の仕方には問題がある．第一に，虚辞 it と虚辞 þær は他の構文でも互いに常に交替可能であるとは限らず，動詞との一致という点でも両者はかなり異なる統語的振る舞いを示すという事実を適切に捉えることができない．第二に，古英語期には，虚辞 it も虚辞 þær も伴わない存在文（いわゆる非人称構文の一種）や，時や場所の副詞でさえも動詞に先行している文が多く存在していた（Breivik (1990) や Traugott (1992) を参照）ため，þær + V + S という構文の þær が指示性の弱まった副詞であり，当該構文が虚辞を伴わない存在文である可能性は排除されないように思われる．また，指示性の弱い副詞としての þær が場所の副詞である þær とも共起している構文として関係副詞 þær を伴う構文が存在し，古英語から初期中英語期においては関係副詞 where よりも広く用いられたことも小野・中尾 (1980) や中尾 (1972) で指摘されている．従って，本分析では，Lyons (1975, 1977) や Hosaka (1999) でも指摘されるが，場所の副詞 there の意味の漂白化は古英語期には既に始まっていた一方，虚辞主語 NP としての there の発達は 1500 年以降であったと仮定する．特に，古英語から初期中英語にかけては，様々な時や場所の副詞が動詞に先行するのが一般的だったことや関係副詞の there が広く用いられていたことから，there を副詞と考えるべき肯定証拠は現代英語よりも多かったと考えられる．

## 3.2. 後期中英語から 16 世紀初頭

後期中英語になると，中尾 (1972) で指摘されるように，時や場所の副詞が動詞に後続する頻度が急激に増え，関係副詞の there も関係副詞 where に取って代わられるようになる．その結果，動詞に先行する there を副詞と考えるべき肯定証拠の多くが失われ，動詞に先行する there を副詞以外のも

---

1569), E2(1570-1639), E3(1640-1710) であり，PPCMBE については，本来の時代区分では一部 PPCEME の期間との重複が見られたため以下の修正した時代区分，L1(1711-1779), L2(1780-1849), L3(1850-1914) を用いている．

のに再分析する必要が生じた．本分析では，保坂 (2014) に従い，動詞に先行し，意味の漂白化を受けている there は，後続する要素に新情報が現れることを示す談話標識の一種として再分析されたと仮定し，当該 there は Top の指定部位置に基底生成されるようになったと分析する．

もう一つ重要な点は，there が後続する要素として新情報が「現れる」ことを示す談話標識となったことで，その後生じる動詞が必ずしも「存在・出現」を意味する必要がなくなることである．さらに，there が Top の指定部位置を占めるならば，T の指定部位置に基底生成される要素はなく，その位置に $v^*$ の指定部位置を占めていた要素が移動することは十分考えられる．[3] その結果，後期中英語期が始まる 14 世紀後半から他動詞虚辞構文が出現可能となることが正しく予測される．他動詞虚辞構文を可能にするメカニズムの詳細に関しては以下の 4 節で言及する．

### 3.3. 16 世紀初頭以降

保坂 (2014) で仮定される虚辞 there 発達の最後の段階は 15 世紀末に生じ，その要因は V-to-Top 移動の消失及びそれに伴い英語が話題中心の V2 言語から主語中心の SVO 言語へと変化したことであると考えられる．当該時期に動詞の，特に不定詞屈折語尾の水平化が進み，V-to-Top 移動が不可能となることは Roberts and Roussou (2003: 41-42) や Biberauer and Roberts (2008) で主張されている．その結果，話題要素ではなく主語が動詞（述語）に直接先行する語順が確立されると共に，話題要素も主語も動詞に先行する語順（V3 語順）を避ける必要が生じたと考えられる．そのための方策として，談話標識として Top の指定部に生じていた there が，T の指定部要素，すなわち虚辞「主語」へと再分析されたと考えられる．この再分析は，他動詞虚辞構文の可否に影響を与えうる，なぜなら there が後続する要素として新情報が現れる（存在する）ことを示す談話標識ではなくなるため，存在・出現の意味を文中の他の要素が担う必要が生じるからである．その結果，16 世紀初頭以降は，there 構文は存在・出現の意味を表す自動詞

---

[3] 後期中英語期に T の指定部位置を何らかの要素で埋める必要が生じた理由の 1 つとしては，非人称動詞の人称化が考えられる．実際，後期中英語期からいくつかの例外を除いて非人称動詞の大部分が人称化されている．

のみと共起し，他動詞虚辞構文とは共起しなくなると予測される．3節では，英語史における虚辞 there の発達に関する面を中心に見てきたが，4節では，このような虚辞 there を仮定することにより他動詞虚辞構文の出現及び消失がどのように統語構造の変化という形で明示化されるかを示す．

## 4. 他動詞虚辞構文の発達に関する統語的アプローチ

　古英語期から初期中英語期にかけては，there 構文は非人称構文と類似した (6) の構造を持っていたと考えられる．[4]

(6)　$[_{TP}$ there $[_{TP}$ $[_T$ is$_i$$][_{vP}$ $[_v$ $t_i$$]$ $[_{VP}$ $[_V$ $t_i$$]$ a man$]]]]$

3節で示したように，(6) の there は，意味の漂白化を受けているものの副詞として TP に付加される随意的な要素である．実際，Breivik (1990) によると，当該文脈で there が出現する頻度は当時の存在構文全体の頻度と比較すると，古英語ではわずか15%，初期中英語期でも30%未満といずれも低頻度であったとされ，当該要素の随意性が裏付けられている．また，自らの YCOE を用いた調査の結果を見る限り，少なくとも古英語期においては，特定の場所を指示する副詞（here や場所の副詞 there など）が，従属節だけでなく主節でも動詞に先行する語順が多く見られる．従って，存在構文の there もそれらと同様に副詞とみなされていたことは十分考えられる．

　もう一点の重要な点は，存在構文においてその「存在」の意味をもたらす中心的な要素は何であるのかという点である．前述のように，古英語期から初期中英語期にかけて存在構文がthereを伴う割合が少ないことを考えると，存在構文の意味の中心は存在あるいは出現を表す非対格動詞であると考えられる．従って，当該時期には他動詞を含め存在あるいは出現を表す非対格動詞以外の動詞を用いた存在構文が許されないと予測される．

　後期中英語期から16世紀初頭にかけては，場所の there を含む特定の場

---

　[4] 虚辞 *there* と非人称動詞が共起する (i) の例が Visser (1963-1973: 52) で示されている．
　　(i)　For to sle a man ... ther behoueth but one stroke well sette.
　　　　To 　kill a man 　　there needs 　　but one stroke well-set. (Caxton, Jason 22)

所を指示する副詞が動詞に後続することが一般的になったこと，そして関係副詞の there が where にとって代わられたことが知られており，初期中英語期までと比べ，動詞の前に生起する there を副詞とみなす肯定証拠が弱まったと考えられる．また，Breivik (1990) によると，当該時期に存在構文における there の使用割合が激増し，15 世紀初頭には存在構文全体のうち there を伴う存在構文の割合は約 80% に達したとされる．動詞の前に生起する there を副詞とみなす肯定証拠の弱まり及び存在構文と当該 there が共起する割合の増加の影響から，本分析では，保坂 (2014) に基づき，当該時期に当該 there が後続する DP に新情報が「現れる」ことを示す談話標識へと再分析されたと主張する．再分析後の存在構文の構造が (7) である．

(7)　[$_{TopP}$ there [$_{Top'}$ [$_{Top}$ is$_j$] [$_{TP}$ a man$_i$ [$_T$ $t_j$] [$_{vP}$ [$_v$ $t_j$] [$_{VP}$ [$_V$ $t_j$] $t_i$]]]]]

重要なことは，there が後続する DP として新情報が「現れる」ことを示す談話標識となったことで，その後生じる動詞が必ずしも「存在・出現」を意味するものである必要がなくなることである．さらに，T の指定部を占めている要素も存在しないため，その位置を利用し他動詞を含む there 構文を派生することが可能となる．従って，comment（新情報）の後続を暗示する dummy topic としての there の使用が可能となった 14 世紀後半から (8) のような他動詞虚辞構文が容認可能となることが説明される．[5]

(8)　[$_{TopP}$ there [$_{Top'}$ [$_{Top}$ may$_k$] [$_{TP}$ no man$_j$ [$_{T'}$ [$_T$ $t_k$] [$_{v*P}$ $t_j$ [$_{v*'}$ [$_{v*}$ tell$_i$] [$_{VP}$ [$_V$ $t_i$] the joy]]]]]]]

また，他動詞虚辞構文ほどの頻度ではないが，M4 期から E1 期にかけて非能格動詞を伴う虚辞構文も出現している．(9) がその用例，(10) が予測される統語構造である．

---

[5] Chomsky (2013) で提案されるラベル付けのアルゴリズムを採用するならば，T の指定部が利用可能である場合に限り他動詞虚辞構文が可能となるもう一つの動機が与えられうる．その動機とは，関連要素 DP (a man) と $v*$P との併合の結果物のラベルを決定するためである．当該構造のラベルを決定するためには，DP と $v*$ 主要部との間に共有される素性がないため，DP か $v*$P のどちらかを後の派生で移動させる必要がある．T の指定部へと DP が移動すれば残る $v*$P が当該構造のラベルとして決定されるので派生が収束し，他動詞虚辞構文が容認可能となることが説明される．

(9) a. "ne herof mai ther no man douten."
　　　　ne hereof may there no man doubt
　　　　　　　　　　　　　　(CMBOETH,434.C2.252: M3)
　　b. (…), þat þer durst no prechour dele wyth hym;
　　　　that there dare no preacher deal with him
　　　　　　　　　　　　　　(CMMIRK,55.1546: M3-4)
　　c. (…) þat þer schuld no man speke wyth þe.
　　　　(…) that there should no man speak with thee
　　　　　　　　　　　　　　(CMKEMPE,27.604: M4)
(10) [$_{TopP}$ there [$_{Top'}$ [$_{Top}$ dare$_k$] [$_{TP}$ no preacher$_j$ [$_{T'}$ [$_T$ $t_k$] [$_{vP}$ $t_j$ [$_{v'}$ [$_v$ deal$_i$] [$_{VP}$ [$_v$ $t_i$] with him]]]]]]]

本分析が正しければ there が後続する DP として新情報が「現れる」ことを示す談話標識となったため，他動詞だけでなく非能格動詞も there 構文に現れることができるようになったと正しく予測される．

また，M4 期から E1 期にかけては，一部ではあるが，非対格動詞を伴う助動詞付き there 構文でも助動詞と非定形動詞との間に DP が出現する例が一定頻度（50 万語辺りの生起頻度 M4: 24.95, E1: 9.68）存在するほか，助動詞付き there 受動文においても助動詞と be 動詞との間に DP が出現する例もある．それぞれ (11a) と (12a) で例示し，(11b) と (12b) で当該分析に基づき予測される統語構造を示す．

(11) a. but there myghte none prevaille.
　　　 but there might none prevail　　(CMMALORY,10.291: M4)
　　b. [$_{TopP}$ there [$_{Top'}$ [$_{Top}$ might$_k$] [$_{TP}$ none$_i$ [$_{T'}$ [$_T$ $t_k$] [$_{vP}$ [$_{v'}$ [$_v$ prevail$_j$] [$_{VP}$ [$_v$ $t_j$] $t_i$]]]]]]]
(12) a. He ordeyned þat þere schuld no man be receyued to þe
　　　 He ordained that there should no man be received to the
　　　 holy ordres of þe Cherch
　　　 holy orders of the Church　　　(CMCAPCHR,66.1031: M4)
　　b. [$_{TopP}$ there [$_{Top'}$ [$_{Top}$ should$_j$] [$_{TP}$ no man$_i$ [$_{T'}$ [$_T$ $t_j$] [$_{vP}$ [$_{v'}$ [$_v$ be] [$_{VP}$ [$_v$ received] $t_i$]]]] to the holy orders of the Church]]]

加えて後続する DP を焦点要素として導入する要素としての虚辞の使用は通言語的観点からも支持される．実際，現代ドイツ語では (13) の例で示されるように虚辞 es が動詞以下に焦点を当てるために使用され，かつ，14 世紀後半から 16 世紀初頭までの英語と同様に，動詞の種類に関する制限はない点も共通している．

(13) a.　Es　　　kommen Tiere　　aus　　dem Dschungel.
　　　　there come　　animals out of the　jungle　（吉田（1997: 73））
　　 b.　Es　　haben immer die Reichen　　die größte Macht gehabt.
　　　　there have　always the rich people　the largest power had
　　　　　　　　　　　　　　　　　　　　　　　　（吉田（1997: 74））

現代ドイツ語において可能な文法的選択肢として前述のような虚辞の使用があるならば当時の英語においても同様の選択肢が選ばれていたとしても何ら不思議はない．

　3 節でも見たように，15 世紀中頃までには動詞の屈折語尾の水平化が進み V-to-Top 移動が消失した結果，主節・従属節共に英語における SVO 語順が確立され，それまで一定頻度存在していた XVSO 語順や XSVO 語順の頻度がかなり低下した．その結果，(7) や (8) の構造で定形動詞の直前に存在する there が主語，すなわち T の指定部にある要素として再分析され，(14) の構造が生じる．

(14)　[$_{TP}$ there [$_{T'}$ [$_T$ is$_i$] [$_{vP}$ [$_v$ $t_i$] [$_{VP}$ [$_V$ $t_i$] a man]]]]

従来の (8) の構造では，there が後続する DP として新情報が「現れる」ことを示す談話標識となったことで，その後生じる動詞が必ずしも「存在・出現」を意味するものである必要がなかったことを思い起こしてほしい．(14) で，there が T の指定部を占める要素，すなわち虚辞主語となり，新情報の「出現」を示す談話標識ではなくなったことで，存在・出現の意味を there 以外の要素より，古英語から初期中英語期と同様に導く必要が生じた．[6] そ

---

　[6] 他動詞虚辞構文が許されなくなるもう一つの理由が Chomsky (2013) のラベル付けのアルゴリズムを採用するならば考えられうる．その動機とは，関連要素 DP と v*P {v*, VP} との併合の結果物のラベルを決定するために，関連要素 DP を移動させるための位置

の結果，there 構文に生じる動詞は再び存在・出現を表す非対格動詞に限られ，他動詞虚辞構文は不可能になったと考えられる．また，there が虚辞「主語」としてTの指定部を占めたことで，DPをTの指定部へ移動させる必要はなくなり，DPは元位置に留まる．その結果，(9) や (11), (12) で示されていた助動詞と非定形動詞の間に関連要素DPを挟んだ非能格動詞構文，受動構文，非対格動詞構文は消失すると予測され，実際コーパス調査の結果それらは16世紀初頭以降に急激に衰退・消失している．

SVO 語順確立後の there が主語名詞句としての機能も有している独立した証拠としては，宇賀治（2000: 328）が指摘するように，当該時期に，一部の文頭の there ではあるものの，虚辞主語 it と同様，虚辞 there と動詞との間の数の一致が見られる (15) の例が観察され始めることが挙げられる．

(15)　And anone there was sente unto them two knightes of worship,
　　　(a1470 Malory *Works* 21.20-21)　　　(cf. 宇賀治（2000: 325））

(15) では，関連要素DPである two knights of worship は明らかに複数であるにも関わらず定形動詞は単数形となっている．同じくTの指定部に基底生成される虚辞主語 it が3人称単数の要素として扱われることを考えれば，同様に (14) の虚辞主語 there が3人称単数のDPとして，後続する動詞と一致していることは十分考えられる．

また，本研究におけるコーパス調査の結果，16世紀半ば以降，それまでほぼ存在していなかった不定詞の主語や独立分詞構文の主語として虚辞 there が現れる例が一定頻度観察される．(16) は不定詞の主語として虚辞 there が現れる例であり，(17) は独立分詞構文の主語として虚辞 there が現れる例である．

(16)　a.　And thus he sayth, whereas a man may be cured with Dyet
　　　　　onely, let there be geuen no maner of medicine.
　　　　　　　　　　　　　　　　　　　　　　(VICARY-E1-P1,13.26: E1)

---

が存在しないからである．Tの指定部を虚辞 there が占めているため，関連要素DPは当該位置に移動できず基底生成位置に留まることになり，その結果関連要素DPと $v$*P との併合の結果物のラベルは決定されず派生が破綻し，他動詞虚辞構文が容認不可能となると説明される．

b. Therfore he which sayd Let there not be a begger in Israel, sayd too, let there not be an Vsurer in Israel,
(SMITH-E2-H,B7V.115: E2)

c. let there be no Governour of the Woman appointed, but a Censor of Manners, one to teach the men to moderate their Wives, that is, fairly to induce them to the measures of their own proportions. (JETAYLOR-E3-H,21.252: E3)

(17) a. and there beinge a tobbe standing full of rayne water, offered to geue hym some in a dishe that he might make hym selfe cleane: (HARMAN-E1-P2,52.248: E1)

b. Then there being some Noise at the Bar, Mr. Udall could not any more be heard: (JUDALL-E2-P2,1,176.358: E2)

c. This shire is improperly called Flintshire there being noe flints in all the country; (FIENNES-E3-P2,181.325: E3)

これらの例も16世紀初頭に there が T の指定部を占める虚辞主語として機能していたことを示す有力な証拠である．

## 5. 結論

　本論文では，他動詞虚辞構文の出現及び消失のメカニズムを保坂 (2014) で提案された虚辞 there の発達と絡めて理論的により明示化した．古英語期から初期中英語期には虚辞 there は意味の漂白化を受けているものの未だ副詞としての機能を保持しており，当該構文が持つ存在の意味の中心はあくまで存在の be 動詞あるいは存在・出現を表す非対格動詞が担っていた．14世紀後半になると，場所の副詞が動詞後位で現れる頻度が増していき動詞前位に生じる虚辞 there と場所の副詞との統語的分布の区別が明確になったことや関係副詞 there が where に取って代わられたこと等により，虚辞 there を副詞と考えるべき肯定証拠弱まり，当該 there が談話標識，すなわち後続する DP に新情報が「現れる」ことを示す要素へと再分析され，出現の意味を談話標識 there が表せるようになったことで動詞に関する意味制限が弱まり，他動詞虚辞構文や非能格虚辞構文が出現可能となったと説明される．し

かし，16世紀初頭以降，SVO語順の固定化により談話標識 there が虚辞主語へと再分析されたことで，再び動詞が存在・出現の意味を表す中核要素とみなされるようになり他動詞虚辞構文や非能格虚辞構文は容認されなくなったと分析した．

## 参考文献

Biberauer, Theresa and Ian Roberts (2008) "Subjects, Tense and Verb-Movement in Germanic and Romance," *Cambridge Occasional Papers in Linguistics* (CO-PiL) 3, 24-43.
Breivik, Leiv Egil (1990) *Existential There: A Synchronic and Diachronic Study, Second Edition*, Novus Press, Oslo.
Breivik, Leiv Egil (1991) "On the Typological Status of Old English," *Historical English Syntax*, ed. by Dieter Kastovsky, 31-50, Mouton de Gruyter, Berlin and New York.
Chomsky, Noam (2013) "Problems of Projection," *Lingua* 130, 33-49.
Hosaka, Michio (1999) "On the Development of the Expletive *There* in *There + Be* Construction," *Studies in Modern English* 15, 1-28.
保坂道雄 (2014)『文法化する英語』開拓社，東京．
Ingham, Richard (2003) "The Development of Middle English Expletive Negative Sentences," *Transactions of the Philological Society* 101, 411-452.
Lyons, John (1975) "Deixis as the Source of Reference," *Formal Semantics of Natural Language*, ed. by Edward L. Keenan, 61-83, Cambridge University Press, London and New York.
Lyons, John (1977) *Semantics* 1-2, Cambridge University Press, Cambridge.
中尾俊夫 (1972)『英語史 II』大修館書店，東京．
小野茂・中尾俊夫 (1980)『英語史 I』大修館書店，東京．
Roberts, Ian and Anna Roussou (2003) *Syntactic Change: A Minimalist Approach to Grammaticalization*, Cambridge University Press, Cambridge.
Traugott, Elizabeth C. (1992) "Syntax," *The Cambridge History of the English Language I; The Beginnings to 1066*, ed. by Richard Hogg, 168-289, Cambridge University Press, Cambridge.
宇賀治正朋 (2000)『英語史』開拓社，東京．
Visser, Fredericus Theodorus (1963-1973) *An Historical Syntax of the English Language*, 4 Vols., E.J. Brill, Leiden.
吉田光演 (1997)「ドイツ語の虚辞 es の統語論」『広島大学総合科学部紀要 V, 言語文

化研究』第 23 巻,73-9,広島大学大学院総合科学研究科.

## コーパス

Kroch, Anthony, Beatrice Santorini, and Lauren Delfs (2004) *The Penn-Helsinki Parsed Corpus of Early Modern English* (PPCEME), University of Pennsylvania, Philadelphia.

Kroch, Anthony, Beatrice Santorini, and Ariel Diertani (2010) *The Penn Parsed Corpus of Modern British English* (PPCMBE), University of Pennsylvania, Philadelphia.

Kroch, Anthony, and Ann Tayler (2000) *The Penn-Helsinki Parsed Corpus of Middle English, Second edition* (PPCME2), University of Pennsylvania, Philadelphia.

Taylor, Ann, Anthony Warner, Susan Pintzuk and Frank Beths (2003) *The York-Toronto-Helsinki Parsed Corpus of Old English Prose* (YCOE), University of York, Heslington.

# 不定詞疑問節の統語構造の歴史的変化に対する一考察

松元　洋介

## 1. 序

　生成文法理論に基づく研究においては，現代英語の不定詞標識 to は機能範疇 T を占めるということでほぼ意見が一致している．さらに，英語の不定詞標識は前置詞に由来すると一般に仮定されており，to 不定詞節の史的発達に関して伝統文法と生成文法の両観点からかなり詳細に研究がなされてきた (Callaway (1913), Visser (1966), Lightfoot (1979), Los (2005), Tanaka (1994, 1997, 2007)).[1] 一方，to 不定詞節が生じる環境は様々であり，その環境によって他の不定詞節では見られない振る舞いをすることもある．これに関連して，中川 (2011, 2013) は tough 節 (tough 類形容詞の補部に現れる不定詞節) は一般的な不定詞節とは異なり，不定詞の主語がいかなる形式 (語彙的名詞句，by 句の目的語，主節主語に対応する空所) でも顕在化することがなく，to を残した動詞句削除が容認されないという事実に注目し，tough 節はその歴史的発達の中で TP あるいは CP を投射するまでに至っていないと分析している．また，Matsumoto (2013) は不定詞関係節の意味上の主語は構造的には独立した要素であることを示し，その範疇は PP であると結論付けた．ここから，to 不定詞節にはそれが生じる環境で見せる特殊な振る舞いを説明できるような分析が求められるということが言え

---

[1] 不定詞標識 to の起源が前置詞であるという点に異論を唱える研究は著者の知る限りないのであるが，英語史の各時代における to の統語的位置付けについては様々な分析が提案されている．例えば，Los (2005) や Nawata (2007) のように古英語の to 不定詞節を CP とする説や，Nakagawa (2001, 2013) のように vP/VP とする説などがある．以下で述べるように，本論文では多くの伝統文法に基づく研究に従い，古英語における to 不定詞節は前置詞句であったと仮定する．

る．

　本論文は不定詞疑問節が一般の不定詞節とは異なる歴史的発達を遂げたということを示し，現代英語に見られる特異な振る舞いに対し説明を与えることを目標とする．特に以下に述べる特異性に注目する．まず，不定詞疑問節に主語は現れず，主語を問うことが出来ない．

(1) a. *He told her what for her to do.　(cf. He told her what she should do.)
　　b. *I wondered what me to do.　(cf. I wondered what I should do.)
(Kono (1985: 146))
(2) a. *I don't know who to go.　(cf. I don't know who should go.)
　　b. *I told Mary who to go.　(cf. I told Mary who should go.)
(Kono (1985: 146))

また，不定詞疑問節内の受動化は文法性が著しく低下する．

(3) a.??It is unclear what presents to be given.　(cf. It is unclear what presents they should be given.)
　　b.??It is unclear how to be fed.　(cf. It is unclear how they should be fed.)　　(Chomsky (1981: 193))

(1) と (2) については，一般の不定詞節と同様に不定詞疑問節を CP と分析することでその非文法性を正しく予測できる．

(4) a. *He told her [$_{CP}$ what [$_C$ for] [$_{TP}$ her [$_T$ to] do]].
　　b. *I wondered [$_{CP}$ what [$_{TP}$ me [$_T$ to] do]].
　　　　　　　　　　　　　　　　└─×─┘ Case
(5) a. *I don't know [$_{CP}$ who [$_{TP}$ $t_{who}$ [$_T$ to] go]].
　　　　　　　　　　　　　　　└─×─┘ Case
　　b. *I told Mary [$_{CP}$ who [$_{TP}$ $t_{who}$ [$_T$ to] go]]
　　　　　　　　　　　　　　　└─×─┘ Case

(1a) のように不定詞疑問節において補文標識 for を用いることが容認されないのは，(4a) に示されるように，CP の主要部と指定部の両方に音形を持つ要素が現れることを禁ずる二重詰め Comp フィルター (Doubly-Filled

Comp Filter) に違反することになるためである (Chomsky and Lasnik (1977)). (1b) のように補文標識 for を用いずに主語を表す不定詞疑問節と (2) のように主語を問う不定詞疑問節が容認されないのは，どちらも格の観点から説明される．すなわち，不定詞標識 to は主語に格を付与する能力がないため，(4b) の me，(5) の who は格が与えられず，非文となる．一方，不定詞疑問節における受動化の容認性が低いという (3) の事実に対しては，不定詞疑問節を一般の不定詞節と同様に扱う分析においては説明が出来ない．

　本論文の構成は以下の通りである．2 節では，英語の不定詞疑問節の初期の例を概観する．3 節は，一般的な補部としての不定詞節の歴史的発達を概観した後に，英語史における不定詞疑問節の統語構造の分析を提案する．4 節はまとめである．

## 2. 不定詞疑問節の出現

　本節では不定詞疑問節の歴史的発達を概観する．古英語において間接疑問文は定形でしか現れず，不定詞疑問節は存在しなかった．[2] 不定詞疑問節は中英語に出現したが，(6) にそれぞれ示されるように，原形不定詞を用いる場合，to 不定詞を用いる場合，for-to 不定詞を用いる場合の3種類が存在した．

(6) a.　ant　nuste　　　hwet　seggen.
　　　 and　not-knew　what　say
　　　 and did not know what to say
　　　　　　　　　　　　　　　　(St. Kath. 1535 / Allen (1980: 213))
　　b.　He　nuste　　　hwat　with　ðat　bodi　to　do
　　　 he　not-knew　what　with　that　body　to　do
　　　 he did not know what to do with that body
　　　　　　　　　　　　　　　　(SEL 15.227 / Allen (1980: 213))

---

[2] 他のゲルマン諸語においても不定詞疑問節は観察されない．さらに，顕在的な wh 句を用いた不定詞関係節もまた，古英語を含むゲルマン諸語において容認されない．詳しくは Sabel (2006, 2015) を参照．

c. Heo nusten    hwat for to do
   they not-know what for to do
   they did not know what to do

(SEL17.62 / Allen (1980: 213))

また (7) は Penn-Helsinki Parsed Corpus of Middle English, second edition (PPCME2) における，(6) の3種類の不定詞疑問節の出現数をまとめたものである．[3]

(7) PPCME2 における不定詞疑問節の出現数

|  | M1 | M2 | M3 | M4 |
|---|---|---|---|---|
| 原形不定詞 | 2 | 0 | 0 | 0 |
| to 不定詞 | 0 | 0 | 1 | 3 |
| for-to 不定詞 | 0 | 1 | 2 | 0 |

ここで注目すべき点は，不定詞疑問節の初出の例は動詞が to 不定詞ではなく原形不定詞を取っていたということである．というのも，to 不定詞自体は古英語のときから使用されていたためである．[4] 中英語が終わるころには原形不定詞と for-to 不定詞の使用はなくなり，現代英語と同様に to 不定詞疑問節のみに限定されるのであるが，原形不定詞疑問節の用法は初期中英語の短い時期に一般的な構文として使用されていた．Visser (1963) と Allen (1980) は，不定詞疑問節が原形不定詞を取っていたのは to 不定詞を持たないフランス語の影響によるものだと主張する．[5] すなわち，(8) のよう

---

[3] PPCME2 の時代区分は，M1 (1150-1250)，M2 (1250-1350)，M3 (1350-1420)，M4 (1420-1500) である．

[4] 古英語における不定詞の用法については小野・中尾 (1980: 421-436) を参照．

[5] 原形不定詞の使用が隆盛を極めた14世紀においては，それ以前の時期と以降の時期の両方で容認されない構文も見られた．

(i) a. God hath suffred yow      *have* this tribulacioun
       God has  allowed you    (to) have this tributlation

(Ch.B.Mel.2684 / Allen (1980: 215))

   b. But it is good       a man *been* at his large
      but it is good   (for) a man to be at his large (i.e., generous with money)

(Ch.B.Mel.2684 / Allen (1980: 215))

な中世フランス語の原形不定詞を用いる不定詞疑問節をそのまま中英語に借用していたと考えられる．

(8) La fille ne sotque respondre
the girl not knows what answer
the girl did not know what to answer  (Allen (1980: 216))

しかしながら，他言語の影響を受けたとは言え，一度は中英語で容認された原形の不定詞疑問節が衰退していったことに対して何らかの説明が必要になる．

次節では文献において最も議論されている動詞の補部として現れる不定詞節の統語構造の変化を概観し，それを基に疑問不定詞節が中英語においてどのような構造変化を経たのかを議論する．

## 3. 分析
### 3.1. 不定詞補部の歴史的発達

1節でも述べたように，不定詞節の歴史的発達に対する研究は活発になされてきた．本節ではその中でも，不定詞標識 to は英語史を通じて P から T へと発達したと分析する Tanaka (1994, 1997, 2007) を概観する．Tanaka は，使役動詞の補部として現れる原形不定詞節は (9) のような変化を遂げた主張する．[6]

(9) a. OE-LME: $[_{vP} \text{ v1 } [_{VP} \text{ V } [_{vP} \text{ DP } [_{v2} \text{ -an/-e(n)}] [_{VP} \text{ V } …]]]]$ or
$[_{vP} \text{ v1 } [_{VP} \text{ V } [_{vP} [_{v2} \text{ -an/-e(n)}] [_{VP} \text{ V } …]]]]$
b. LME-: $[_{vP} \text{ v1 } [_{VP} \text{ V } [_{vP} \text{ DP v } [_{VP} \text{ V } …]]]]$

原形不定詞節の範疇は英語史を通して vP であるが，(9a) にあるように，原形不定詞の形態素が具現化されていた後期中英語までは，外項は語彙的主

---

[6] Tanaka (1994, 1997, 2007) は現代英語の使役動詞 do, let, make の補文に焦点を絞っている．現代英語の使役動詞の中でも make の原形不定詞補文は TP を持つと考えることが出来るが (Ritter and Rosen (1993))，Tanaka は少なくとも初期の英語の make に関しては証拠不十分であるとみなし，彼の提案する統語構造には反映させていない．

語の DP か原形不定詞の形態素 -an/-e(n) が占めていた．これは，受動形態素は項であるという Baker et al. (1989) の仮説を拡張したものであり，Tanaka (2007: 48) は，不定詞形態素が格素性とファイ素性を持ち，格素性が認可される場合，そしてその場合にのみ項として機能すると主張する．不定詞形態素が消失した後期中英語以降は (9a) の後者のような派生は不可能となり，(9b) にあるように，原形不定詞の外項として語彙的主語が義務的に現れるようになった．一方，to 不定詞節の変化は (10) の通りである．[7]

(10) a.　OE-LME: [$_{PP}$ to [$_{vP}$ [$_v$ -enne] [$_{VP}$ V …]]]
　　 b.　EME-: [$_{TP}$ DP [$_{T'}$ to [$_{vP}$ $t_{DP}$ [$_{v'}$ [$_v$ -e(n)/Ø] [$_{VP}$ V …]]]]]
　　　　→（不定詞付き対格構文）
　　 c.　LME-: [$_{TP}$ to [$_{vP}$ [$_v$ -e(n)/Ø] [$_{VP}$ V …]]]]
　　　　→（コントロール構文）

後期中英語まで to に後続する動詞が与格語尾 -enne を伴って現れていた to 不定詞節は，(10a) にあるように，PP 構造を持っていた．to は v の位置を占める不定詞形態素に与格を付与しており，不定詞形態素が格素性とファイ素性を持つ外項として機能していた．従って，古英語の to 不定詞には語彙的主語が外項として現れることが許されなかった．一方で，中英語に入ると，完了不定詞や受動不定詞が出現し，to 不定詞において TP 領域が確立され始めていることから，to が機能範疇 T の特性である EPP 素性を持ち始めたと考えられる．また，不定詞形態素の水平化が進行したことで v の格素性とファイ素性は随意的になった．従って，(10b) にあるように，vP の外項に語彙的主語 DP が現れ，to の EPP 素性を満たすため [Spec, TP] へ移動する派生が可能になる．これは現代英語に至るまでに不定詞付き対格構文（例外的格表示構文）として発達した．また，(10c) にあるように，古英語よりあった to 不定詞節も PP から TP に変化し，コントロール構文として現代英語まで生存している．

---

[7] 本来の Tanaka (1994, 1997, 2007) の分析によると，(11) の変化は漸進的なものであり，中間の段階がある．

242

### 3.2. 不定詞疑問節の歴史的発達

本節では，(9) と (10) に示された一般的な不定詞節の歴史的発達を基に，2 節で概観した不定詞疑問節の発達を考察する．

まず，初期中英語に出現し，すぐに廃れていった不定詞疑問節を扱う．(9) を踏まえると，(6a) の原形不定詞疑問節は以下のような構造を持っていたと考えられる．ここでは便宜上 wh 句 hwet の着地点を原形不定詞節の [Spec, vP] と仮定する．

(6) a. ant nuste hwet seggen.

(11)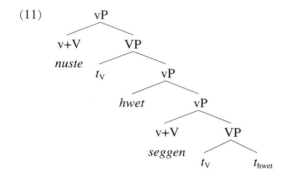

(11) に示されるように，v は不定詞形態素が占めており，そこへ V が主要部移動することで seggen として具現化されている．しかしこの派生は容認されない．(9a) で見たように，語彙的主語を持たない原形不定詞節が容認されていたのは，不定詞形態素が格素性とファイ素性を持ち，格素性が主節動詞により認可されることで外項として機能していたためである．(11) の派生において，原形不定詞節は wh 移動が起きていることからフェイズを形成していると考えられる (cf. Chomsky (2000, 2001))．フェイズ不可侵条件により主節動詞と不定詞形態素との間の格素性の照合は行われず，外項が認可されないので派生は破綻する．

それでは，なぜ初期中英語においては (6a) のような原形不定詞疑問節が容認されていたのだろうか．Visser (1963)，Allen (1980) が指摘するように，その理由は (6a) のような表現がフランス語から借入した表現であったためだろう．すなわち，フランス語の影響が最も強い時期に (8) のようなフランス語の表現を模して (6a) のような表現が用いられるようになったが，

(11) で示したように，そのような表現は中英語における原形不定詞節の派生とは相容れないものであったために，すぐに衰退したのだ.

次に to 不定詞疑問節について考察する．(7) の調査には反映されていないのだが，疑問節における for-to 不定詞と to 不定詞はほぼ同じ時期 (c. 1300) に出現した (Visser (1963: 977))．3.1 節でも見たように，この時期，不定詞標識の to は機能範疇 T の地位を確立し始めていた．従って，(6b), (6c) の不定詞疑問節は (12) のような構造を持っていた．

(6) b. He nuste *hwat with ðat bodi to do*
　　c. Heo nusten *hwat for to do*

(12)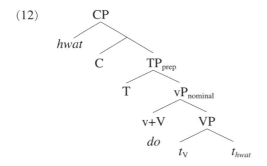

(12) の TP は，いわば (10a) と (10b) の後者の中間段階の構造を持っている．すなわち，不定詞標識 to は前置詞としての特性を持ち，その補部である vP は名詞句としての特性を持っていた．さらに本論文は，不定詞疑問節の構造は中英語から現代英語に至るまで (12) であると主張する．すなわち，不定詞疑問節において to の補部である vP は現代英語においても名詞的特性を持っているため態を表すことが出来ず，従って，(3) で示したように受動不定詞は著しく容認性が下がる.[8] (3) をここに (13) として再掲する．

---

[8] to が前置詞であった古英語においては，to の補部の vP は名詞的であり，不定詞が態により変化することはなかった．以下の例において，不定詞 mærsigenne は能動態の形をとっているが，意味的には受動態となる．

(i) Þises dæges wurþmynt is to mærsigenne
　　this day's dignity　is to celebrate
　　　　(cocathom1,ÆCHom_I,_22: 361.196.4479 / Tanaka (2014: 71))

(13) a. ??It is unclear what presents to be given.　(cf. It is unclear what presents they should be given.)
　　 b. ??It is unclear how to be fed.　(cf. It is unclear how they should be fed.)　　　　　　　　　　　　　　　(Chomsky (1981: 193))

　それではなぜ不定詞疑問節は一般的な不定詞節とは異なり，完全な TP へと発達しなかったのだろうか．その理由は，不定詞疑問節が常に語彙的主語を持つことが出来なかったためであると考える．仮に (12) の構造において一般的な不定詞節と同じように vP の外項に語彙的主語が生起し，to の EPP 素性により [Spec, TP] へ移動したとしても，その語彙的主語は格が与えられない．さらに，[Spec, TP] にある語彙的主語に格を与えるために C に補文標識 for があったとしても，二重詰め Comp フィルター違反となる．

## 4.　結語

　本論文では不定詞疑問節の歴史的発達について考察し，フランス語由来の原形疑問不定詞節は英語の原形不定詞節の構造と相容れるものではなかったためにすぐに廃れてしまったこと，不定詞疑問節は他の不定詞節とは異なり，前置詞句としての特徴を保持したまま完全な TP へと発達しなかったことを示した．

## 参考文献

Allen, Cynthia (1980) *Topics in English Diachronic Syntax*, Garland, New York.
Baker, Mark, Kyle Johnson and Ian Roberts (1989) "Passive Argument Raised," *Linguistic Inquiry* 20, 219-251.
Callaway, Morgan (1913) *The Infinitive in Anglo-Saxon*, Carnegie Institution of Washington, Washington, D.C.
Chomsky, Noam (1981) *Lectures on Government and Binding*, Foris, Dordrecht.
Chomsky, Noam (2000) "Minimalist Inquiries: The Framework," *Step by Step: Essays on Minimalist Syntax in Honor of Howard Lasnik*, ed. by Roger Martin, David Michaels and Juan Uriagereka, 89-155, MIT Press, Cambridge, MA.
Chomsky, Noam (2001) "Derivation by Phase," *Ken Hale: A Life in Language*, ed. by Michael Kenstowicz, 1-52, MIT Press, Cambridge, MA.

Chomsky, Noam and Howard Lasnik (1977) "Filters and Control," *Linguistic Inquiry* 8, 425-504.
Kono, Tsuguyo (1985) "Infinitival Indirect Questions: A 'Derivative' Complement Structure," *English Linguistics* 2, 144-164.
Lightfoot, David (1979) *Principles of Diachronic Syntax*, Cambridge University Press, Cambridge.
Los, Bettelou (2005) *The Rise of the To-Infinitives*, Oxford University Press, Oxford.
Matsumoto, Yosuke (2013) *A Minimalist Approach to Preposition Stranding and Pied-Piping in English*, Doctoral dissertation, Nagoya University.
Nakagawa, Naoshi (2001) "Bare vP Analysis of the Infinitival Clause in OE: Historical Development of *Tough* Constructions," *English Linguistics* 18.2, 507-535.
中川直志 (2013)「tough 構文の構造と派生の歴史的変遷について」『言語変化——動機とメカニズム』, 中野弘三・田中智之(編), 191-206, 開拓社, 東京.
小野茂・中尾俊夫 (1980)『英語史 I』大修館書店, 東京.
Ritter, Elizabeth and Sara Rosen (1993) "Deriving Causation," *Natural Language and Linguistic Theory* 11, 519-555.
Sabel, Joachim (2006) "Impossible Infinitival Interrogatives and Relatives," *Form, Structure, and Grammar: A Festschrift Presented to Günther Grewendorf on Occasion of His 60th Birthday*, ed. by Patrick Brandt and Eric Fuß, 243-254, Akademie Verlag, Berlin.
Sabel, Joachim (2015) "The Emergence of the Infinitival Left Periphery," *WCCFL* 32, 313-322.
Tanaka, Tomoyuki (1994) "On the Realization of External Arguments in Infinitives," *English Linguistics* 11, 76-99.
Tanaka, Tomoyuki (1997) "Minimalism and Language Change: The Historical Development of *To*-Infinitives in English," *English Linguistics* 14, 320-341.
Tanaka, Tomoyuki (2007) "The Rise of Lexical Subjects in English Infinitives," *Journal of Comparative Germanic Linguistics* 10, 25-67.
Tanaka, Tomoyuki (2014) "A Note on Modal Passives in Early English," *Studies in Modern English Studies* 30, 71-77.
Visser, Frederikus Th. (1963-1973) *An Historical Syntax of the English Language*, 4 Vols., E. J. Brill, Leiden.

## コーパス

Kroch, Anthony and Ann Tayler (2000) *The Penn-Helsinki Parsed Corpus of Middle English, Second edition* (PPCME2), University of Pennsylvania, Philadelphia.

# 名詞句内における and を伴う形容詞の分布*
―共時的・通時的考察―

## 柳　朋宏

## 1. はじめに

　古英語では名詞句内に2つの形容詞が生じる場合，現代英語の例 such pure red gold と同様, monige scearpe isene næglas 'many sharp iron nails' のように2つの形容詞が名詞に先行することが可能であった (Mitchell (1985: §173))．また þa gyldenan and sylfrenan maðmfatu 'the golden and silver vessels' のように名詞に先行する2つの形容詞が接続詞 and によって等位接続されることもあった．さらに and によって等位接続された形容詞群が名詞に後続する gesceaft brosniendlic and awendedlic 'a corruptible and changeable creature' のような事例や，2つの形容詞の一方が名詞に先行し，もう一方が and とともに後続する to godum lande and widgyllum 'to a good and broad land' のような事例も観察される．
　このような古英語の名詞句内における形容詞の分布に対する分析は Fischer (2000), Haumann (2003, 2010), Pysz (2006, 2009) で行なわれている．本論では，特に古英語の名詞句に生起する and を伴う形容詞の修飾構造について論じ，3種類の修飾構造は等位接続構造からの順行削除・逆行削除の適用によって派生されると提案する．
　また，中英語においても3種類の修飾構造は，その割合は変化するものの，観察されていたことを示す．さらに，これら3つの修飾構造に意味的

---

*　本論文は日本英文学会中部支部第67回大会シンポジウム「英語形容詞の形態・統語・意味」における口頭発表の一部を発展させたものである．発表に際し貴重な助言をいただいた研究者の方々に謝意を表したい．本研究の一部は JSPS 科研費（16K02784）および中部大学特別研究費（28IL10A）の助成を受けたものである．

な違いがないことを聖書からの例に基づき主張する．

## 2. 名詞句内における2つの形容詞の分布

　本節では2つの形容詞が名詞句内でどのような分布を示していたのかを提示する．古英語の名詞句に形容詞が2つ生起する場合，大きく次の2通りの方法がある．1つは接続詞なしで重ねる方法（stacking），もう1つは接続詞 and や oððe 'or' を用いて重ねる方法（coordination）である．接続詞なしで形容詞を重ねる場合，形容詞群が名詞に前置する「前置形容詞」と形容詞群が名詞に後置する「後置形容詞」とが理論的には可能である．同様に接続詞 and で結ばれた「等位形容詞群」が名詞に前置する場合も後置する場合がある．

　このように接続詞の有無に関わらず2つの形容詞がまとまりを成す場合に加え，一方が名詞に前置し，他方が後置する場合もある．接続詞がない場合は名詞の前後に形容詞が生じることになり，接続詞 and が存在する場合には「形容詞—名詞—and 形容詞」という語順となる．以上のことを合わせると（1）に示した6通りの修飾関係が可能である．

(1) a. 形容詞1 – 形容詞2 – 名詞
　　b. 名詞 – 形容詞1 – 形容詞2
　　c. 形容詞1 – 名詞 – 形容詞2
　　d. 形容詞1 and 形容詞2 – 名詞
　　e. 名詞 – 形容詞1 and 形容詞2
　　f. 形容詞1 – 名詞 – and 形容詞2

上記6通りの語順について，古英語コーパス York-Toronto-Helsinki Parsed Corpus of Old English Prose (Taylor et al. (2003); YCOE) を調査した結果，(1a) と (1f) の語順が大半を占めており，形容詞群が and なしで名詞に後続する (1b) の語順は観察されなかった．(1b) を除く組み合わせについて，それぞれの具体例を (2) から (6) に挙げる．これらの例では，形容詞には下線を引き，修飾される名詞は太字で示している．

(2) 形容詞 1 – 形容詞 2 – 名詞
fram gesewenlicum arleasum deofles **leomum**
from visible impious devil's limbs
'from visible impious limbs of the devil' (ÆCHom I 495.274)

(3) 形容詞 1 – 名詞 – 形容詞 2
hæfde blæc feax and blacne ondwlitan, medmicle
had black hair and pale face small
**nose** þynne
nose thin (Bede 2:13.144.14)
'(he) had black hair, a pale face and a small thin nose'

(4) 形容詞 1 and 形容詞 2 – 名詞
ealle his broðerlicere and moderlicere **yrmðe** racu
all his fraternal and maternal misery history
'all the history of his fraternal and maternal misery'
(ÆCHom II 16.146)

(5) 名詞 – 形容詞 1 and 形容詞 2
hit is **gesceaft**. brosniendlic and awendedlic
it is creature corruptible and changeable
'it is a corruptible and changeable creature' (ÆCHom II 153.119)

(6) 形容詞 1 – 名詞 – and 形容詞 2
to godum **lande** and widgyllum
to good land and broad
'to a good and broad land' (Exod 3.7)

次節以降では and を含む場合に議論を限定し，YCOE から得られた事実に基づいて分析を行う．

## 3. and を伴う 2 つの形容詞による名詞修飾

本節では and を伴う形容詞修飾の使用頻度について外観する．前節で示した (4) のタイプを「前置修飾」，(5) のタイプを「後置修飾」と呼ぶ．また (6) のように単独の形容詞による前置修飾と and 形容詞の組み合わせを

本論では「前後修飾」と呼ぶことにする．この構文は Fischer (2006), Haumann (2003) 等で「and 形容詞」構文と呼ばれているものである．YCOE を検索した結果，and を伴う形容詞修飾の使用頻度が特に高い作品をまとめたものが表1である

表1：and を伴う形容詞の統語位置（古英語）

|  | 前置修飾 | 後置修飾 | 前後修飾 | 合計 |
|---|---|---|---|---|
| Bede | 0(0.0%) | 5(12.8%) | 34(87.2%) | 39(100%) |
| ÆCHom II | 5(19.2%) | 4(15.4%) | 17(65.4%) | 26(100%) |
| Herbar | 2(10.0%) | 4(20.0%) | 14(70.0%) | 20(100%) |
| CP | 8(40.0%) | 3(15.0%) | 9(45.0%) | 20(100%) |
| ÆCHom I | 1(5.6%) | 2(11.1%) | 15(83.3%) | 18(100%) |
| BlHom | 5(29.4%) | 0(0.0%) | 12(70.6%) | 17(100%) |
| Orosius | 7(41.2%) | 0(0.0%) | 10(58.8%) | 17(100%) |
| Old Testament | 0(0.0%) | 2(15.4%) | 11(84.6%) | 13(100%) |

　表1から，3種類の修飾方法の分布は作品により異なるが，全体的な傾向として，and によって等位接続された形容詞群が「前置修飾」「後置修飾」する事例に比べて，「前後修飾」の事例がかなり頻度が高いことが分かる．また，2つの形容詞が積み重ねられた（1b）タイプの後置修飾は，YCOE 全体でも観察されなかったのに対し，2つの形容詞を and を用いて等位接続させた形容詞群による後置修飾の事例は観察されている．

## 4. 形容詞による修飾

　2節と3節では2つの形容詞が名詞を修飾する場合の語順には制限があることを確認した．つまり，「形容詞が接続詞なしで積み重なり後置修飾することはない」ということと「and（接続詞）を伴う場合には前置修飾・後置修飾の他，前後修飾が可能である」ということである．このような制限が統語派生上どのように説明できるかを論じる前に「叙述形容詞」の生起位置について古英語での使用状況を確認しておこう．

### 4.1. 前置修飾の叙述形容詞

現代英語では，限定形容詞は名詞に先行し，叙述形容詞は名詞に後続すると言われている（Bolinger (1967)）．こうした語順の制約は古英語においてもあてはまると考えられるが，実際には，項（補部）を選択する形容詞句が，名詞に後続する場合だけでなく，名詞の前位置に生起する事例も観察されている（Ringe and Taylor (2014) 参照）．YCOE を調査した結果，補部を伴う叙述形容詞句が前置修飾している例は Bede's *Ecclesiastical History of the English People* で最も多く観察された．

項を伴う形容詞句の分布をまとめたものが表2である．表中 H は Head（主要部）を，C は Complement（補部）をそれぞれ表しており，C-H, H-C は両者が隣接していることを，C...H, H...C は補部が前置もしくは外置していることを表してる．

表2：名詞句内における形容詞と補部の分布

|  | 前置修飾 | | | | | 後置修飾 | | | | |
| --- | --- | --- | --- | --- | --- | --- | --- | --- | --- | --- |
|  | TTL | C-H | C...H | H-C | H...C | TTL | C-H | C...H | H-C | H...C |
| Bede | **26** | 3 | 15 | 1 | 7 | 10 | 1 | 7 | 2 | 0 |
| Boethius | **6** | 4 | 0 | 1 | 1 | 1 | 1 | 0 | 0 | 0 |
| Herbar | 3 | 1 | 0 | 1 | 1 | **10** | 6 | 0 | 4 | 0 |
| Orosius | **9** | 8 | 0 | 0 | 1 | 1 | 0 | 0 | 1 | 0 |
| ÆLS | 0 | - | - | - | - | **6** | 2 | 0 | 4 | 0 |
| ÆHom | 0 | - | - | - | - | **5** | 2 | 0 | 1 | 2 |

補部を伴う形容詞句が前置修飾している具体例を（7）と（8）に挙げる．

(7) Ðeodor    *Gode*  se  <u>leofa</u>  **biscop**  mid  godcunde  gife
    Theodore  God    the  loved      bishop    with  divine    grace
    and  fultume
    and  aid                                      (Bede 4:22.324.19)
    'Theodore, well beloved of God, by the divine grace and aid'

(8) Æðelberht  se  cyning  <u>weorðlice</u>  **cyrcan**  heht
    Æthelberht the  king    worthy        church    ordered
    getimbran  þara  eadigra  apostola  Petri and Pauli
    to-build   the   blessed  apostles  Peter and Paul

'King Æthelberht ordered a church dedicated to the blessed apostles Peter and Paul' (Bede 1:17.90.18.827)

これらの例では，形容詞（下線部要素）が名詞（太字要素）に先行している．形容詞の補部（斜体要素）については，(7) では *Gode* 'God' が名詞句 se leofa biscop 'the loved bishop' から前置されている．一方 (8) では þara eadigra apostola Petri and Pauli 'the blessed apostles Peter and Paul' が名詞句 weorðlice cyrcan 'a worthy church' から外置され，文末に生起している．

### 4.2. and 形容詞構文について

古英語の and 形容詞構文（前後修飾）について論じている Haumann (2003) では，空の代名詞要素である pro を用いた pro 分析が提案されている．pro 分析で重要な条件は Rizzi (1986) で提案されている (9), (10) の条件である．

(9) *pro* is governed by $X^0_y$. (Rizzi (1986: 519))
(10) Let X be the licensing head of an occurrence of *pro*: then *pro* has the grammatical specification of the features on X coindexed with it. (Rizzi (1986: 520))

彼女の分析によれば屈折語尾が重要な役割を果たすように思われるが，屈折語尾が水平化している中英語においても and 形容詞構文は観察されており，必ずしも妥当な分析とはいえない．Penn-Helsinki Parsed Corpus of Middle English, 2nd edition (Kroch and Taylor (2000); PPCME2) を調査した結果，中英語における and を伴う形容詞の修飾構造の分布をまとめたものが表 3 である．[1]

---

[1] PPCME2 の時代区分によれば，ME1, ME2, ME3, ME4 はそれぞれ 1150-1250, 1250-1350, 1350-1420, 1420-1500 である．作成時期と写本時期が異なる場合は写本時期を優先させた．

表3: and を伴う形容詞の統語位置（中英語）

|        | 前置修飾       | 後置修飾       | 前後修飾       | 合計         |
|--------|------------|------------|------------|------------|
| ME1    | 46(36.2%)  | 14(11.0%)  | 67(52.8%)  | 127(100%)  |
| ME2    | 0(0.0%)    | 16(48.5%)  | 17(51.5%)  | 33(100%)   |
| ME3    | 76(31.4%)  | 43(17.8%)  | 123(50.8%) | 242(100%)  |
| ME4    | 78(46.7%)  | 45(26.9%)  | 44(26.3%)  | 167(100%)  |
| ME ALL | 200(35.1%) | 118(20.7%) | 251(44.1%) | 569(100%)  |

表3から分かるように，ME1期からME3期に比べて，ME4期では使用頻度が下がってはいるが，中英語期を通して前後修飾（and形容詞構文）が観察されている．

## 5. and を伴う形容詞による修飾構造の派生

本節では，古英語の名詞句における and を伴う形容詞の修飾構造がどのように派生されるのかについて論じる．Pérez Lorido (2000) は古英語の等位接続構文における削除の可能性について Ross (1970) の分析に基づいた削除分析を提案している．本稿では Pérez Lorido の分析を援用し，古英語の名詞句における and を伴う形容詞の修飾構造（前置修飾・後置修飾・前後修飾）に対して統一的な説明を行う．

Ross (1970) は枝分かれの方向の違いにより可能な削除の方向が決まることを論じている．具体的には，2つの句や節が等位接続されている場合，(11) に示しているように，同一要素が左枝に位置する場合には順行方向に削除され，同一要素が右枝に位置する場合は逆行方向に削除される．

(11) The order in which Gapping operates depends on the order of elements at the time that the rule applies; if the identical elements are on left branches, Gapping operates forward; if they are on right branches, it operates backward. (Ross (1970: 251))

さらに Pérez Lorido (2000) では，(12) のような節構造が等位接続された場合に，どちらの等位項のどの要素が削除されるかについて定式化している．「主語－動詞－目的語」の語順において主語 (NPs) と動詞 (V) は左枝

分かれ部に位置し，目的語（NPo）は右枝分かれ部に位置している．

(12)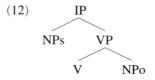

(Pérez Lorido (2000) 参照)

(11) と (12) を考慮すると，主語と動詞は左枝にあるので，(13), (14) に示すように順行削除 (forward deletion) が可能である一方，目的語は右枝にあるので，(15) に示すような逆行削除 (backward deletion) が可能である．

(13) a.　SVO + SVO　→　SVO + SO
　　　　John washed the walls and Susan the windows.
　　b.　SVO + SVO　→　*SO + SVO
　　　　*John the walls and Susan washed the windows.
(14) a.　SVO + SVO　→　SVO + VO
　　　　John ate a sandwich and drank some milk.
　　b.　SVO + SVO　→　*VO + SVO
　　　　*Ate a sandwich and John drank some milk.
(15) a.　SVO + SVO　→　SV + SVO
　　　　John washed and Susan wiped the dishes.
　　b.　SVO + SVO　→　*SVO + SV
　　　　*John washed the dishes and Susan wiped.

(Pérez Lorido (2000) 参照)

さて古英語の and 形容詞構文の削除可能性について論じるにあたり，形容詞を含む名詞句の構造を (16) のように提案する．4.1 節で示したように古英語では，項を伴う叙述形容詞が名詞に先行することも後続することも可能であった．そこで名詞句の主要部と補部については「主要部先行型」と「主要部後続型」の 2 通りが可能であったと提案する．

(16) 古英語の名詞句構造

1節で示したように，古英語では2つの形容詞が接続詞なしで前置修飾することも名詞を挟んで修飾することも可能であったが，名詞に後続することは皆無であった．この事実は (16) の2つの構造とも一致する．

(16a), (16b) の名詞句が等位接続される場合，同じ構造同士での接続のみが可能であったと規定する．[2] この前提と形容詞が指定部に生起する場合と補部に生起する場合とを区別すると，等位接続構文における組み合わせは (17)-(20) の4通りとなる．

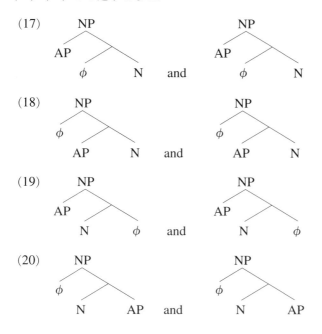

---

[2] 仮に (16a) と (16b) が等位接続されても，同一要素が右枝と左枝のどちらに位置するのかを決定することができず，結果的に順行削除の対象にも逆行削除の対象にもならない．

(17), (18) は名詞が右枝に現れているので (11) によれば逆行削除が適用される．つまり，(17), (18) のどちらの場合においても「形容詞 1 and 形容詞 2 + 名詞」語順が派生される．図式化したものが (21), (22) である．

(21)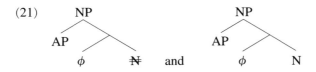

→ 「形容詞 1 and 形容詞 2 + 名詞」

(22)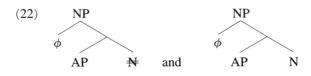

→ 「形容詞 1 and 形容詞 2 + 名詞」

一方 (19), (20) では名詞が左枝に現れているので (17), (18) とは対照的に順行削除が適用される．つまり，(19) からは (23) の「形容詞 1 + 名詞 and 形容詞 2」語順が派生され，(20) からは (24) の「名詞 + 形容詞 1 and 形容詞 2」語順が派生される．[3]

(23)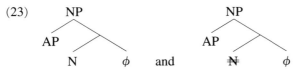

→ 「形容詞 1 + 名詞 and 形容詞 2」

(24)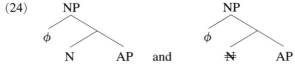

→ 「名詞 + 形容詞 1 and 形容詞 2」

---

[3]「前後修飾」のような「分離等位接続構造」については Sielanko (1994), Milićev and Milićević (2012) を参照のこと．

最後に3種類のandを伴う形容詞構文の関連性について触れておきたい．当該の構文は等位接続された形容詞群が名詞に先行あるいは後続しているという分析も可能である．しかし本稿では，単一の形容詞が名詞に先行あるいは後続している名詞句が等位接続された等位接続構造から削除によって派生されると分析した．このような分析を支持する証拠として聖書における表現形式の変化を挙げることができる．(25)-(30) は古英語の *Heptateuch* において and を伴う形容詞の「前後修飾」構文が後の英訳聖書でどのように表現されているかをまとめたものである．[4] 例文中，該当する部分は太字で示している．

(25) a. Nu is hit ful wærlic, þæt se cyning him ceose sumne **wisne man and gleawne** and gesette ofer Egipta land.

(Gen 41.33/Hept)[5]

b. Now therfor purvey the kyng **a wijs man and a redi**, and make the kyng hym souereyn to the lond of Egipt (Gen 41.33/WLV)

c. Now therfore let Pharaoh looke out **a man discreet and wise**, and set him ouer the land of Egypt. (Gen 41.33/KJV)

d. Now therefore let Pharaoh select **a man discreet and wise**, and set him over the land of Egypt. (Gen 41.33/RSV)

(26) a. and ic astah nyðer, þæt ic hy alysde of Egypta handum, and þæt ic hy ut alædde of ðam lande to **godum lande and widgyllum**, on þæt land þe þe flewð meolce and hunie

(Exod 3.7/Hept)

b. and lede out of that lond in to a **good lond and brood**, into a lond that flowith with milk and hony (Exod 3.8/WLV)

c. And I am come downe to deliuer them out of the hand of the

---

[4] 中英語以降の英訳聖書において該当する箇所が不明瞭である例については省略している．

[5] (25)-(30) の略号が意味するところと時代区分は以下の通りである．
　　Hept = The Old English Version of the Heptateuch（Old English）
　　WLV = Wycliffite Bible, Late Version（Middle English）
　　KJV = King James Version of the Bible（Modern English）
　　RSV = Revised Standard Version of the Bible（Present-day English）

Egyptians, and to bring them vp out of that land, vnto **a good land and a large**, vnto a lande　flowing with milke and hony

(Exod 3.8/KJV)

d. and I have come down to deliver them out of the hand of the Egyptians, and to bring them up out of that land to **a good and broad land**, a land flowing with milk and honey,

(Exod 3.8/RSV)

(25), (26) の例では，中英語の例 (25b) と近代英語の例 (26c) で不定冠詞を伴っているが，形容詞が and を伴い前後から修飾している．さらに近代英語 (25c) と現代英語 (25d) では「後置修飾」が用いられている一方，現代英語 (26d) では「前置修飾」となっている．いずれの英訳聖書においても同じ内容を表しているとすれば，「前後修飾」であるか「前置修飾」「後置修飾」であるかは全体の意味に影響を与えていないと捉えることができる．

さらに (27), (28) の変遷をみてみよう．

(27) a. and ic nam **wise men and welborene**　　　(Deut 1.15/Hept)

b. And Y took of ȝoure lynagis **men wise and noble**

(Deut 1.15/WLV)

c. So I took the chiefe of your tribes, **wise men, and knowen**

(Deut 1.15/KJV)

d. So I took the leaders of your tribes, **wise and reputable indivisuals**　　　(Deut 1.15/RSV)

(28) a. GYF man hæbbe **modigne sunu and rancne**

(Deut 21.18/Hept)

b. If a man gendrith **a son rebel and ouerthewert**

(Deut 21.18/WLV)

c. If a man haue **a stubborne and rebellions sonne**

(Deut 21.18/KJV)

d. If someone has **a stubborn and rebellions son**

(Deut 21.18/RSV)

(27a)／(28a) と (27d)／(28d) との対比が示すように，古英語の「前後修飾」は現代英語では「前置修飾」へと移行している．また (28) において，古英語 (28a) では「前後修飾」だったものが，中英語 (28b) では「後置修飾」となり，近代英語 (28c) と現代英語 (28d) では「前置修飾」へと移行している．これは，「前後修飾」から「後置修飾」，さらに「前置修飾」へと変化する方向性を必ずしも表しているわけではない．ここでも重要なのは，同じ内容を表すために時代により3種類の異なる修飾方法を用いている点である．

最後に (29), (30) の例をみてみよう．

(29) a. **sylfrene fatu and gyldene** and reaf　　(Exod 3.22, 11.2/Hept)
　　 b. **siluerne vesselis, and goldum**, and clothis
　　　　　　　　　　　　　　　　　　　　　　(Exod 3.22, 11.2/WLV)
　　 c. **iewels of siluer, and iewels of gold**, and rayment
　　　　　　　　　　　　　　　　　　　　　　(Exod 3.22, 11.2/KJV)
　　 d. **jewelry of silver and of gold**, and clothing
　　　　　　　　　　　　　　　　　　　　　　(Exod 3.22, 11.2/RSV)

(30) a. Ne wyrce ge **sylfrene godas ne gyldene**.　　(Exod 20.22/Hept)
　　 b. ȝe schulen not make **goddis of silver**, nethir ȝe schulen make to ȝou **goddis of gold**　　(Exod 20.23/WLV)
　　 c. Ye shall not make with me **gods of siluer**, neither shall ye make vnto you **gods of gold**.　　(Exod 20.23/KJV)
　　 d. You shall not make **gods of silver** to be with me, nor shall you make for yourselves **gods of gold**.　　(Exod 20.23/RSV)

これら2つの例では，古英語の「前後修飾」構造が，後の時代では of 属格を用いた「後置修飾」へと移行している．これは，「前後修飾」の消失と of 属格の発達が関連している可能性を示唆しているが，詳細な分析は今後の研究課題としたい．

また (30) において，古英語 (30a) の「前後修飾」構造に対し，中英語 (30b)，近代英語 (30c)，現代英語 (30d) では等位節の構造が用いられており，2つの独立した名詞句が使用されている．これは古英語の否定辞 ne 'not' の機能が衰退したことが要因だと考えられる．

## 6. 終わりに

　本稿では，古英語の名詞句内における and を伴う形容詞の修飾構造について論じた．等位接続された形容詞群が名詞を前置修飾することも後置修飾することも可能であったが，多くは分離等位接続構造であることを示した．また，これら3種類の修飾構造は2つの名詞句の等位構造から順行削除あるいは逆行削除によって派生されると提案した．

　また，そのような修飾構造は中英語においても観察されていたことを示した．さらに聖書からの例を用いて，修飾方法の違いは意味関係には関与していないと主張した．

　本稿の分析では形容詞の意味的な側面については扱わなかった．特に限定用法と叙述用法の違いについては考慮しなかったが，そのような用法の違いが分離等位接続構造の消失にどのような影響を与えたのかについては今後の課題としたい．

## 参考文献

Bolinger, Dwight (1967) "Adjectives in English: Attribution and Predication," *Lingua* 18, 1-34.

Fischer, Olga (2000) "The Position of the Adjective in Old English," *Generative Theory and Corpus Studies: A Dialogue from 10 ICEHL*, ed. by Ricardo Bermúdez-Otero, David Denison, Richard M. Hogg and C.B. McCully, 153-181, Mouton de Gruyter, Berlin.

Fischer, Olga (2006) "On the Position of Adjectives in Middle English," *English Language and Linguistics* 10, 253-288.

Forshall, Josiah and Frederic Madden (1850) *The Holy Bible, Containing the Old and New Testaments, with the Apocryphal Books, in the Earliest English Versions Made from the Latin Vulgate by John Wycliffe and His Followers*, 4 vols., Oxford University Press, Oxford. [Reprinted in 1982(AMS Press, New York)]

Haumann, Dagmar (2003) "The Postnominal '*and* Adjective' Construction in Old English," *English Language and Linguistics* 7, 57-83.

Haumann, Dagmar (2010) "Adnominal Adjectives in Old English," *English Language and Linguistics* 14, 53-81.

Milićev, Tanja and Nataša Milićević (2012) "Leftward Movement with Discontinuous Appositive Constructions," *Acta Linguistica Hungarica* 59, 205-220.
Mitchell, Bruce (1985) *Old English Syntax*, 2 vols., Clarendon Press, Oxford.
Pérez Lorido, Rodrigo (2000) "Coordinate Deletion, Directionality and Underlying Structure in Old English," *Generative Theory and Corpus Studies: A Dialogue from 10 ICEHL*, ed. by Ricardo Bermúdez-Otero, David Denison, Richard M. Hogg and C.B. McCully, 125-151, Mouton de Gruyter, Berlin.
Pysz, Agnieszka (2006) "The Structural Location of Adnominal Adjectives: Prospects for Old English," *SKASE Journal of Theoretical Linguistics* 3.3, 59-85.
Pysz, Agnieszka (2009) *The Syntax of Prenominal and Postnominal Adjectives in Old English*, Cambridge Scholars Publishing, Newcastle upon Tyne.
Ringe, Don and Ann Taylor (2014) *The Development of Old English*, Oxford University Press, Oxford.
Rizzi, Luigi (1986) "Null Objects in Italian and the Theory of *pro*," *Linguistic Inquiry* 17, 501-557.
Ross, John (1970) "Gapping and the Order of Constituents," *Progress in Linguistics*, ed. by Manfred Bierwisch and Karl Heidolph, 249-259, Mouton, The Hague.
Sielanko, Elzbieta (1994) "Split Coordinated Structure in Late Old English," *Studia Anglica Posnaniensia* 29, 57-72.

## コーパス

Kroch, Anthony and Ann Taylor (2000) *The Penn-Helsinki Parsed Corpus of Middle English* (PPCME2), Second edition, release 3. Department of Linguistics, University of Pennsylvania.
Taylor, Ann, Anthony Warner, Susan Pintzuk and Frank Beths (2003) *The York-Toronto-Helsinki Parsed Corpus of Old English Prose* (YCOE). Department of Linguistics, University of York.

# 疑似空所化からみる英語法助動詞の史的発達*

## 山村　崇斗

### 1. 序

　助動詞後位省略（Post-auxiliary Ellipsis）として，現代英語では，(1) の動詞句省略（VP-ellipsis: VPE）と (2) の疑似空所化（Pseudogapping: PSG）が観察される．

(1)　John would buy a newspaper, but Bill wouldn't [e].
(2)　John would buy a newspaper, and Bill would [e] a magazine.

(1) の VPE では，助動詞の補部である動詞句全体が省略されており，(2) の PSG では，直接目的語も残余となり，語彙動詞のみが省略されているようにみえる．省略構文の一連の研究では，PSG は VPE の一種として扱う分析が主流となっており（Jayaseelan (1990), Gengel (2005), Merchant (2008)），VP 内要素の VP 外への移動と VP の PF 削除，という 2 段階に分けられる．
　VPE は，英語の助動詞の示す NICE 特性のひとつとして知られている．[1]

---

\* 本稿は，JSPS 科研費（26770133）の助成を受けたものである．
[1] Code, すなわち省略を含むその他の NICE 特性は以下の通り．
　(i)　AUXILIARY VERB / LEXICAL VERB
　　　a.　He has seen it. / He saw it.
　　　b.　He has not seen it. / *He saw not it.　　　　　　　　　　[Negation]
　　　c.　Has he seen it? / *Saw he it?　　　　　　　　　　　　　[Inversion]
　　　d.　He has seen it and I have too. / *He saw it and I saw too.　　[Code]
　　　e.　They don't think he's seen it but he HAS seen it. / *They don't think he
　　　　 saw it but he SAW it.　　　　　　　　　　　　　　　　　[Emphasis]
　　　　　　　　　　　　　　　　　　　　(cf. Huddleston and Pullum (2002: 93))

(3) a. He will buy it and I will, too.
   b. *He bought it and I bought too.

一方 PSG は，VP 内の要素が VPE で削除される VP 句の外側に移動して削除を免れることで派生される．例えば，Jayaseelan (1990) によれば，(4) の PSG は，まず (5) のように残余要素 (Harry, me) を重名詞句転移 (HNPS) によって外置し，その後に VP (date *t* / bother *t* that Bill left) を削除することで得られる．

(4) a. Mary hasn't dated Bill, but she has φ Harry. (φ = dated)
   b. It doesn't bother Harry that Bill left, but it does φ₁ me φ₂.
      (φ₁ = bother; φ₂ = that Bill left)    (Jayaseelan (1990: 64))
(5) a. Mary hasn't [$_{VP}$ [$_{VP}$ dated $t_i$] Bill$_i$], but she has [$_{VP}$ [$_{VP}$ dated $t_j$] Harry$_j$]
   b. It doesn't [$_{VP}$ [$_{VP}$ [$_{VP}$ bother $t_i$ $t_j$] [$_{S'j}$ that Bill left]] [$_{NPi}$ Harry]]; but it does [$_{VP}$ [$_{VP}$ [$_{VP}$ bother $t_k$ $t_l$] [$_{S'l}$ that Bill left]] [$_{NPk}$ me]]

現代英語では助動詞と語彙動詞は，基底生成位置が異なり，動詞繰り上げもないので，統語上明確に住み分けができており，省略構文で助動詞が残り，語彙動詞が省略されるという事実は，この住み分けに基づいて，ある意味当然のように扱われてきた．

本稿では，PSG を VPE の一種ととらえる立場から，英語史における PSG を観察する．そして特に，PF 削除の認可条件について，最近の研究を概観し，Rouveret (2012) のフェイズ理論に基づく形態統語的アプローチによる分析には理論的，かつ経験的に利点があることを示す．この分析法をとることで，英語史において従来から仮定されてきた，語彙動詞から法助動詞への文法化という発達シナリオはなかったことを示す．

## 2. 動詞句省略の統語分析

現代英語はおおよそ (6) のような節構造を持ち，助動詞は T に，語彙動詞は V に基底生成されると考えられている．

(6) [$_{TP}$ SBJ [$_{T'}$ T-AUXILIARY [$_{vP}$ $t_{SBJ}$ [$_{v'}$ $v$ [$_{VP}$ V-LEXICAL VERB ...]]]]]

Lobeck (1995) は,省略構文を LF コピー分析する立場から,VPE の省略された VP には空範疇 *pro* があり,これを認可・同定するためには,時制素性の形態的具現を持つ INFL(=T) による主要部統率が必要であると主張している (Lobeck (1995: 51ff.)).この考えに基づけば,(7a) では INFL 位置が空である VPE や,(7b) のように語彙動詞の動詞的補部の VPE は許されない.

(7) a. Because she *(shouldn't) [$_{VP}$ e], Mary doesn't smoke.

(Lobeck (1995: 47))

b. Because Mary continued [$_{VP}$ e], John also started speaking French. (Lobeck (1995: 48))

「統率」という最近の極小主義理論では使われない概念を用いているが,助動詞が VPE を認可するという方針をとる場合には,重要な議論である.一方で,Merchant (2001) 以降,補部の PF 削除を引き起こす [E] 素性を仮定する分析が広く受け入れられている.[E] 素性による PF 削除分析では,省略構文に求められる同一性条件が重視されている.これを (8) の e-GIVENNESS という概念で説明し,これに基づく (9) の条件が提案されている.[2]

(8) e-GIVENNESS

An expression E counts as e-GIVEN iff E has a salient antecedent A and, modulo ∃-type shifting,

(i) A entails F-clo (E), and

(ii) E entails F-clo (A) (Merchant (2001: 26))

(9) Focus condition on VP-ellipsis

A VP $\alpha$ can be deleted only if $\alpha$ is e-GIVEN.

(Merchant (2001: 26))

---

[2] (8) で使われている F-closure (F-clo) は,以下のように定義されている.

(i) F-closure

The F-closure of $\alpha$, written F-clo ($\alpha$), is the result of replacing F-marked parts of $\alpha$ with ∃-bound variables of the appropriate type (modulo ∃-type shifting).

(Merchant (2001: 14))

ある句が e-GIVEN であるということは，その句が省略しても良いほどの旧情報であり，それは先行する句と削除される句の意味内容が相互に含意しあうことによって評価される．Gengel (2005) や Merchant (2008) は，(10) (11) のように，VPE と PSG では，[E] 素性の位置が異なり，前者では $v$，後者では Focus に関する機能主要部だと主張している．

(10) a. Bill shouldn't remove the trash—the janitor should.
  b. [$_{TP}$ the janitor$_1$ [$_{T'}$ should [$_{vP}$ $t_1$ $v$[E] [$_{VP}$ remove the trash]]]]
  (cf. Merchant (2008: 171))

(11) a. Some brought roses, and others did lilies.
  b. [$_{TP}$ others$_1$ [$_{T'}$ did [$_{X[foc]P}$ lilies$_2$ [$_{X[foc]'}$ Xfoc[E] [$_{vP}$ $t_1$ $v$ [$_{VP}$ buy $t_2$]]]]]]
  (cf. Merchant (2008: 174))

[E] 素性自体には，(12) のような意味特性を持たせることで，[E] 素性をもつ主要部は，必然的に e-GIVEN である補部をとることになる．

(12)  ‖E‖ = $\lambda$p : p is e-GIVEN . p  (Merchant (2001: 61))

(12) によって，ちょうど Lobeck (1995) の分析における，空範疇 *pro* の形態的具現を持つ INFL による主要部統率を，極小主義理論の中で言い換えている．

　[E] 素性による省略構文の分析により，Doron (1999) などで報告されていた，英語以外で観察される語彙動詞を残余とする動詞句省略の分析に進展が見られた．Goldberg (2005) は，これを V-stranding VPE と呼び，Merchant (2001) の [E] 素性を用いて理論的に説明している．(13) は，ヘブライ語の例である．

(13) a. Q: at  saragt et  ha-sveder ha-ze
     Q: you knit  ACC the sweater this
     'Did you knit this sweater?'
  b. A: lo, ima   Seli sarga
     A: no, mother my  knit
     'No, my mother did.'  (Doron (1999: 128))

V-stranding VPE を許す言語は，現代英語と異なり，V-to-T 移動がある．

これにより語彙動詞が [E] 素性の作用する領域から抜け出すことができる．Goldberg（2005: 140ff.）では，(14) のように，解釈不可能な時制素性（uTns）を Infl（= T）と Infl にある [E] 素性がもち，この uTns の削除が，時制屈折を持つ語彙動詞の V-to-Infl 移動によって実行される．

(14) $[_{IP} \text{ SBJ } [_{I'} \text{ I}^{uTns} + [E]^{uTns} [_{vP} \ t_{SBJ} \ [_{v'} \ v \ [_{VP} \ ... \ V \ ...]]]]]$

このように，英語以外の言語で見られる省略現象も英語で見られる VPE と同様にみなす分析ができる点で，[E] 素性による分析は大きな利点があるが，現代英語で助動詞後位でのみ VPE や PSG が可能である事実が，実際には省略現象自体とは全く独立した現象であるということになる．例えば，[E] 素性が $v$ にあり，VP が削除される．この場合，Infl が持つ時制素性を担う要素として助動詞が必要なだけで，このこと自体は VPE に限った要求ではない．すなわち，助動詞は VPE の認可自体には無関係ということになる．

本当に助動詞は，VPE や PSG とは独立した理由で現れているのかという疑問のほかに，一連の [E] 素性による PF 削除分析には根本的な疑問が残る．すなわち，[E] 素性の正体である．つまり，どのような機能主要部であれば [E] 素性によって説明される効果が得られるのか，という疑問である．この疑問が解決されなければ，例え省略された句の大きさによって [E] 素性を担う主要部の可能性を探っても，省略構文を本質的に解明したとは言えない．

この点で，Rouveret (2012) の VPE へのフェイズ理論に基づく形態統語的アプローチは示唆に富む．Rouveret の提案する VPE の認可メカニズムは，以下の枠組みで説明される．

(15) Ellipsis domain
　　　The domain of ellipsis coincides with the complement of a phase head that is deleted at PF.　　　(Rouveret (2012: 899))

(16) Licensing heads
　　　Only phase heads can license the PF-deletion of their complement.
　　　　　　　　　　　　　　　　　　　　　　(Rouveret (2012: 899))

(17) Licensing Condition on VPE

VPE is available in a given structure if, and only if, $v$'s uninterpretable [tense] feature is valued at the $v$-level.

(Rouveret (2012: 899))

VPE はフェイズ主要部 $v$ の補部を PF 削除することで得られるが，VPE が可能であるのは，(17) の条件が満たされる場合に限られる．Rouveret (2012) は，値未付与の時制素性 (unvalued [tense] feature: uTns) が Infl と $v$ にあり，この素性の値付けが時制形態素 (Tense morpheme: TNS) との関係付けによってなされると仮定している．Rouveret の分析で最も重要な仮説は，VPE が可能な言語では，(18) のように TNS が $v$ に直接導入され，$v$P 内で $v$ の持つ uTns が値付けされるが，VPE ができない言語では，(19) のように TNS の導入が Infl であるため，$v$ の uTns が $v$P 内で値付けされず，Infl との Agree を待たねばならないというものである．[3]

(18) **Valuation via direct merger of TNS to $v$**

　　　… Infl[uTns] … … DPsubject … … $v$[uTns] … … Root …
　　　　　　　　　　　　　　　　　　TNS  VALUATION

(山村 (2016))

(19) **Valuation via Agree with TNS on Infl**

　　　… Infl[uTns] … … DPsubject … … $v$[uTns] … … Root …
　　　TNS――――――(Agree)―――――┘ VALUATION

(山村 (2016))

このメカニズムの下で，VPE の認可子としての資格は，時制形態素の導入位置によって定義される．これはちょうど，Lobeck (1995) や Goldberg (2005) における時制屈折の形態的具現の必要性を別の形で表しており，また Gengel (2005) や Merchant (2008) で $v$ に [E] 素性が置かれることに実質的な理由を与えているといえる．

Rouveret (2012) は，現代英語を (18) のタイプとして分析しているが，

---

[3] TNS の導入位置の言語間での違いについては，接語の添加位置の言語間での違いなどの独立した証拠がある．詳細は，Rouveret (2012) を参照されたい．

山村 (2016) は，古英語と現代英語の VPE の事例の観察から，英語は古英語期からずっと (19) のタイプの言語であるが，助動詞のみ ν に導入される時制形態素として (18) の派生を許されていると結論付けている．なぜなら，V-to-Infl 移動が可能だった古英語においても，V-stranding VPE の事例が観察されていないからである (Yamamura (2012a, b))．3 節では，山村 (2016) の議論を概観しながら，英語史における助動詞後位の省略構文，特に PSG の分布を観察し，省略構文および英語助動詞の示す特徴を論じる．

## 3. 英語史における疑似空所化の分布

前述の通り，古英語において動詞繰り上げがあるにもかかわらず，V-stranding VPE が観察されていない．一般的に，古英語及び中英語では，前法助動詞は語彙動詞と同じく V 要素で，現代英語の法助動詞の性質を確立したのは 15 世紀以降の初期近代英語期だと考えられている．一般的に，(20) のような文法変化によって，V 要素としての前法助動詞から T 要素としての法助動詞への範疇変化が議論されている (Lightfoot (1979))．

(20)　　Fragment of OE grammar　　Fragment of ENE grammar
　　　　S → NP　VP　　　　　　　　S → NP　Aux　VP
　　　　VP → V　(NP)　　　　　　　Aux → T　(M)
　　　　NP → {N / S}　　　　　　　　VP → (have + en) (be + ing) V (NP)
　　　　　　　　　　　　　　　　　　NP → {N / S}

(cf. Lightfoot (1979: 113))

(20) は句構造規則の史的変化だが，前法助動詞は完全な V 要素として扱われているため，古英語の句構造規則では助動詞 Aux が含まれていない．初期近代英語で助動詞 Aux として範疇変化することで，句構造規則に Aux の位置が出現している．しかし，(20) の文法変化に伴って，VPE が不可能な言語から可能な言語になったというわけではない．Warner (1993) によれば，古英語で (21) のような前法助動詞後位の VPE が観察された．

(21)　a.　forðy is betere þæt feoh þætte næfre losian ne mæg ðonne þætte mæg & sceal.

'therefore better is the property which can never perish [lit.: never perish not can] than that which can and will.'

Bo 11.25.24

b. Wenst ðu þæt se godcunda anweald ne mihte afyrran þone anweald þam unrihtwisan kasere, ... gif he wolde? Gise, la, gese; ic wat þæt he mihte, gif <u>he wolde</u>.

'Thinkest thou that the heavenly Power could not [lit.: not could] take-away the empire (from) that unrighteous Caesar, ... if he would? Yes, O yes, I know that he could, if he would!' (Fox's translation, corrected)

Bo 16.39.30

(cf. Warner (1993: 112) 下線は筆者による)

例えば，(21a) では等位接続された前法助動詞 mæg & sceal の後ろで本来あるべき動詞句が欠けている．動詞繰り上げの有無にかかわらず，当時から VPE では現代英語と同様に，助動詞後位の省略構文のみを許し，V-stranding VPE は許さない．この事実は，Rouveret (2012) のメカニズムにおける (18)(19) の言語タイプの二分法では説明できない．山村 (2016) は，この問題を (22) の仮説を立て，説明を試みている．

(22) a. 古英語から現代英語まで，英語は基本的に VPE を許さない言語であるが，時制形態素として助動詞が v に導入される場合にのみ，VPE が可能となる特殊な言語である．

b. 前法助動詞は，語彙動詞 (lexical verbs) として V (Root) に生成されるものと，法助動詞 (modals) として v に生成されるものとに，古英語の時点で既に分化 (divergence) していた．

(cf. 山村 (2016))

つまり，英語はその歴史を通じて (19) のタイプの言語であるが，助動詞が派生に入ってきた場合のみ (18) のタイプの性質を示す，ということである．

PSG が VPE の一種であるとすれば，VPE と同じように PSG も古英語，中英語で観察されるはずである．(23)(24) はそれぞれ古英語，中英語の

PSG として Warner (1993) が挙げた事例である.

(23) a. We magon monnum bemiðan urne geðonc & urne willan, ac <u>we ne magon Gode</u>.
'We can hide from men [lit.: from-men hide] our thoughts and our desires, but we cannot [lit.: not can] from-God'
CP 39.12

b. se ðe wille god cundene wisdom secan <u>ne mæg he hine</u> wiþ ofermetta.
'he who will seek heavenly wisdom [lit.: heavenly wisdom seek] may not [lit.: not may he] [SC. seek] it with arrogance.'
Bo 12.26.22

(cf. Warner (1993: 114) 下線は筆者による)

(24) a. andette his sennen him ðe ware necst him … oððer ȝif he ware all none, ðanne <u>most he to god ane</u>.
'[if a man were suddenly upon his death, and he could have no priest,] he-ought-to-confess his sins to-him who is nearest to-him; … or if he were alone, then he must [SC. confess] to God only.'
a1225(c1200) *Vices and Virtues* (ed. F. Holthausen, EETS 89) 123.18

b. Iloren ich haue Isoep, … & nou <u>ich ssal Beniamin</u>
[Jacob speaks] 'I have lost Joseph, … and now I am-going-to [SC. lose] Benjamin'
?a1300 *Iacob and Iosep* (ed. A. S. Napier, Oxford, 1916) 462

(cf. Warner (1993: 115-116) 下線は筆者による)

例えば，(23a) では，前法助動詞 magon の直後に与格名詞 Gode が生じている．現代語訳から，Gode は動詞 bemið 'hide, conceal' の目的語と解釈されていることが分かる．

中英語から後期近代英語までの PSG の分布を明らかにするため，(25) に挙げた史的電子コーパスを用いて調査を行った．

(25) a. PPCME2: Penn-Helsinki Parsed Corpus of Middle English, Second edition
b. PPCEME: Penn-Helsinki Parsed Corpus of Early Modern English
c. PPCMBE: Penn Parsed Corpus of Modern British English

今回の調査では，動詞の省略を表す専用のタグを検索に用いた．また，残余要素が（前）法助動詞と名詞句である事例のみを対象とした．その結果は (26) の表のようにまとめられる．

(26) 史的電子コーパスにおける疑似空所化の分布

素頻度（百万語当たりの調整頻度）

| PPCME2 | PPCEME | PPCMBE |
|---|---|---|
| 17 (14.71) | 26 (14.96) | 3 (3.16) |

このように，中英語から継続的に PSG が観察されていることが確認された．PPCME2 では 11 種類，PPCEME では 12 種類，PPCMBE では 3 種類の文書から PSG が観察されており，特定の文書に極端に事例が偏っているようには思われない．(27)–(29) は，それぞれ PPCME2, PPCEME, PPCMBE からの事例である．[4]

(27) a. Nane sal  speke  of na demande in þe lescun,
none shall speak of no demand  in the lesson,
whar-of noise    may rise. Bot tabbesse,  yef sho
whereof complaint may rise. But the abbess if  she
wille, sho$^{SBJ}$ may breuelike, [a sentence]$^{OBJ}$ for to amende.
will  she   may briefly   [a sentence  to   amend
'None will speak of any demand whereof a complaint may arise. But the abbess, if she will, may briefly a sentence to amend.'            (CMBENRUL,27.920–921)

---

[4] 文意を明らかにするため，検索によって抽出された例文に先行する文脈も一緒に掲載している．先行詞 V には二重下線，PSG の部分には下線を付した．

b. half quic  ho  wes ;  þa  þe  he  sarinesse      heuede
   half-alive he was   when he sorrowness had
   wið-innen him ;   for his sunnen . Her me  ah    to
   within         himself for his sins      here man ought to
   understonden for-whi hit seið alf quic . and  noht
   understand   why   it  says half-alive and  not
   alf ded .  her of  me$^{SBJ}$ mei [ane forbisne]$^{OBJ}$ of
   half dead hereof man  mei  one example     from
   twa  brondes.
   two brands

   'half-alive he was when he had sorrow within himself for his sins. Here we ought to understand why it says "half alive" and not "half dead." Hereof we may take an example by two torches,'           (CMLAMB1,81.128-130)

(28) a. We cannot underline{examine} the harts of other men, we$^{SBJ}$ may [our owne]$^{OBJ}$.            (HOOKER-A-E2-P2,20.18-19)
   b. and thou can'st not underline{deceive} him, tho' thou$^{SBJ}$ may'st us$^{obj}$
                              (LISLE-E3-P1, 4, 109, 149)

(29) a. Rx. "The clean web of the house Spider, and dip it in the spawn of Frogs, underline{beaten} as you$^{SBJ}$ would [the whites of eggs]$^{OBJ}$, several time letting it dry on pewter, or earthen plates, between each time of dipping it,      (albin-1736, 4. 74-75)
   b. for I know they will underline{watch} her as [a Fox]$^{SBJ}$ would [a Poultry-Yard]$^{OBJ}$.                 (DAVYS-1716, 48. 836)

いずれも主語、（前）助動詞、直接目的語が残され、語彙動詞が欠けている。特に前法助動詞がV要素であると考えられてきた中英語の事例を注意深く観察すると、(27a) は Kock (1902) において、"Possibly the verb *speke* is omitted before or after *breuelike*" と注釈されており、まさに疑似空所化の例と言える。また、(27b) に関しては、Morris (1969) では、we may take an example by two brands と訳されており、実際のところ先行する文脈に take に当たる語がないのだが、forbisne 'example' が understonden 'understand'の直接目的語になっている事例が別のテクストから確認されている．(30) では，understonden の直後に直接目的語 þe forbisne，そして of 句が後続しており，ちょうど (27b) と同じ項構造を成しているように見える．それゆえ，(27b) も語彙動詞 understonden が省略された疑似空所化の事例であると解釈できる．

(30) and þis us doð to understonden þe forbisne of
and this us does to understand the example from
þe wasshestreu.
the washerwoman
'and this makes us understand the example from the female washer of linen' (CMTRINIT,57.785)

コーパス調査によって得られた事例も，初期近代英語以前の前法助動詞が既に省略構文を認可できていたことを示している．

## 4. 疑似空所化の統語分析と英語の助動詞の形態統語的特徴

古英語から現代英語まで一貫して助動詞後位で VPE および PSG が観察されている．これは，(22) の仮説によって説明された．(22a) の英語の特殊性は，(22b) の助動詞の発達シナリオに基づく．これは (31) のように図示できる．

(31) A Divergent Approach to the History of English Modals
Pre-OE: OE 〜 ME: EModE 〜 PE:
pre-modals as V ⟶ (pre-) modals as V ⟶ OBSOLETE
↘ (pre-) modals as TNS ⟶ modals as TNS
(cf. 山村 (2016))

古英語では既に時制形態素として $v$ に導入される助動詞が確立しており，Root として派生に導入される語彙動詞としての前法助動詞とは独立して存在していた．そして時制形態素としての（前）助動詞が派生に入っている場合にのみ，VPE が可能となる．VPE の一種として PSG を扱うため，PSG も同じく，$v$ に（前）法助動詞が導入されることが認可の条件となる．した

がって，PSG の認可が $v$ への時制形態素の導入によってなされ，(15) に基づいて，$v$ の補部，すなわち RootP が PF 削除されると分析することになる．2 節で見た Gengel (2005) や Merchant (2008) の PSG の分析では，[E] 素性が $v$P よりも上位の Foc にあり，$v$P 全体が PF 削除されていたが，VPE と変わらず PSG でも $v$ の補部 RootP が削除されるという分析には利点がある．

　Tanaka (2011) は，(32) (33) の事例を，(34) の構造を用いて分析し，PSG であっても VP が省略されていると主張している．

(32) Many of them have turned in their assignment already, but they haven't all yet. (Tanaka (2011: 474))
(33) ?Many of them have turned in their assignment already, but they haven't all yet their paper. (Tanaka (2011: 474))
(34) [$_{v\text{P}}$ [$_{v\text{P}}$ all [$_{v'}$ $v$ [$_{\text{VP}}$ [$_{\text{VP}}$ ... V ...](yet)]]](yet)]
(cf. Tanaka (2011: 474))

(32) (33) はそれぞれ，遊離数量詞を伴う VPE と PSG であるが，(34) のように遊離数量詞が $v$P 指定部にあり，$v$P 全体の削除によって PSG が得られるならば，(32) は完全に非文法的と予測してしまう．残念なことに，今回の史的電子コーパスを用いた調査では，遊離数量詞を伴う PSG の事例は見つからなかったが，(34) の構造のように副詞が $v$P に右付加しているのであれば，(35) の中英語の事例で，削除を免れた副詞の右側に残余が現れていることは，PSG で $v$P 全体が削除されている分析よりも，$v$ の補部 RootP が削除されているという分析を支持する．

(35) 　we habbeð bigunnen ou　to seggen on englisch
　　　we have　begun　you to say　in English
　　　hwat bi-queþ þe crede. and habbeð ou　iseið twa uers.
　　　what means　the creed　and have　you said　two verses
　　　and wule nuþe þet　þridde.
　　　and will　now　that third
　　　'we have commenced to tell you (in English) the meaning of the

creed, and have said two verses to you, and will now the third'
(CMLAMB1,77.76–78)

最後に，現代英語の疑似空所化では容認度は低いが，先行する動詞句と削除される動詞句の間で態の不一致が見られる現象が報告されている．

(36) ?The new system can be used by anyone who could use the older versions. (Tanaka (2011: 476))

(37) として再掲した (29a) で，後期近代英語の PSG で態の不一致が見られる．

(37) Rx. "The clean web of the house Spider, and dip it in the spawn of Frogs, beaten as you$^{SBJ}$ would [the whites of eggs]$^{OBJ}$, several time letting it dry on pewter, or earthen plates, between each time of dipping it, (albin-1736, 4. 74–75)

ここで，beaten は過去分詞で，beaten as you would the whites of eggs は，the spawn of Frogs を後置修飾する縮約関係節である．ここで beat は「攪拌する」という意味で，攪拌されるものは，それぞれ the spawn of Frogs と the whites of eggs となる．Merchant (2008) の分析では，PSG で態の不一致は許されない．PSG では態の情報を持つ $v$ を含む $v$P 全体が削除されるので，先行 $v$P と削除 $v$P で態の情報が食い違い，同一性が満たされないと説明されている．しかし，現代英語の (36) や後期近代英語の (37) の事例が可能である事実は，PSG が $v$P 全体ではなく，RootP を削除する，という分析を支持している．

## 4. 結語

本稿では，VPE や PSG で見られる PF 削除の認可条件について検討し，Rouveret (2012) の形態統語的アプローチに基づいて，英語史における VPE, PSG を分析した．英語史を通じて，VPE も PSG も $v$ に時制形態素としての助動詞が導入される場合にのみ認可されると考えると，従来仮定されてきた語彙動詞から法助動詞への範疇変化はなく，古英語期から既に機能

的役割を果たす語彙として独立した助動詞が別に存在していたことが分かった．VPE も PSG も，$v$ の補部（RootP）が削除されると分析することには，理論的にも経験的にも妥当であることを論じた．

## 参考文献

Doron, Edit (1999) "V-movement and VP Ellipsis," *Fragments: Studies in Ellipsis and Gapping*, ed. by Shalom Lappin and Elabbas Benmamoun, 124-140, Oxford University Press, Oxford.

Gengel, Kirsten (2005) "Phase and Ellipsis," *Linguistic Analysis* 35, 21-42

Goldberg, Lotus. Madelyn (2005) *Verb-stranding VP-ellipsis: A Cross-linguistic Study*, Doctoral dissertation, McGill University.

Jayaseelan, Karattuparambil. A (1990) "Incomplete VP Deletion and Gapping," *Linguistic Analysis* 20, 64-81.

Kock, Ernst A (1902) *Three Middle-English versions of the Rule of St. Benet and two contemporary rituals for the ordination of nuns*. EETS O.S. 120, K. Paul, Trench, Trübner & Co, London.

Lasnik, Howard (1999) "Pseudogapping Puzzle," *Fragments: Studies in Ellipsis and Gapping*, ed. by Shalom Lappin and Elabbas Benmamoun, 141-174, Oxford University Press, Oxford.

Lightfoot, David (1979) *Principles of Diachronic Syntax*, Cambridge University Press, Cambridge.

Lobeck, Anne (1995) *Ellipsis: Functional Heads, Licensing, and Identification*, Oxford University Press, Oxford.

Merchant, Jason (2001) *The Syntax of Silence: Sluicing, Islands, and the Theory of Ellipsis*, Oxford University Press, Oxford.

Merchant, Jason (2008) "An Asymmetry in Voice Mismatches in VP-ellipsis and Pseudogapping," *Linguistic Inquiry* 39, 169-179.

Morris, Richard (1969) *Old English Homilies and Homiletic Treatises*. Part I. EETS O.S. 29, 34, Greenwood Press, New York, (Originally published by Trübner (London, 1868)).

Rouveret, Alain (2012) "VP Ellipsis, Phases and the Syntax of Morphology," *Natural Language & Linguistic Theory* 30, 897-963.

Warner, Anthony (1993) *English Auxiliaries: Structure and History*, Cambridge University Press, Cambridge.

Yamamura, Shuto (2012a) "A Minimalist Analysis of VP-ellipsis in the History of English," *IVY* 45, 19-36

Yamamura, Shuto (2012b) *A Minimalist Approach to Ellipsis in the History of English*, Doctoral dissertation, Nagoya University.

山村崇斗 (2016)「英語法助動詞の発達に関する動詞句省略の形態統語的分析からの一考察」『近代英語研究』第 32 号. 近刊.

コーパス

Kroch, Anthony and Beatrice Santorini, and Ariel Diertani (2004) *The Penn-Helsinki Parsed Corpus of Early Modern English release 2* (PPCEME), University of Pennsylvania, Philadelphia.

Kroch, Anthony, Beatrice Santorini and Ariel Diertani (2010) *The Penn Parsed Corpus of Modern British English release 1* (PPCMBE), University of Pennsylvania, Philadelphia.

Kroch, Anthony and Ann Tayler (2000) *The Penn-Helsinki Parsed Corpus of Middle English, Second edition release 3* (PPCME2), University of Pennsylvania, Philadelphia.

## 英語の史的発達にみる小節構造の変化について*

### 横越　梓

### 1. 導入

現代英語において，(1) に示される小節と呼ばれる構文については，機能範疇であるという分析が広くなされている (Bowers (1993), Svenonius (1996))．

(1) a.　We consider Mary honest.
　　b.　I made Mary angry.

本論文では，小節はもともとは語彙範疇であり，14世紀から18世紀にかけて統語構造の変化があったと主張する．まず2節で現代英語における小節の統語構造を示した後，3節で歴史的データを観察し，4節で小節の統語構造がどのように変化したのかを示す．この構造を仮定しながら，5節では小節が関わる慣用表現に関するデータを観察し，その統語構造を検証する．

### 2. 現代英語における小節の統語構造

まず，現代英語の一般的な小節の統語構造について考察する．以下では主に (2) と (3) のような consider タイプの動詞と make タイプの動詞の選択する小節補部に焦点を当てて検証していく．

(2)　We consider Mary honest.

---

\* 本稿は，名古屋大学英文学会第54回大会（於名古屋大学）シンポジウムにおいて口頭発表した内容に加筆修正を施したものである．発表にあたり貴重なご意見をくださった田中智之先生，中川直志先生に感謝申し上げます．

(3)　I made Mary angry.

これらの動詞が選択する小節の統語的特性を概観すると，条件 C の効果，小節主語の受動化，小節補部の話題化に関する統語テストに対して以下のような振舞いを示す．

(4) a. *I consider him honest more cordially than John's mother does.
    b. *Mary made him asleep more strictly than Bob's mother did.
(5) a.　John was considered smart.
    b. ?Mary was made angry.
(6) a. *The allegations false, they proved.　(Svenonius (1994: 93))
    b. *Mary angry, I made yesterday.

ここでは，consider タイプ動詞の小節補部も make タイプ動詞の小節補部も同じ統語的振舞いをみせるため，同じ統語構造を持つと仮定する．

　小節の構造についてはこれまで数多くの先行研究で議論がなされている (Bowers (1993), Svenonius (1996))．Bowers (1993) は (7) の構造を提案し，小節は機能範疇 Pred (ication) によって導かれ小節主語はその指定部に基底生成されると主張している．Bowers (1993) に従い，現代英語の小節は叙述を認可する機能範疇 Pred を主要部とする PredP であると仮定する．

(7)　[$_{PredP}$ NP [$_{Pred}$ XP]]

(8) の構文において as は Pred の音声的具現形といえる．

(8)　We consider him as honest.

しかし Bowers による分析は修正の必要がある．ここでは，小節主語は述語の XP 内に基底生成され，その後 PredP の指定部へ移動すると仮定する．

(9)　[$_{PredP}$ NP$_i$ [$_{Pred}$ [$_{XP}$ $t_i$ X′]]]

この根拠の 1 つは，(10) に示される遊離数量詞の分布から得られる．

(10)　The rat considers the kids as all hopeless cases.
　　　　　　　　　　　　　　　　　　(Starke (1995: 242))

Sportiche (1988) による遊離数量詞の分析に従えば，遊離数量詞はそれと関連づけられている NP がその基底生成位置から表層位置へと移動する際にその元位置に数量詞を残して移動したことによって生じたものである．したがって，小節主語は XP の指定部から PredP の指定部へ移動し，この移動は Pred の EPP 素性によって引き起こされると仮定する．Pred に EPP 素性があるのは，(11) のような小節の例で虚辞 it が小節の EPP 素性を満たすために主語として義務的に挿入されていることからわかる．

(11) We consider *(it) impossible that he will win the game.

遊離数量詞の例においても，小節主語の [Spec, PredP] への移動も Pred の持つ EPP 素性の要求によるものであると考える．この構造を仮定することによって，(4)-(6) で見た統語テストも説明できる．例えば (4a) では小節主語である him が主節の [Spec, VP] に移動して主節内の John を c 統御するため，条件 C 違反が生じる．(5) で主語の受動化が可能なのは，主語が最小連結条件に違反することなく主節の [Spec, TP] に移動することが出来るからであり，(6) では，これらの動詞の選択する小節では主語が PredP 内から主節へとすでに移動しているので，PredP と構成素を成さず，したがって話題化出来ないことになる．

## 3. 中英語と初期近代英語における小節

次に，中英語や近代英語の小節について，遊離数量詞と虚辞 it の分布を観察し，小節の構造を概観する．まず遊離数量詞の分布について，*The Penn-Helsinki Parsed Corpus of Middle English*, 2nd Edition (PPCME2) と *The Penn-Helsinki Parsed Corpus of Early Modern English* (PPCEME) を用いた Yokogoshi (2007) による検証結果を概観する．[1] Table 1 は，小節内において遊離数量詞と思われる語の生起数を時代ごとに記したものであ

---

[1] 2つのコーパスの扱う時期は以下のとおりである：M1 (1150-1250), M2 (1250-1350), M3 (1350-1420), M4 (1420-1500), E1 (1500-1569), E2 (1570-1639), E3 (1640-1710).

る.[2]

Table 1. 小節内における遊離数量詞の分布

| M1 | M2 | M3 | M4 | E1 | E2 | E3 | total |
|---|---|---|---|---|---|---|---|
| 0 | 0 | 3 | 2 | 9 | 1 | 9 | 24 |

中英語期,近代英語期における代表的な例が (12) に示される.

(12) a. and *maketh* the hertes al oon of hem that been
and make the hearts all one of them that been
ywedded, as wel as the bodies.
wedded as well as the bodies
(CMCTPARS,321.C1.1406: M3)

b. God xal *kepyn* vs Boþen ryth wel,
God shall keep us both rise well
(CMKEMPE,77.1735: M4)

c. ..., I besech our Lorde *make* vs all so wyse as that we may euery man here so wiselie rule our selfe in this time of teares, .. (MROPER-E1-P1,520.81)

d. Judge. You shall *have* them both granted.
(JUDALL-E2-P2,1,171.42)

e. and *found* them all somewhat, though not equally, endow'd with Electricity,which I found to be yet more considerable in an Emrald of my own, whose colourwas so excellent, that by skilful persons 't was look'd on as a rarity.
(BOYLE-E3-H,37E.145)

Table 1 に示した数値から,複数形の小節主語を伴う例は M3 期に出現したということがわかる. 14 世紀半ばに Pred が現れ小節主語の移動を引き起こしているといえる.

次に英語の歴史における小節内の虚辞 it の分布についてのデータを概観

---

[2] ここでは,小節主語が単数であり遊離数量詞を含む用例であるとは考えられないようなデータは除外している.

する．同じく PPCME2 と PPCEME を用いた調査結果が Table 2 である．

Table 2. 小節内における虚辞 it の分布

|  | M1 | M2 | M3 | M4 | E1 | E2 | E3 |
|---|---|---|---|---|---|---|---|
| With *it* | 1 | 6 | 3 | 1 | 51 | 64 | 104 |
| Without *it* | 1 | 1 | 6 | 3 | 16(7) | 22(11) | 33(8) |

M1 期の例外的な用例を除けば，虚辞 it は 14 世紀に小節内に現れ，その後徐々に増えていったと考えるのが妥当である．[3] 各時期における虚辞 it を伴う例と伴わない例が (13)−(26) に挙げられる．

(13) Alle blisse Haldeð it to fallen in misliche of þeose fondinges
　　 All joy Hold it to fall in many of these temptations
　　　　　　　　　　　　　　　　　　(CMANCRIW, II.144.1945: M1)

(14) Ne þince Man na Sellice þet We soð seggen;
　　 Not think Man not Wonderful that We true say
　　　　　　　　　　　　　　　　　　(CMPETERB,49.239: M1)

(15) Men thynk it swete to synne;
　　 men think it sweet to sin　　(CMROLLEP,64.57: M24)

(16) Me vint ywryte ine þe oþre boc of þe laȝe þet
　　 One finds written in the other book of the law that
　　 god him ssewede to Moyses ine ane helle and him zede
　　 God himself showed to Moses on a hill and him said
　　　　　　　　　　　　　　　　　　(CMAYENBI,103.2007: M2)

(17) For somtyme men þouȝt It meekness to sey nouȝt of
　　 for sometime men thought it shame to say nothing of
　　 þeire owne hedes, bot ȝif þei afermid it by Scripture &
　　 their own heart but if they asserted it by Scripture &

---

[3] M1 期には小節に虚辞 it が現れる例は 1 例のみ得られた．M2 期には 6 例見られるが，この 6 例はすべて Richard Roll (*Richard Rolle, Prose Treatises from the Thornton Ms.* と *Richard Rolle, Epistles.*) からのものであり，この 2 作品は正確には M24 期のものに分類されている．したがって，実際に作られたのは 14 世紀中ごろである．

         doctors  wordes;
         doctor's words                (CMCLOUD,125.716: M3)
(18)  he seide, Eerli the Lord schal make knowun whiche
      he said   early the Lord shall make known which
      pertrynen to hym
      pertain   to him                (CMOTEST,XVI,1N.707: M3)
(19)  ...he held It expedient to honowr of þe blissful Trinite þat
         he hold it expedient to honor  of the blissful trinity that
      hys holy werkys xulde  be notifyid & declaryd to þe pepil,
      his holy witness should be notified & declared to the people
      whan it plesyd  hym, to þe worschip of hys holyname.
      when it pleased him   to the worship  of his holyname
                                       (CMKEMPE,221.3567: M4)
(20)  Of this loue springeth out an excellent knowlache, of whiche
      of this love spring   out an excellent knowledge of which
      knoulache þus I fynde write: Hec est vita eternal vt
      knowledge thus I find   right  this is life eternal so
      cognoscant te   vnum deum et  quem misisti Iesum
      know       thee only god    and whom sent   Jesus
      Christum.
      Christ                         (CMAELR4,25.762: M4)
(21)  but he that thynkethe it a harde thynge to agre to the conclusion, it
      behoueth hym to shew eyther that some false thynge hath gone
      before,                        (BOETHCO-E1-H,99.610)
(22)  and therefore he thinketh good the Tower of London should be
      taken by a sleighte, before the Prince came, least that peece be de-
      liuered to the Spanyardes.     (THROCKM-E1-H,I,65.C2.106)
(23)  I graunt it tollerable and very conuenient, to vse in this Cure the
      due applycation of Potential Cauteries, such as whose propertye
      and seruice is to corrode the flesh & the skin,
                                     (CLOWES-E2-H,29.258)
(24)  'I have thought fit to set down this to my Lords, wherein I protest

on my Soul to write nothing but the Truth.

(RALEIGH-E2-P1,1,224.281)

(25) But as for Emralds, as I thought it strange that Nature should have denied them a Quality she has granted to so many other Diaphanous Gems, …. (BOYLE-E3-H,36E.140)

(26) and to make sure that he should not be serv'd as he was before, he had both laid a broader Bridge, and bought Cisley a pair of lower-heel'd Shooes (PENNY-E3-P1,127.572)

Table 2 に関して，近代英語においても虚辞 it を含まない小節の例がまだ多く観察されるため，虚辞が出現した変化が鈍いようにみえるかもしれないが，初期近代英語期における虚辞 it を含まない例においては，現代英語でも it を伴わないものが多く見られるということに注目されたい．これらの例では主節動詞と小節補部内の述部が密接に関連しているため，(27) に示すような慣用表現として現代英語で用いられている．*WordBanks* Online からは (28) のような例が見つかる．

(27) make clear, make ready, make sure, see fit, think best, think fit, think good, think long, think proper, think right, ...

(cf. Visser (1963: §523-6))

(28) a. However, the Prime Minister has made clear he has no intention of complying with those demands.

(bbc/06. Text: S1000901102)

b. He thought of Bravo's commander who soldiered in the relaxation of knowing that a thousand Northumberland acres waited for him whenever his father thought fit to retire.

(ukbooks/08. Text: B0000000100)

このパターンは Table 2 において括弧内の数値で示され，it を伴わない用例数全体における割合は，E1 では 58.8%，E2 では 50%，E3 では 75.7% と非常に高い．このような例を除いたパターンは (29) のような例である．

(29) a. I wil hereafter make knowne to you why I haue done this.

(SHAKESP-E2-P2,51.C1.299)

b. and doth not think unlawfull for a King to have as many wives as he please. (CONWAY2-E3-P2,3.44)

これを考慮すると，虚辞 it は初期近代英語において徐々に確立したということが示される．E1 では虚辞 it を伴わない 16 例のうち，7 例 (43.7%) が現代英語では容認されないパターンである．同じく E2 では 22 例のうち 11 例 (50%)，E3 では 33 例のうち 8 例 (24.2%) が得られる．

したがって (27) のような慣用表現を除けば，小節内に現れる虚辞 it は 18 世紀に入ってから義務的になったといえる．18 世紀におけるデータは (30) の Tanaka (2003) による調査から得られる．

(30) The Distribution of Expletive *It* in Small Clauses (OED2 on CD-ROM)

|  | 14c | 15c | 16c | 17c | 18c |
|---|---|---|---|---|---|
| With *It* | 1(14.3%) | 3(33.3%) | 140(63.3%) | 201(62.8%) | 141(63.5%) |
| Without *It* | 6(85.7%) | 6(66.7%) | 81(36.7%) | 119(37.2%) | 81(36.5%) |

(Tanaka (2003: 298))

現代英語の小節では虚辞 it の省略はかなり制限されていることがわかる．つまり，(27) のような形容詞述語を伴う慣用表現でしか虚辞 it の省略は容認されない．Tanaka の調査は以下のとおりである：16 世紀では，虚辞 it の現れない 81 例のうち，41 例 (50.6%) が現代英語では容認されない例である．したがって，小節内における虚辞 it の省略は，現代英語とは異なり 16 世紀の英語では制限されていない．17 世紀になると，虚辞 it の省略を許すようなパターンはかなり減少している：虚辞 it の現れない 119 例のうち，21 例 (17.6%) が現代英語で容認されない例である．18 世紀になるとこの数はさらに減少する：虚辞 it の現れない 81 例のうち，3 例 (3.7%) のみが現代英語で容認されない例である．Tanaka は小節内における虚辞 it は 18 世紀中に義務的になったと結論づけており，この時期においては虚辞 it の省略は現代英語においても観察される慣用表現でのみ容認されるとしている．

## 4. 英語の歴史における小節構造の変化

前節での遊離数量詞や虚辞 it の分布に関するデータから，14世紀までは英語の小節内に Pred は存在せず，小節の構造は語彙範疇のみによって構成されていたことになり，その時期の小節の構造は (31a) のように示される．

(31) a. [$_{XP}$ NP [X …]] （〜18世紀）
b. [$_{PredP}$ NP$_i$ [$_{Pred}$ [$_{XP}$ $t_i$ X']]] （14世紀〜）

中英語と初期近代英語の小節のデータから，(31b) の小節の構造は14世紀に現れたが，虚辞 it の分布が示すように，(31a) の構造が18世紀まで存在したことになる．言い換えれば，14世紀から18世紀にかけては，英語において2つの小節の構造があったということである：語彙範疇のみから構成される小節と機能範疇 Pred が導く小節である．英語の歴史における小節の2つの構造の変遷は，(31a) の構造が18世紀まで，(31b) の構造が14世紀以降，といえる．虚辞 it の出現に関する調査から，Pred は14世紀に小節内に現れるようになり，その EPP 素性が虚辞 it の挿入を引き起こしているが，虚辞 it の現れない例も初期近代英語において観察されるため，Pred は18世紀までは小節内において義務的にはなっていないといえる．

なぜ Pred が小節内に出現したのかという問題に関して，Dikken (2006) などで議論されている叙述理論に従い，叙述は機能範疇によって認可されなければならないと仮定する．14世紀以前の小節にはそのような機能範疇が存在するという経験的証拠はないが，14世紀までに形容詞の強変化，弱変化において数・性・格の屈折は消失した (Lass (1992))．つまりそれ以前は形容詞はそれが叙述あるいは修飾する名詞句と形態的一致を示していて，小節の主語と述語である形容詞を結ぶ形態的一致があったが，そのような形態的一致がなくなり，代わりに叙述関係を認可する機能範疇が出現したと考えられる．

## 5. コーパスを用いた調査

この節では (27) で例外として観察した慣用表現に立ち戻る．これらは前節までで観察したタイプとは異なり，慣用表現として定着するという過程を

たどっている様にみえるが，どのような構造を持つのかについて検証したい．

具体的にいくつかの慣用表現の用例を PPCEME と *The Corpus of Historical American English* を用いて後期近代英語から現代英語にいたる用例を調査した．虚辞 it を伴う例と伴わない例の 100 万語あたりの生起数を調査した結果は (32) に，具体例は (33)-(41) に示される．

| (32) | E1 | E2 | E3 | 1810–1850 | 1860–1900 | 1910–1950 | 1960–2000 |
|---|---|---|---|---|---|---|---|
| make it clear | 0 | 0 | 1 | 2.4 | 12.3 | 47.6 | 56.8 |
| make clear | 0 | 0 | 0 | 4.9 | 16.2 | 41.8 | 37.8 |
| think it best | 4 | 4 | 0 | 13.2 | 20.9 | 6.1 | 4.3 |
| think best | 4 | 2 | 2 | 12.8 | 22.8 | 7.6 | 2 |
| make it sure | 0 | 0 | 0 | 0.3 | 0.5 | 0.2 | 0 |
| make sure | 0 | 0 | 1 | 19.4 | 49.7 | 108.6 | 250.9 |
| make it ready | 0 | 0 | 0 | 0.2 | 0.1 | 0.2 | 0 |
| make ready | 0 | 0 | 0 | 10.4 | 18.7 | 21.9 | 6.4 |
| think it long | 0 | 0 | 0 | 0 | 0 | 0 | 0 |
| think long | 0 | 0 | 0 | 0.5 | 1.7 | 1.6 | 2.2 |
| think it fit | 0 | 5 | 2 | 0.8 | 0.1 | 0.1 | 0 |
| think fit | 0 | 3 | 17 | 21.7 | 7.9 | 2.2 | 0.8 |
| see it fit | 0 | 0 | 0 | 0 | 0 | 0 | 0 |
| see fit | 0 | 0 | 0 | 38.4 | 37.4 | 32.4 | 17.8 |
| think it proper | 0 | 0 | 0 | 5.2 | 2.2 | 0.5 | 0.3 |
| think proper | 0 | 0 | 0 | 63.9 | 11.4 | 1.6 | 0.5 |
| think it right | 0 | 0 | 0 | 6.1 | 5.9 | 1.5 | 0.2 |
| think right | 0 | 0 | 0 | 1.2 | 0.7 | 1.4 | 0.5 |

(33) a. Wharton answered in a manner which made it clear that from him no help was to be expected. (1854 NF HistoryEngland)
　　b. Considered in reference to human obligations, it made clear that the quick and active conscience, divinely enlightened by the Scriptures, must be sacredly followed, let men say what they will. (1846 MAG NorthAmRev)

(34) a. I thought it best to state the views of our friend in his own words. (1827 FIC Novels)
b. I think best to stick to Quail as the Naturalists themselves half call him so still! — (1842 FIC SportingScenes)

(35) a. "A sensible plan!" repeated the enthusiastic Fred, "it is the only plan; nothing else can make it sure that he is not being swindled out of a big fortune." (1898 FIC TwoBoysInWyoming)
b. Sits down, and opens the basket — we men high in office always make sure of some devilish pretty pickings. (1811 FIC Africans)

(36) a. The more you pile on, the more you choke and "flabbify" the skin and make it ready to "strike" on the first breath of cold air. (1911 NF PrinciplesIndustrial)
b. Then they all returned to Powhatan, who all this time was making ready to surprise the house and him at supper. (1832 FIC SwallowBarnASojourn)

(37) a. But the consul made him a froward answer, and said that he would fight the very first clay, for that he thought it long till he should either recover his honour by victory, or by seeing the overthrow of his own unjust citizens satisfy himself with the joy of a great, though not an honest revenge. (1943 NF DecisiveBattles)
b. He thought long and carefully over a scheme to prevent the occurrence of such injustice, and drafted a bill for a new method of transferring property. (1894 NF HistoryAustralia)

(38) a. He would now introduce to them his friend, Mr. Peter Griese, who would explain to their satisfaction so much of the scheme of the new "Joint Stock Consolidated Grand Junction Lobby League" as he might think it fit for them to know. (1864 FIC LifeAdventures)
b. How many days and nights were given to the examination of

the history, we do not think fit to record.

(1834 FIC CalavarTheKnight)

(39) a. They had seen it fit to build On mud their gimcrack frontages, And in the dry months of the year mud changed To dusty powder, filtered through the cracks Between the door and jamb, as fine as rain. (1958 FIC Harpers)

b. I am afraid, ma'am, you will not see fit to make it your business! (1825 FIC New-EnglandDrama)

(40) a. I think it proper not to make you any return of my regiment, and I shall not obey any order you may be pleased to send.

(1821 NF SketchLifeBrig)

b. "Father," replied Charles, "the certainty of his safety would indeed give me pleasure, and I shall be thankful for whatever your wisdom may think proper to do for him."

(1823 FIC WildernessBraddocks)

(41) a. Erlach appeared displeased when he left us. He did not think it right that I wished to be left alone with Wieland.

(1815 FIC FalseShame)

b. I ought to get a thousand for her; but I don't hear preaching for nothing, — always think right to make a discount to ministers! (1856 FIC DredATaleGreat)

コーパスの結果から，このような慣用表現は虚辞 it の生起における違いからいくつかのタイプに分けられると考えられる．Aarts (1992) が述べているように，think fit や make clear のような慣用表現はたいてい to や that 節を取り，その時に虚辞 it が現れるものと現れないものがある．

(42) He thought $t_i$ fit [to dismiss the captain]$_i$ (Aarts (1992: 150))
(43) She made $t_i$ clear [that she wanted to resign]$_i$ (ibid.)

外置に関する (44)-(47) でも it が現れるものと現れないものが観察され

る.[4]

(44) I've found [$_{SC}$ it$_i$ necessary] [to join a public library in Theobald's Road which has a pretty good English department]$_i$ (ibid.)

(45) Personally I do not find [$_{SC}$ it$_i$ surprising] [that lenders find this sort of situation acceptable]$_i$ (ibid.)

(46) The governor had felt earlier that he could handle the matter locally and had not thought [$_{SC}$ ø fit] [to communicate with the central government] (ibid.)

(47) ... but the first thing that you must do is to make [$_{SC}$ ø quite sure] [that the purchasing power of his money is maintained ...] (ibid.)

どのような場合に虚辞 it が現れないのかという疑問が生じるが, Aarts では, 主節動詞とそれに続く形容詞の間の関係に注目し, 例えば it が現れないタイプの慣用表現において, 主節動詞と形容詞の間に entirely や quite のような副詞が介在できるものと介在できないものに分けている. つまり, 主節の動詞と後続する AP の主要部の結束が強いものと弱いものとがあり, 結束が強いものはイディオム化しており, 間に副詞が介在できるような場合では結束が弱いということである. 今回のコーパス調査, さらにインフォーマントの調査でデータを集めたところ, 例えば think fit や see fit, make ready では副詞が介在することはできない. また, make sure や make clear では副詞が介在する例が多く見られる.

(48) a. make it completely clear
b. make completely sure
c. *see completely fit

つまり, it が現れるタイプ, it は現れないが副詞が介在できるタイプ, it が現れず副詞が介在しないタイプ, に大きく分けられることになる.

(49) a. Class (1) It-insertion is obligatory, the verb selects the frame

---

[4] 虚辞 it が現れない例は HNPS に似ているが, HNPS は随意的であるのに対し, これらの例では義務的である.

　　　　[—, SC]
　b. Class (2) It-insertion is impossible, the verb selects the frame [—, [AP …adjective…] CP]
　c. Class (3) It-insertion is impossible, restructuring takes place such that a newly formed complex verb selects the frame [—, clause]　　　　　　　　　　　　　　(cf. Aarts (1992: 153))

統語構造については，(49a) のタイプは，前の節で議論した通常の小節と同じような変化をたどり，語彙範疇の構造から機能範疇の構造へと移行していると主張する．[5] 虚辞 it が義務的に現れないタイプは，まず (49b) のタイプについては語彙範疇の構造のままであるが，(49c) のタイプについては，形容詞が動詞に編入し複合動詞を形成し，それが CP を取る構造となり，その場合は小節より小さな構造になると考えられる．編入が起こっている可能性については it の統語的位置の問題とも関わるが，例えば動詞 make では make clear のように主語の外項位置がない構造を取ることができるオプションがあることになろう．つまり，make it sure が不可能なのは，sure は外項位置がなくても虚辞に置き換わるような主語が内項を満たしているといえる．

　慣用表現は語彙的に限定され，また動詞に後続する形容詞のタイプとその構造が関わっている．例えば，形容詞 ready は単独で that 節を取ることはないため，これを含む表現は元々複合動詞であるという可能性が高い．

## 6. 結語

　本論文では，小節と呼ばれる構文について，現代英語では機能範疇であるが，もともとは語彙範疇であったことを示す証拠をいくつか挙げ検証し，特に機能範疇が持つ EPP 素性と虚辞 it の出現から 14 世紀から 18 世紀にかけて統語構造の変化があったことを示した．5 節では慣用表現のデータを観

---

[5] 慣用表現 think best は，コーパスでは it のない例も多く見られるが，筆者の調査では it がないと非文だと回答するインフォーマントが多く，2000 年以降のデータを扱うコーパスでは it を伴う用例数と伴わない用例数の開きが広がっているため，ここではこのタイプに分類する．

察し，どのような構造が考えられるのか検証した．慣用表現はいくつかのタイプに分けられ，4節までで議論した小節と同じ変化をたどる表現がある一方，イディオム化が進んだ表現では少なくとも小節の構造が保持されていないことを示した．

## 参考文献

Aarts, Bas (1992) *Small Clauses in English: The Nonverbal Types*, Mouton de Gruyter, Berlin.
Bowers, John (1993) "The Syntax of Predication," *Linguistic Inquiry* 24, 591-656.
Dikken, Marcel den (2006) *Relators and Linkers: The Syntax of Predication, Predicate Inversion, and Copulas*, MIT Press, Cambridge, MA.
Lass, Roger (1992) "Phonology and Morphology," *The Cambridge History of the English Language*, ed. by Norman Blake, vol. 2: 1066-1476, 103-123, Cambridge University Press, CA.
Sportiche, Dominique (1988) "A Theory of Floating Quantifiers and Its Corollaries for Constituent Structure," *Linguistic Inquiry* 19, 425-449.
Starke, Michal (1995) "On the Format for Small Clauses," *Syntax and Semantics 28: Small Clauses*, ed. by Anna Cardinaletti and Maria Teresa Guasti, 237-269, Academic Press, New York.
Svenonius, Peter (1994) *Dependent Nexus: Subordinate Predication Structures in English and the Scandinavian Languages*, Doctoral dissertation, University of California, Santa Cruz, CA.
Svenonius, Peter (1996) "Predication and Functional Heads," *WCCFL* 14, 493-507.
Tanaka, Tomoyuki (2003) "Expletives, Functional Categories, and Small Clauses in the History of English," *Studies in Modern English: The Twentieth Anniversary Publication of The Modern English Association*, 295-308, Eichosha, Tokyo.
Visser, Fredericus Theodorus (1963-1973) *An Historical Syntax of the English Language*, 4 Vols., E.J. Brill, Leiden.
Yokogoshi, Azusa (2007) *A Synchronic and Diachronic Study of Small Clauses: A Minimalist Approach*, Doctoral dissertation, Nagoya University.

## コーパス

Kroch, Anthony and Ann Tayler (2000) *The Penn-Helsinki Parsed Corpus of Mid-*

*dle English, Second edition* (PPCME2), University of Pennsylvania, Philadelphia.

Kroch, Anthony, Beatrice Santorini, and Lauren Delfs (2004) *The Penn-Helsinki Parsed Corpus of Early Modern English* (PPCEME), University of Pennsylvania, Philadelphia.

*The Corpus of Historical American English* (COHA), Brigham Young University.

# 言語変化における主要部媒介変数の働き

若山　真幸

## 1. はじめに

　各言語間に表面的な統語的差異が観察される一方で，全ての言語に共通する言語体系があるという Chomsky の普遍文法（Universal Grammar，以降 UG）という考え方は非常に魅力的で，共時的多様性だけでなく通時的変化についてもこれまで多くの研究がなされてきた．「原理と媒介変数理論」（Chomsky (1986a, b)）では，人間の言語は全て同じ原理（principles）と範疇（categories）を共有し，各言語間の違いは機能範疇の素性と強く関連する媒介変数（parameters）の値によって記述されるという立場をとってきた．その後 Chomsky (2013) では，Strong Uniformity という考え方のもと，全ての言語が素性の目録を共有すること，文（や句）の生成に関わる真の UG と呼べるものは merge による recursion のみであるという the faculty of language in the "narrow" sense (FLN) という立場にのっとっていて，この部分には媒介変数的な言語間の違いは存在しないことになる．
　しかし，言語の共時的多様性や通時的変化について解明すべき点はあまりにも多く残されている．例を上げれば，言語の統語構造がいかなるものかについては見解が分かれている．文法範疇（grammatical categories）については，Baker (2003) のように，全ての言語は全て同じ範疇を持つという Universal Categories を仮定する一方で，Haspelmath (2010) のように，一部の範疇では言語個別的な選択が行われると主張する立場に分かれる．基本語順の違いは，主要部媒介変数（head-directionality parameter）によって記述されるが，他の媒介変数と違って，いかなる φ 素性が関与しているかについては明確な答えはない．
　本論文では，主要部媒介変数を取り上げ，動詞的・名詞的拡張投射内にお

ける構成素の線形語順がどの程度守られ，語順の多様性，言語変化の方向性がどの程度予測できるものなのかを考察する．WALS[1] の調査から，主要部媒介変数が従来言われてきたように各範疇にまたがる均一的なものではなく，限定的にしか作用しないことを主張する．さらに，主要部先行言語に比べて，主要部後行言語の方が語順の一貫性が弱く，変化を受けやすいことを指摘する．

## 2. 言語の構造と文法範疇

語順を論じる上で，人間の言語はどういった文法範疇を持つのかを考察する必要がある．チョムスキー理論では，全ての言語に共通する普遍的構造が存在すると広く仮定されてきた．[2] 初期の書き換え規則である句構造規則でも，全ての言語に共通の文法範疇があり，均一の構造をしているという前提で説明されている．「原理と媒介変数理論（principles and parameters theory）」以降では，普遍文法は様々な原理と媒介変数の集合から成り立ち，それまでと同様に全ての言語が同じ文法範疇を持つと仮定されていた．しかしながら，1980 年代から 1990 年代にかけての機能範疇に関する研究の推移を見る限り，UG にどういった文法範疇が含まれるかについては意見が分かれていた．X バー理論の導入によって，動詞句，名詞句，形容詞句といった基本的な語彙範疇が同じ二項枝分かれ（binary branching）構造で記述できるようになった．さらに，これまでは統語論では明確に扱われてこなかった時制要素，補文標識を機能範疇要素として表すことになった．

(1) [$_{CP}$ Comp [$_{IP}$ Subj [$_{I'}$ INFL [$_{VP}$ VP Obj]]]

(1) のように，文全体の主要部として INFL を仮定し，句構造規則では AUX と表された助動詞要素や be 動詞が占める位置となった．その最大投射である IP（= Inflectional Phrase）内では，指定部位置に現れる主語名詞句と動詞との一致及び動詞の時制に関する処理を行う．さらに，補文標識

---

[1] 4.1 節で言及する．
[2] D 構造における主題役割（θ-roles）の構造についても同様の議論があるが，本論文では省略する．

C が IP を下位範疇化する．CP 主要部は節のタイプを決定し，疑問文では [+Q] 素性を持った助動詞要素などが，埋込文の場合には従属接続詞の that が主要部位置に現れる．

注目すべき点はこれら機能範疇の種類である．Pollock (1989: 384-386) では，フランス語と英語の定型節における動詞と副詞の線形語順の違い，フランス語における定型節と非定型節における動詞と否定辞要素との線形語順の違いを説明するために，(2a) にあるような IP（後に TP と名称変更）と VP の間に AgrP を仮定するという「分離 IP 仮説」を提案した．

(2) a. [$_{TP}$ Subj [$_{T'}$ Tense (*pas/not*)[$_{AgrP}$ Agr [$_{VP}$ VP Obj]]]
   b. [$_{AgrP}$ Subj Agr [$_{TP}$ [$_{T'}$ Tense [$_{VP}$ VP Obj]]]
   c. [$_{AgrSP}$ Subj [$_{AgrSP}$ AgrS [$_{T'}$ Tense [$_{AgrOP}$ AgrO [$_{VP}$ VP Obj]]]

それに対し，Belletti (1990) は AgrP を TP の上位にする構造 (2b) を提案し，Chomsky (1991) では，フランス語の過去分詞が動詞と一致する現象があることから，Agr を主語との一致を担う AgrS と目的語の一致を担う AgrO の 2 つに分離し，AgrS-T-AgrO の階層構造 (2c) を提案した．このように 1980 年代後半から 1990 年代前半にかけて，特に一致 (agreement) 現象と結びつく機能範疇にどのようなものがあるか様々な研究[3]があるが，Chomsky (1995) 以降のチョムスキー理論では，TP のみが CP と VP (*v*P) の間に存在する機能範疇[4]とされている．

(3)　[$_{TP}$ Subj [$_{T'}$ T [$_{vP}$ $t_i$ [$_{v'}$ *v* [$_{VP}$ V Obj]]]]]

(3) における動詞句分離仮説 (the split VP hypothesis) では，下位の主要部 V が語彙情報を持ち，目的語要素を下位範疇化する．他方，上位の主要部 *v* 機能範疇の一種で，その指定部位置は外項位置で他動詞における主語が占める．

当時の問題点とは，それぞれ機能主要部は一つの素性しか照合しないため，時制，相，一致，態に関する新たな形態的証拠が見つかる度にその素性

---

[3] Cinque (1999) では，副詞の法的意味に基づき，複雑な副詞句の階層構造を仮定している．

[4] 本論文では，否定辞や副詞の投射については考慮しない．

を持つ投射が増える[5]こととなり，屈折接辞の変化が豊富な言語がそうでない言語に比べて，より分節化された統語構造を持つことになってしまう点であった．[6]

## 3. 文法範疇の線形順序を決めるもの

「原理と媒介変数理論」において，英語と日本語との間に見られる基本語順の違いは，主要部媒介変数（head-directionality parameter）によって示され，前者が主要部先行言語，後者が主要部後行言語と呼ばれる．理論上，世界中の言語はどちらかに分類されることになる．しかしながら，媒介変数の違いを引き起こす素性が何であるかについては明らかにされていない．本節では，文法範疇の順序や配置に制限を課す理論的説明を取り上げる．

### 3.1. 普遍的基底仮説

Kayne (1994) は，線形語順は (4) で示す統語構造の非対称的な構成素統御（c-command）関係から決定されるという線形対応公理（the Linear Correspondence Axiom[7]）を使って，全ての言語の基底構造は，(5) のように，指定部が主要部に，主要部が補部に先行する S-V-O という主要部先行語順だという「普遍的基底仮説（the universal base hypothesis）を提案した．これによると，日本語のような主要部後行言語では，XP 要素が指定部に移動することによって（見かけ上の）主要部後行語順が派生されることになる．

(4) X precedes Y iff X c-commands Y and Y does not c-command X.
(Kayne (2004: 4))

(5) [$_{XP}$ Spec [$_{X'}$ [$_X$ Head Complement]]]

この考えをもとに，Biberauer, Holmberg and Roberts（以下，BHR）

---

[5] このような考えに基づいて機能範疇投射の構造（the cartography of syntactic structure）を考える研究には，Cinque (1991), Cinque and Rizzi (2008), Shlonsky (2010) らがいる．

[6] 理論的には，素性 A に関して，言語 X が投射 A を具現化して，言語 Y が具現しない場合，言語 Y に投射 A が存在しないのではなく，活性化（inactive）しないと仮定する．

[7] *the Linear Correspondence Axiom*: d (*A*) is a linear ordering of *T*.

(2014) は,句構造内の語順を決める普遍的制約 the Final-over-Final Constraint (FOFC) が存在することを主張した.

(6) A head-final phrase $\beta$P cannot dominate a head-initial $\alpha$P where $\alpha$ and $\beta$ are heads in the same Extended Projection.

(7) *[$_{\beta P}$ ... [$_{\alpha P}$ ... $\alpha$ $\gamma$P ] $\beta$...]
 *where $\alpha$ and $\beta$ have the same value of [ ± V ]*

(BHR (2014: 171))

(6) の制約から,(7) のような語順を持つ階層関係が許されないことになる.つまり,派生的な結果生じる主要部後行語順は無制限に許されるわけではなくて,同じ範疇素性を持つ投射[8]にまたがる階層関係において,主要部先行語順を持つ句を支配する投射内の語順も主要部先行語順になるのである.

(8) a. [[O-V] Aux]] Old English, German, Japanese
 b. [Aux [V-O]] Present-day English
 c. *[[V-O] Aux]]

(8a) は古英語,ドイツ語,日本語の動詞句と助動詞句の語順を表し,動詞句及び上位の助動詞句 (TP) 内において2つの主要部 V と Aux (T) がともに補部の右に位置している.(8b) は現代英語の語順を表し,両方の主要部が補部に対して先行している.(8a),(8b) ともに FOFC の違反とならないが,(8c) のように動詞句が主要部先行で同じ範疇素性 V を持つ上位において主要部後行となる構造を持つと FOFC の違反 (=(7)) となる.

これらから分かるのは,句や文の線形語順は全く自由に決まるというわけではなく,何らかの制約によってパターンが限られる可能性があるということである.

## 3.2. 拡張投射

Grimshaw (2005) の拡張投射 (the Extended Projection) では,機能範疇と語彙範疇は,範疇素性に応じて次の2種類に分類される.(9a) が [ + v] 素性を持つ動詞的拡張投射 (verbal extended projection) で,(9b) が [ + n]

---

[8] Grimshaw (2005) における Extended Projection のこと.後述する.

素性を持つ名詞的拡張投射 (nominal extended projection) と呼ばれる．

(9) a.　verbal projection: CP—IP—VP
    b.　nominal projection: PP—DP—NP

拡張投射という考え方の興味深い点は，主要部移動が各範疇の投射内でのみ起こる，言い換えると，語順の変化（＝移動）の範囲に制約があるという点である．例えば，V 移動は，動詞的拡張投射の I（T）主要部を経由して最大 C 主要部へと循環的に移動できるが，名詞的拡張投射である D や P へ移動することはない．さらに，セム語族，ロマンス諸語で観察される前置詞と冠詞の合成は，D 主要部が [+n] 素性を持つ P 主要部に繰り上がることによって説明できるといった利点がある．

### 3.3.　機能範疇の発達と進化

Miyagawa, Berwick and Okanoya（以下，MBO）(2013) は，the Integration Hypothesis の中で，言語は Expression (E) と Lexical (L) という 2 つの階層（layer）から構成されると提案している．expression layer とは，鳥のさえずりが表すような指示的な合図と類似し，lexical layer とは猿の発する警告などを伝える鳴き声のような内容のある情報を含んだものを指し，これらの 2 つの層が交互に重なって言語が作られていると主張する．彼らの説明によると，E-layer は the changeable organization of sentences に，L-layer は the core content of a sentence に該当し，前者（E）が機能範疇に，後者（L）が語彙範疇に相当する．同時に，人間言語と他の動物のシステムとが共通している可能性があることを意味する．さらに，人間の言語は 2 つの独立したシステムを統合したものである可能性を指摘しており，E システムが L システムから派生的に生まれたわけではなく，移動（displacement）によって，2 つの層が結び付けられる．

(10)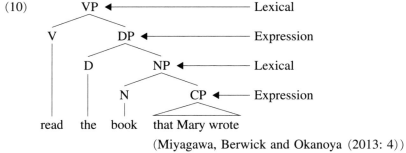

(Miyagawa, Berwick and Okanoya (2013: 4))

ここで重要な点は，主要部 L が最大投射 E を，主要部 E が最大投射 L を下位範疇化しながら，E 層と L 層が交互に重なるように言語は構築されている点である．

### 3.4. まとめ

このように，言語構成素の配列は何らかの制約を受けている．また，機能範疇と語彙範疇，動詞的範疇か名詞的範疇という分類が一定の役割を果たしている．もし 3 節で紹介した提案や主張が正しいのなら，言語の変化や変異はランダムではなくて，ある程度予測できる可能性がある．次節では，語順を決定する上で重要な働きをする「主要部媒介変数」を使って語順変化と変異について考察する．

## 4. 複数の投射における主要部媒介変数の値

主要部媒介変数（head-directionality parameter / head-complement parameter）は，任意の言語における主語と補部の語順を決定するもので，主要部が補部に先行する言語（head-initial languages）と後行する言語（head-final languages）に分類される．この考えに基づくと，類型論で議論されてきた 6 種類の SVO 基本語順も 2 種類にまとめられる．

(11) a. head-initial order {SVO, VSO, VOS}
　　 b. head-final order {SOV, OSV, OVS}

さらに，この媒介変数は全ての句に適用されるので，動詞句内で主要部後行

語順が観察されると，他の句でも主要部と補部の線形語順が同じになることが予測される．日本語においては「ほぼ」正しい予測結果を得られる．

(12) a. VP [[$_{DP}$ バナナを] [$_V$ 食べる]] (eat a banana)
b. NP [[$_{PP}$ チョコレートの] [$_N$ 箱]] (a box of chocolate)
c. PP [[$_{DP}$ 日本] [$_P$ で]] (in Japan)
d. TP [[$_{VP}$ 出発する] [$_T$ だろう]] (… will leave …)
e. CP [[$_{TP}$ 彼は正直だ][$_C$ と（思う）]] (…（think）that he is honest.)

しかしながら，DP 仮説（Abney (1987)）を採用した場合，DP 内の語順が主要部先行パターンとなる．

(13) [$_{DP}$ [$_D$ この [$_{NP}$ 本]]]

媒介変数の値が全ての事例に適用されるのが理想ではあるが，(12)(13)が示すように，実際にはどの程度媒介変数通りの語順を示すかの「傾向」にすぎないことが多い．例えば，Cinque (2005) では，Greenberg (1963) の普遍的特性 20 番を取り上げ，名詞句内の 4 つの要素（Dem-Num-Adj-N）線形語順が数学的には 24 通りの組み合わせ[9]があるにもかかわらず，14 通りの語順しか観察されないと指摘している．

### 4.1. 主要部媒介変数とその順守傾向

本節では，WALS[10] から集めた語順データから，主要部媒介変数が複数の投射でどの程度守られ，本来の媒介変数の値とは異なる語順を示す場合はどの文法範疇でそれが起こるかを調査する．その前に，英語史における媒介変数の変化について触れる．

---

[9] Cinque (2005) では，名詞句内の構造には何も言及しておらず，ただ線形語順のみで数値を出している．
[10] *The World Atlas of Language Structures* (http://wals.info) という 2,679 の言語のが持つ音韻・形態・文法・統語などの特徴を一覧表示出来るデータベースである．複数の特徴を組み合わせても表示可能となっている．

### 4.1.1. 英語史における媒介変数の変化

　古英語期には，動詞句や助動詞句内の主要部と補部の語順が，VO と OV の両方が観察されたことはよく知られている．印欧祖語や他のゲルマン語の基本語順から判断すると，古英語期より前の時代には SOV 語順で，それ以降，漸次的に SVO 語順へと変化していったと推測できる．しかしながら，それ以外の主要部と補部の語順では，一貫して主要部が先行してきた．

(14) 　Old English
　　　a. 　head-initial {C, (T), (V), P, D, N, }
　　　b. 　head-final { (V), (T) }
(15) 　Present-day English
　　　head-initial {C, T, V, P, D, N}

このデータから言えることは，動詞的拡張投射では主要部の語順変化が起こったが，名詞的拡張投射の語順変化は見られないという点である．それでは他の主要部の関係はどうであろうか？

### 4.1.2. 主要部媒介変数の投射間の相関

　まず，VO/OV 語順と接置詞（adposition）の相関[11]を取り上げる．主要部先行言語では，V が O に先行し，前置詞である（16b）が望ましい組み合わせ（472 例）で，主要部後行言語では後置詞を含む（16a）がそれに該当する．前置詞（576 例）と後置詞（511 例）を持つ言語の偏りがほとんどないことから，動詞句と接置詞句の語順には強い相関関係があることが分かる．

(16) 　a. 　OV / postpositions　472　(Japanese)
　　　b. 　VO / prepositions　456　(English)
　　　c. 　VO / postpositions　42　(Finnish, Kashmiri)
　　　d. 　OV / prepositions　14　(Persian)

それに対して，(16c) や (16d) は相反する線形語順の組み合わせである．VO 語順では 42 例（約 8%）が，OV 語順では 14 例（約 3%）が該当する．

---

[11] Feature 83A と 85A の組み合わせ (http://wals.info/combinations/83A_85A#2/15.0/153.0)

VPとPPは範疇素性が異なる拡張投射に属するため，FOFCによる違反としても説明できない組み合わせとなる．

次に，VO/OVとNA/ANの相関[12]について調べた．この2つは，動詞的・名詞的拡張投射の最も下位に位置する語彙範疇投射である．注意すべき点は，類型論では名詞句内構造がはっきりしない点である．少なくとも生成文法理論では，APはN/Dの姉妹位置にあることはなく，N投射内のどこかに付加すると仮定されることが多い．他方，類型論では単純に線形的な配列しか考慮していない．

(17) a. VO / NA 456 (Romance languages)
    b. OV / NA 332 (Tibetan)
    c. OV / AN 216 (Japanese)
    d. VO / AN 114 (English)

主要部先行語順のパターンとして最も望ましいのがロマンス諸語で観察される (17a) で，観察される言語数も最も多い．他方で，主要部後行語順の組み合わせで最も理想的なのが (17c) であるが，NAとなる (17b) の方が数が多い．このことから，動詞的語彙範疇と名詞的語彙範疇の媒介変数の相関関係はそれほど強くない可能性が指摘できる．

(18) は，N主要部と補部との別の例として関係節CPとの線形語順の組み合わせで調査[13]した．

(18) a. VO / N-RelP 416 (English)
    b. OV / RelP-N 132 (Japanese)
    c. OV / N-RelP 113 (Persian)
    d. VO / RelP-N 5 (Mandarin)

(18a) がV/Nが共に主要部先行語順にとなる例で416例見つかった．(18b) がV/Nが共に主要部後行語順になる例で132例であった．興味深いのは，

---

[12] Feature 83Aと87Aの組み合わせ (http://wals.info/combinations/83A_87A#2/17.9/153.0)

[13] Feature 83Aと90Aの組み合わせ (http://wals.info/combinations/83A_90A#2/24.3/153.0)

OV 語順で相反するものが113例と約半数（46%）もある点である．VO 語順ではわずか5例しか矛盾する例が見つからなかった．関係節の場合，もともと N-RelP が579例，RelP-N が141例と圧倒的に前者が多く，節の「重さ」という別の要因も考えられる．

次に，名詞的拡張投射に含まれる接置詞の線形順序と名詞句内の語順の相関[14]を調べた．結果を見ると，最も多いのはロマンス諸語に見られるような前置詞＋名詞が形容詞に先行する（19a）である．英語のような（19d）のパターンが最も少ないのが興味深い．

(19) a.　NA / prepositions 350（Romance languages）
　　　b.　NA / postpositions 278（Basque, Tibetan）
　　　c.　AN / postpositions 178（Japanese）
　　　d.　AN / prepositions 90（English）

後置詞を持つ言語では日本語のような語順パターン（19c）が理想であるが，（19b）のように名詞が前置される方が多く観察される．Grimshaw (2005)では，PP と NP (DP) は同じ名詞的拡張投射としているが，(19) を見る限り，後置詞言語では一貫性が無いことが分かる．

(20) は，(16)(17)(19) を組み合わせた VP, PP, DP の関係[15]について調べたものである．論理的には $2^3$ 通りの配列が存在する中で，大きな偏りがあることが分かる．(20a)(20c) が複数の投射間で主要部媒介変数の値が一致する最も理想的な語順である．しかしながら，VP/PP が主要部後置で名詞句では主要部前置の語順を持つ (20b) の方が (20c) よりも数が多い．

(20) a.　VO / prepositions / NA 317（Romance languages）
　　　b.　OV / postpositions / NA 223（Basque, Tibetan）
　　　c.　OV / postpositions / AN 152（Japanese）
　　　d.　VO / prepositions / AN 81（English）

---

[14] Feature 85A と 87A の組み合わせ（http://wals.info/combinations/85A_87A#2/15.0/153.0）

[15] Feature 83A, 85A, 87A の組み合わせ（http://wals.info/combinations/83A_85A_87A#2/15.0/ 153.0）

e. VO / postpositions / NA 24 (Ewe)
f. VO / postpositions / AN 12 (Finnish, Hungarian)
g. OV / prepositions / NA 9 (Persian)
h. OV / prepositions / AN 3 (Sorbian)

さらに，論理的には均等に出現可能であるにもかかわらず，(20g)(20h)の組み合わせ数が圧倒的に少ない結果となった．例えば，(20h)はたった3例しか見つからないが，OV / preposition（＝16d）は14例，OV/ AN（＝17c）は178例，preposition / AN（＝19d）は90例あることから，VPとPPにおける媒介変数の相関が強いことがここでも分かる．

残念ながら，WALSでは動詞的拡張投射TP/CP内の語順を確認できるデータが存在しないためFOFCとの関連を見る調査が不十分ではあるが，これまでの話をまとめると次のようになる．

(21) a. 組み合わせの出現に偏りが見られるため，語順を制御する何らかの制約が存在する可能性がある
b. 動詞句と接置詞句の主要部語順の相関は強い
c. 動詞的拡張投射と名詞的拡張投射の主要部語順の相関は弱い

## 4.2. 語順変異と語順変化の関連性

前節の調査から分かる別のことは，日本語のような動詞主要部後行言語の方が，主要部媒介変数の一貫性が弱い点である．(22) では，名詞と形容詞の語順が，(23) では名詞先行詞と関係詞の語順数がほぼ拮抗しているし，(24) でもどちらかの語順に偏っているわけではない．これとは異なり，動詞主要部先行言語では，分布が主要部先行パターンに大きく偏っている．

(22) a. OV / NA 332
b. OV / AN 216 　　　　　　　　　　　　　　　（＝(17b),(17c)）
(23) a. OV / RelP-N 132
b. OV / N-RelP 113 　　　　　　　　　　　　　（＝(18b),(187c)）
(24) a. NA / postposition 278
b. AN / postposition 178 　　　　　　　　　　 （＝(19b),(19c)）

さらに，(24a) の統語構造は下記のように (7) にあげた FOFC の明確な違

反であるが，実際には 278 例も見つかっている．

(25)  [PP [NP N A] P]

つまり，ここには何か別の要因が関わっている可能性がある．

## 5. 基本語順の変化の方向性

　最後に，基本語順（basic word order）の変化の方向について簡潔に触れる．Gell-mann and Ruhlen (2011:17290) によると，系統発生学的観点から基本語順の変化を辿って行くと，(i) 人間言語の元となる語順は SOV で，(ii) 基本語順の変化は，SOV から SVO への変化は観察されるが，その逆はほぼ無いに等しいくらい稀である，という 2 点を主張している．

(26)　SOV > SVO > VSO or VOS

4.1.1 で触れたように，英語では SOV から SVO への変化が起こったし，ラテン語でさえ，もともとは SOV 言語であった．4.2 での現象と併せて考えると，主要部先行言語に比べて，主要部後行言語の方が語順の一貫性が弱く，変化を受けやすいことが分かった．

## 6. 結論

　本論文では，複数の文法範疇にまたがる主要部の語順の組み合わせを調査しながら，語順の共時的な広がりや通時的変化に一定の制約が存在しうる可能性を指摘した．主要部媒介変数がすべての言語で均一に（harmoniously）適用されているわけではなく，動詞主要部と接置詞主要部以外ではバラつきがあり，とりわけ動詞主要部後行言語においてそれが観察された．

　文法化という現象が，語彙範疇から機能範疇へ一方向への変化であるように，語順の変化においても何らかの制約が働いていると仮定するのは間違ってはいないだろう．これまでも，Kayne (1994), MBO (2013), BHR (2014) など，言語の構造や配列に制限があることを指摘する興味深い研究が出てきてはいるがまだまだ解決しなければならない課題は多い．

## 参考文献

Abney, Steven Paul (1987) *The English Noun Phrase in Its Sentential Aspect*, Doctoral dissertation, MIT.
Baker, Mark C (2003) *Lexical Categories*, Cambridge University Press, Cambridge.
Belletti, Adriana (1990) *Generalized Verb Movement: Aspects of Verb Syntax*, Rosenberg & Sellier, Torino.
Biberauer, Theresa, Anders Holmberg and Ian Roberts (2014) "A Syntactic Universal and Its Consequences," *Linguistic Inquiry* 45, 169–225.
Chomsky, Noam (1986a) *Barriers*, MIT Press, Cambridge, MA.
Chomsky, Noam (1986b) *Knowledge of Language: Its Nature, Origin, and Use*, Praeger, New York.
Chomsky, Noam (2013) "Problems of Projection," *Lingua* 130, 33–49.
Cinque, Guglielmo (1999) *Adverbs and Functional Heads: A Cross-linguistic Perspective*, Oxford University Press, Oxford.
Cinque, Guglielmo (2005) "Deriving Greenberg's Universal 20 and Its Exceptions," *Linguistic Inquiry* 36, 315–332.
Cinque, Guglielmo and Luigi Rizzi (2008) "The Cartography of Syntactic Structures," *CiSCL* Vol. 2, 43–59.
Gell-Mann, Murray and Merritt Ruhlen (2011) "The Origin and Evolution of Word Order," *PNAS* 108(42), 17290–17295.
Greenberg, Joseph H (1963) "Some Universals of Grammar with Particular Reference to the Order of Meaningful Elements," *Universals of Human Language*, ed. by Joseph H Greenberg, 73–113, MIT Press, Cambridge, MA.
Grimshaw, Jane (2005) *Words and Structure*, CSLI Publications, Stanford.
Haspelmath, Martin (2010) "Comparative Concepts and Descriptive Categories in Cross-linguistic Studies," *Language* 86, 663–687.
Kayne, Richard (1994) *The Antisymmetry of Syntax*, MIT Press, Cambridge, MA.
Miyagawa, Shigeru, Robert C. Berwick and Kazuo Okanoya (2013) "The Emergence of Hierarchical Structure in Human Language," *Frontiers in Psychology* 4, 1–6.
Shlonsky, Ur (2010) "The Cartographic Enterprise in Syntax," *Language and Linguistics Compass* 4, 417–429.

## データベース

Dryer, Matthew S. and Haspelmath, Martin (2013) *The World Atlas of Language*

*Structures Online*. Leipzig: Max Planck Institute for Evolutionary Anthropology. (Available online at http://wals.info)

## 執筆者一覧
（論文掲載順）

石崎　保明（いしざき　やすあき）　　南山大学短期大学部
茨木　正志郎（いばらき　せいしろう）　北海道教育大学
大村　光弘（おおむら　みつひろ）　　静岡大学
夏　　思洋（か　しよう）　　　　　　名古屋大学大学院
久米　祐介（くめ　ゆうすけ）　　　　藤田保健衛生大学
小池　晃次（こいけ　こうじ）　　　　名古屋大学大学院
近藤　亮一（こんどう　りょういち）　名古屋大学大学院
杉浦　克哉（すぎうら　かつや）　　　秋田工業高等専門学校
宋　　蔚（そん　うぇい）　　　　　　愛知淑徳大学
田中　智之（たなか　ともゆき）　　　名古屋大学
田中　祐太（たなか　ゆうた）　　　　名古屋大学大学院
中川　聡（なかがわ　さとし）　　　　藤田保健衛生大学
中川　直志（なかがわ　なおし）　　　中京大学
中野　弘三（なかの　ひろぞう）　　　名古屋大学名誉教授
縄田　裕幸（なわた　ひろゆき）　　　島根大学
バイ　チゴチ（ばい　ちごち）　　　　名古屋大学大学院
本多　尚子（ほんだ　しょうこ）　　　北海道教育大学
松元　洋介（まつもと　ようすけ）　　中京大学
柳　　朋宏（やなぎ　ともひろ）　　　中部大学
山村　崇斗（やまむら　しゅうと）　　筑波大学
横越　梓（よこごし　あずさ）　　　　名古屋工業大学
若山　真幸（わかやま　まさゆき）　　愛知淑徳大学

## 文法変化と言語理論

| 編　者 | 田中智之・中川直志・久米祐介・山村崇斗 |
| 発行者 | 武村哲司 |
| 印刷所 | 日之出印刷株式会社 |

2016 年 10 月 15 日　第 1 版第 1 刷発行Ⓒ

発行所　株式会社　開 拓 社

〒113-0023　東京都文京区向丘 1-5-2
電話　（03）5842-8900（代表）
振替　00160-8-39587
http://www.kaitakusha.co.jp

JCOPY ＜(社)出版者著作権管理機構　委託出版物＞

ISBN978-4-7589-2231-9　C3080

本書の無断複写は，著作権法上での例外を除き禁じられています．複写される場合は，そのつど事前に，(社)出版者著作権管理機構（電話 03-3513-6969, FAX 03-3513-6979, e-mail: info@jcopy.or.jp）の許諾を得てください．